非洲法评论

AFRICAN LAW REVIEW

（2021年卷）

◎主编 洪永红 郭炯

U1015870

湘潭大学出版社

本书系“法治湖南建设与区域社会治理”协同创新中心平台建设、“非洲国家和地区法律文本的翻译、研究与数据库建设”成果

《非洲法评论》编辑委员会名单

学术顾问：何勤华　Salvatore Mancuso　Evance Kalula

主　　编：洪永红　郭　炯

编委会成员：

王　奎　李伯军　甘振军　刘军平　刘海鸥
朱伟东　吴　勇　张小虎　郭　炯　肖冬梅
肖　峰　邹　琳　周青山　钟江华　欧爱民
洪永红　贺　鉴　顾敏康　夏新华　黄星永
覃斌武　詹世明　蔡高强　廖永安　刘功奇

编辑部成员：

主　任：张小虎　刘功奇
编　辑：龙　婷　陆智艺　王　瑞　易可欣
康洁丽　吴若雨　高明东　贾瑞杰

主　　办：湘潭大学法学院
湘潭大学中国－非洲经贸法律研究院
中非经贸合作研究院湘潭大学中非法律与人文交流基地

目　录

专题一：非洲国家的法学教育研究

专题二：中非合作研究

专题三：非洲国别问题研究

附录

专题一：非洲国家的法学教育研究

非洲国家承认高等教育学历、证书、文凭、学位及其他学术资格的修订公约

潘志芳　译，钱振球　校*

序　言

本公约缔约方，

鉴于缔约方之间在历史和地理上所建立的紧密团结的纽带；

重申《非洲联盟组织法》所宣称的加强非洲人民之间理解与合作的共同决心；

虑及第二个非洲教育十年行动方案（2006—2015）的启动，其将高等教育列为七个重点领域之一；

考虑到教育系统在非洲大陆一体化过程中可能和必须发挥的关键作用，该作用通过高等教育机构之间的合作来实现；

考虑到受教育权是基本人权的一部分，因此需要力促大多数人因其能力而接受高等教育，而非社会地位、性别、国籍或国家；

意识到学业、证书、文凭、学位和其他学历流动和承认的重要性，实现高等教育扩容，并促进非洲社会和经济发展；

重申1998年联合国教科文组织世界高等教育大会通过的《21世纪世界高等教育宣言：愿景与行动》，特别是其中强调需要批准和实施承认证书、文凭的规范性文书和学位，教育系统内的流动性，以及非洲研究生训练的优先性；

重申2009年教科文组织世界高等教育大会的成果，该大会肯定已经取

* 潘志芳，厦门大学法学院博士研究生。钱振球，法学博士，上海交通大学凯原法学院助理研究员，“晨星”博士后。

得的巨大发展，并优先关注非洲高等教育和研究领域的进展；

意识到世界贸易组织通过其服务贸易总协定（GATS）推动的高等教育全球化所带来的挑战；

考虑到高等教育是由公立和私立机构提供的公共服务，其组织和运作非常重视大学和研究机构的学术自由和自治原则，并意识到需要坚持和维护这些原则；

认识到非洲高等教育体系的多样化、差异化和扩张，以及调整现有法律文书和实践的必要性，以促进学生、教师和研究人员在国家、洲际和国际层面的流动；

考虑到联合国教科文组织在推动通过承认高等教育资格的地区公约中所发挥的作用；

意识到对质量的需求，并鼓励机构和国家认证机构制定内部和外部质量保证机制，并利用信息和通信技术（ICT），通过开放和远程学习（ODL）、跨境教育（CBE）和开放教育资源（OER）的使用来改进教学和学习；

决心组织和加强已经存在或将为此目的缔结的各国、双边、区际和洲际组织对高等教育中的研究、证书、文凭、学位和其他学历资格的承认以及质量管理；

深信所有主管当局和机构对高等教育的学习、文凭和学位的相互承认是打击非法提供者颁发的资格的重要手段；

相信该公约将在更广泛的行动指引上发挥关键作用，这一方面体现在非洲高等教育和研究区域的建设，另一方面体现在可能缔结的《承认高等教育资历的全球公约》；

商定条文如下：

第一节　定义

第一条

为本约之目的，下列术语应具有以下含义：

《1981年公约》：1981年12月5日在阿鲁沙通过的《非洲各国承认高等教育学历和证书、文凭、学位及其他资历的地区公约》。

入学：符合条件的候选人可以申请并被考虑接受高等教育。

认证：在符合适当标准的情况下，被指定机构对高等教育课程和机构予以认可或认证的评估和审查程序。

录取：授权合格的申请人在特定机构和/或特定课程中接受高等教育。

授权：由正式授权的机构颁发的许可证，授权在高等教育机构中创建机构或新的专业分支。

主管承认机构：负责决定承认外国资历的官方机构。

跨境高等教育：在教师、学生、课程、机构提供者或课程跨越国家管辖边界的情况下进行的高等教育。

高等教育：缔约国有关当局承认属于其高等教育体系的所有学习课程，或成套学习课程、训练或次级研究训练。

高等教育机构：提供高等教育的机构，由国家主管当局承认属于其高等教育体系，并被授权授予高等教育资历。

学习成果：学习者在完成学习过程后所知道、理解和能够实现的成果。

终身学习：通过经验和涵盖一个人一生的正式或非正式学习所进行的教育。

开放和远程学习：通过不同的出勤学习模式或使用信息和通信技术或两者结合的远程方式所提供的高等教育。

部分研究：根据机构的规定和规则，持续时间或内容不完整的教育，且相关机构根据规定和规则进行评估和确认后未授予教育资历。

先前学习：已经以正式或非正式等不同方式获得的学历和/或经验。

高等教育资历：由经认可的高等教育机构颁发的任何学位、文凭或其他证书，证明成功完成经批准的高等教育课程。

资格框架：质量保证资历的分类、注册、发布和阐明系统。

质量保证：评估和提高高等教育体系、机构或计划质量的持续过程，以确保利益相关者保持和提高可接受的标准。

承认：缔约方主管当局正式承认外国教育资格或经过验证的训练的价值。

地区：非洲大陆的次级单元。

验证：主管当局根据国内或国际认可的规范和标准评估资格的程序。

第二节　公约的宗旨

第二条

1. 本公约旨在：

（1）加强和促进资历认可领域的区际和国际合作；

（2）在国家、区际和洲际各级定义并建立有效的质量保证和认证机制；

(3) 鼓励和促进最广泛和最有效地利用非洲和散居国外的人力资源的可能，以加快各自国家的发展并限制非洲人才外流；

(4) 通过承认其他缔约方提供的学历，为其接受高等教育，促进非洲大陆和散居国外的学生、教师和研究人员的交流和更大程度的流动；

(5) 推进高等机构间高水平联合培养研究项目建设，支持联合学位授予；

(6) 改进和加强信息的收集和交流，以便在整个大陆实施本公约；

(7) 考虑到当前的全球趋势，致力于资历统一。

2. 缔约方同意在国家和地区层面采取一切必要措施，以实现本条设定的目标。

第三节　缔约方的义务

第三（一）条　一般规定

1. 本公约的规定适用于在缔约方主管当局/当局承认的，位于本国界内外并符合规定的公立或私立高等教育机构获得的资格，且符合现行法律。

2. 缔约方所授予的资历的承认取决于所有资历要求的满足。

3. 本公约的规定适用于第一条所定义的所有形式的高等教育。

第三（二）条　与资历承认有关的义务

1. 每一缔约方应承认其他缔约方颁发的符合其各自高等教育课程总体要求的学历，以便其接受高等教育课程，除非获得资格的缔约方和寻求资格认可的缔约方的一般要求之间存在重大差异。

2. 缔约方同意采取一切必要措施，为满足适当高等教育课程入学要求的其他缔约方的资历持有者进入本国高等教育机构提供便利。

3. 缔约方同意确定资历评估的标准和程序，以确保预期的学习成果，以促进和加强缔约方内部和缔约方之间的流动。

4. 缔约双方同意采取必要措施，确保缔约方认可的高等教育机构颁发的以就业为目的的资格证书符合接受该资历的缔约方的劳动法。

5. 缔约方同意通过主管承认当局建立适当程序，评估难民和境内流离失所者是否分别通过承认先前的学习和就业能力和融合资历满足接受高等教育的相关要求。

第三（三）条　部分学习的承认

缔约方同意承认学习成果/能力的水平，前提是它需要与被请求承认的高等教育课程的同等学力相对应对。

第三（四）条　对获得的相关经验和先前学习的验证

为了促进成人教育和终身学习，缔约方同意，确定程序、标准和准则，用以验证获得的相关经验和先前学习，以便接受高等教育。

第四节　实施

第四（一）条　资历承认的程序

资历承认过程应考虑质量保证机制以及对颁发资格的课程和机构的认可。

第四（二）条

1. 缔约方应采取适当措施，确保持有其他缔约方高等教育机构颁发的资历证书的持有人，应有关机构的要求，及时获得对这些资历证书的充分评估。

2. 缔约方承诺仅依据所获得的知识、技能和能力，对资历承认申请的评估作出适当安排。

3. 缔约方承诺采取措施，根除有关高等教育资历的一切形式的欺诈行为。

第四（三）条

各缔约方应确保资历评估和承认所采用的程序和标准是透明、一致、可靠、公平和非歧视的，特别是要将这些程序和标准进行公开。

第四（四）条

各缔约方应确保资历承认的决定以下列方式作出：

1. 承认决定是根据有关被请求承认的资历的适当信息作出的。

2. 在第一款的情境下，提供充分信息的责任在于资格持有人，持有人应真诚地提供此类信息。

3. 缔约方应酌情指示或鼓励属于其教育系统的所有教育机构遵守任何合理的信息要求，以评估在上述机构获得的资历。

4. 缔约方应鼓励属于其教育系统的机构应请求并在合理的时间范围内向资历持有者或寻求承认的缔约方的机构或主管承认当局提供相关信息。

5. 证明申请不符合相关要求的责任在丁进行评估的机构。

第四（五）条

为了促进资历的承认，缔约方应确保所提供的有关其教育系统信息是充分和明确的。

第四（六）条

资历承认的决定应当在认定主管部门事先规定的合理期限内作出，并自提供案件所需的全部资料之日起计算。不予承认的，应当说明不予承认的理由，并说明资历持有人为日后获得承认可能采取的措施。不予承认或者不予决定的，资历持有人有权在合理期限内提出申诉。

第四（七）条　实施机构和合作

缔约方同意通过或与以下机构合作实施本公约：

1. 国家实施机构。

2. 公约委员会。

3. 非洲国家实施机构网络。

4. 双边和区域机构。

第四（八）条　国家实施结构

1. 缔约方同意建立国家实施结构，并在必要时对其更新，以评估其高等教育体系的实践并确保系统、机构、课程和资历的质量。

2. 缔约方同意建立并确保质量保证机制的正常运行，以得到官方认可并授权对高等教育机构和项目进行定期评估。

3. 缔约方同意在承认过程中利用存在的国家和地区的资历框架。

4. 缔约方同意鼓励相关机构（政府或非政府机构），特别是高等教育机构、认证机构、专业组织和其他教育机构和协会之间的密切合作，以实现本公约的目标。

5. 各方为加强高等教育学历资历承认信息交流，同意建立高等教育学历资历承认信息和成功经验的收集和传播系统，以及院校和机构的质量保证和认证机制。这可以通过采取国家信息服务的形式实现。缔约方同意在其境内向所有其他缔约方提供关于入学水平、认可的高等教育机构、课程、科目、研究、学位、资历以及高等教育资历和文凭的承认的完整、可靠和定期更新的数据和信息。

6. 缔约方的中央机关有权在承认案件中作出决定时，但该缔约方应当受本公约规定的约束，并应采取必要措施确保本公约的规定在该缔约方领土内得以实施。

7. 如果承认事项的决定权属于缔约方的组成部分，缔约方应在签署或交存批准书、接受书、批准书或加入书，或此后的任何时间，向保存人提供一份关于其宪法情况或结构的简要说明。在这种情况下，被指定的缔约方组成部分的主管承认当局应采取必要措施，确保在缔约方领土内实施本公约的规定。

8. 在承认事项的决定权属于个别高等教育机构或其他实体的情况下，每一缔约方应根据其宪法情况或结构，将本公约的文本送达这些机构或实体，并应采取一切可能的措施鼓励对公约规定的有利考虑和适用。

第四（九）条　公约委员会

1. 公约特此设立公约委员会，委员会由缔约方的代表组成。

2. 公约委员会每两年召开一次例会。委员会决定或应三分之一以上缔约方的请求，委员会可以召开特别会议。

3. 公约委员会应协助和监督缔约方执行公约的情况。在这种情况下，公约委员会可就最佳实践提供指导并就公约的实施提出建议。

4. 为此，公约委员会应通过实施公约的准则。

5. 公约委员会应通过其自己的议事规则。

6. 公约委员会可根据其组成、权力和任务规定，根据完成其任务的需要设立附属机构和技术委员会。

7. 公约委员会秘书处由教科文组织总干事提供。

8. 秘书处应准备公约委员会的文件并协助执行公约委员会的决定。

第四（十）条　非洲国家实施框架

1. 应建立一个提供关于流动性和承认信息的国家实施结构网络，通过该网络促进缔约方之间有关承认和流动性，以及反欺诈措施。

2. 缔约方应任命国家执行机构的代表加入非洲网络。

3. 非洲网络应每年举行一次会议并向公约委员会作报告。

4. 非洲网络的秘书处由教科文组织总干事提供。

第四（十一）条　双边和区域结构

1. 根据公约的规定，鼓励缔约方在双边层面协商和协调公约的实施。

2. 为确保公约得到广泛和和谐的实施，公约委员会可以向任何外部私人或公共实体或个人寻求专家意见，寻求解决问题的方案，该方案用以解决公约在不同国家适用过程中所产生的各国有关教育系统和评估程序的差异问题。

3. 公约委员会可与非洲联盟和其他相关机构合作，协助和监测缔约方执行公约。

第四（十二）条　地区公约之间的合作

公约委员会应保持与联合国教科文组织实施承认高等教育学历、文凭和学位公约的地区委员会的联系，上述公约是由教科文组织所促成的。

第四（十三）条　财政捐助

1. 为确保第四（七）条所指机构的正常和正常运作，缔约方承诺为其活动提供财政捐助。

2. 缔约方承诺从洲际和区际合作与一体化机构调动更多资源。

第五节　最后条款

第五（一）条　签署、批准、接受、核准或加入

1. 本公约应开放供下列国家签署和批准、接受、核准或加入：

（1）非洲的联合国教科文组织会员国，并符合教科文组织大会通过的《本组织旨在实施地区性活动的地区划分》中定义的区域；

（2）教廷。

2. 同意接受本公约约束可以通过以下方式之一表示：

（1）未经保留的签字批准、接受、核准或加入；

（2）签署，须经批准、接受、核准或加入后的批准、接受、核准或加入；

（3）交存批准、接受、核准或加入等文书。

3. 批准书、接受书、核准书或加入书应交存联合国教科文组织总干事。

第五（二）条　生效

本公约应在第五（一）条第一款所述属于非洲地区的十个联合国教科文组织会员国以第五（一）条第二款规定的任何方式表示同意受公约约束之日起一个月后生效。本公约应在任何其他缔约方以第五（一）条第二款规定的任何方式表示同意受公约约束后一个月对其生效。

第五（三）条　与《1981 年公约》的关系

1. 同时作为《1981 年公约》缔约方的本公约缔约方：

（1）在相互关系中适用本公约的规定；

（2）在与《1981 年公约》的任何其他非本公约缔约方的关系中，应继续适用《1981 年公约》。

2. 本公约缔约方承诺，如果它们尚未成为《1981 年公约》的缔约方，则不加入该公约。

第五（四）条　退出

1．任何缔约方均可退出本公约。

2．退约应以书面形式通知联合国教科文组织总干事。

3．退约应在联合国教科文组织总干事收到退约书十二个月后生效。退约书不具有溯及力，也不影响先前根据公约规定发生的学历、证书、文凭、学位或其他资格的承认。

第五（五）条　修正

1．任何缔约方均可提交修正本公约的提案。

2．修正本公约的提案应以书面形式提交给联合国教科文组织总干事，总干事应在收到后三十天内将其转交各缔约方。

3．公约委员会应在缔约方通知后一年内审查这些提案。

4．修正案应由公约委员会以出席并参加表决的缔约方的三分之二多数通过。

5．如此通过的任何修正案均应纳入本公约的议定书。议定书应规定其生效的方式，在任何情况下都应要求缔约方表示同意受其约束。

第五（六）条　保存功能

1．联合国教科文组织总干事是本公约的保存人。

2．保存人应将第五（一）条规定的批准书、接受书、核准书或加入书的交存以及第五（四）条规定的退约通知缔约方和联合国教科文组织其他会员国。

第五（七）条　登记

根据《联合国宪章》第一百零二条，本公约应当应教科文组织总干事的要求在联合国秘书处登记。

第五（八）条

本公约权威文本以阿拉伯文、英文、法文和西班牙文作成，四种文本具有同等效力。

英语非洲国家法学教育初探

薛金霞*

内容提要 英语非洲国家的法学教育具有其独特的混合型特点，在教育学学制方面具有大陆法系层次分明的特点，而在课堂教学方面又具有英美法系注重实践的特点。本文选取了南非、博茨瓦纳、加纳、纳米比亚和乌干达五个具有典型英国法鲜明特色的国家来研究英语非洲国家法学教育，从历史沿革、法学教育现实概况（主要包括入学条件、课程设置、教学方式、法律职业教育等几个方面）进行介绍，总结出英语非洲国家法学教育的可借鉴之处和存在的问题，从而对我国法学教育改革提出建议，进一步健全我国法学教育体制。

关键词 法学教育 混合型 教学改革 职业教育

一、英语非洲国家法学教育历史沿革

非洲一共有 54 个国家，其中英语非洲国家包括马拉、乌干达、冈比亚、毛里求斯、加纳、埃塞俄比亚、尼日利亚、利比里亚、纳米比亚、坦桑尼亚、肯尼亚、南非、津巴布韦、赞比亚、莱索托、博茨瓦纳、索马里、斯威士兰、塞舌尔、塞拉利昂、南苏丹和厄立特里亚 22 个国家。南非作为非洲的第二大经济体，其法学教育在英语非洲国家中也发展得较为先进，并具有独特的地位。除此之外，本文还选取了博茨瓦纳、加纳、纳米比亚和乌干达四个具有英国法鲜明特色的国家作为英语非洲国家的代表来研究其法学教育的历史沿革。

---

* 薛金霞，女，江苏南通人，湘潭大学法学院法律硕士研究生，研究方向为非洲法。

法律制度是社会文明和社会历史的产物之一，同时也是社会的组成部分。基于此，政治、地理、宗教、文化等因素都对社会的形成作出了贡献，法律制度理所当然也在这个形成过程中发挥了作用。法律教育作为法律制度的一个重要方面，在法律制度形成并对社会发生作用的过程中，也不断随着时代变迁和社会进步而发展，英语非洲国家的法律教育也是遵循这个规律而发生变化的。

（一）南非法学教育历史沿革

南非的法学教育历史发展过程分为殖民统治时期和新南非独立时期两个阶段。南非本身没有高等教育，在欧洲殖民者到来之前，一直都是原始部落教育。[①] 1658 年，荷兰在开普敦建立了第一所学校，南非才出现了现代意义上的学校。在荷兰统治期间，荷兰传教士开设的黑人学校主要是集中于对语言教学和简单农业生产、买卖和开办居民点的技巧的普及，以便于更好地实现殖民统治。法学教育方面的内容鲜少涉及，处于空白状态。这种空白状态随着英国的到来而被打破，英国人比荷兰人更加看重教育。1858 年英国殖民者在开普敦颁布了第一部有关法律教育的法令，这一法令规定了颁布资格证书的要求。但是法律教育的进展缓慢，而且不成气候，这从 1875 年南非好望角大学法律学士的教学大纲中可以得到具体的证明。该校的教学大纲仅仅是对英国法、罗马荷兰法和殖民法律进行简单的编列，而无系统的法律理论方面的知识。19 世纪下半叶，随着英国当时在世界经济和政治方面的势力达到顶峰，英国法的影响逐渐延及实体法，直到最终成为南非实体法的蓝本。英国当局并未采用直接强迫的方式，来使人们接受英国的法律思想和法律教育方式，而是在其长期的殖民统治下，巧妙而成功地将英国法植入南非，逐渐地渗透到南非的法律教育中。[②] 伴随着南非法制的发展，南非的法律教育逐渐繁荣起来，朝着英国化的趋势而不断发展。1910 年，英国殖民者在南非建立了全部由白人组成议会的南非联邦，白人政府通过一系列的立法活动，使种族隔离制度法律化、制度化。[③] 在这种政治背景下，南非的法律教育呈现出一种极度不平等的状态，主要体现在以下三个方面：立法上的歧视性规定、大学教育的限制和职业准入制度的限制。首先，在立法上，政

① 李建忠著：《战后非洲教育研究》，江西教育出版社 1997 年版，第 256 页。

② 夏新华著：《非洲法律文化专论》，中国社会科学出版社 2008 年版，第 328 页。

③ 杨兴华：《试论南非种族隔离制度》，《世界知识》1997 年第 2 期。

府通过颁布《南非法》《班图教育法》《扩充大学教育法》《有色人教育法》等一系列法律,[①] 确立了四种教育制度:黑人教育制、白人教育制、混血人种教育制和有色人种教育制,将种族隔离层层渗入教学体制中,法律教育作为教育体系中的一个部分同样遵循这一体制。其次,在入学资格上,南非的大学按种族分为黑人大学、白人大学、有色人大学和印度人大学,白人不准入读非白人大学,以前接受黑人的非白人大学如开普敦大学、纳塔尔大学等则需要获得部长级的特别许可证,才能招收黑人学生。班图教育部还控制了教会学校和私立黑人学校,实行"黑人家园"政策来控制和教育黑人学生。在法律教育上,南非的大学还在法学学科上为白人学生提供了众多的学位(诸如 B. Proc、LLB 等),而黑人基本上很难通过低水平教育进入大学获得接受法律教育的资格。最后,在职业准入方面,南非在宪法上限制了黑人进入立法和司法机构供职的资格;在律师准入制度上,黑人接受法学教育后成为律师的机会很少,在律师行业准入和法律业务范围上都受到很大限制;在业务范围上,白人律师主导、垄断了商事法律活动,黑人律师则被限定在民事法律事务与人权法律事务上,如果没有获得政府的特别许可,黑人律师甚至被禁止在商业中心地区设立自己的办公室。

1994 年,曼德拉出任南非首任黑人总统,非国大、国民党、因卡塔自由党组成民族团结政府。这标志着种族隔离制度的结束和民主、平等新南非的诞生。南非法学教育也在新南非独立时期得到了平等发展。1994 年南非国大通过了一项消除种族隔离的教育改革计划,目的是推动学校教育从强调学术转到强调技术培训,建立种族、性别平等的教育体制。在这种教育体制下,南非的各种族人们在法律上有了平等接受法律教育的机会。同年,在司法部的主持下,召开了由 21 所法学院的法律系主任参加的法律教育论坛。[②] 在这个论坛的讨论中,重新审查了法律教育、法律资格和法律实践的不同方面,并从平等的角度,提出改革法学教育课程体制。尽管在这次论坛讨论中,南非各个大学法律系主任仍存在一些分歧,但在新的法学学位设置中达

---

① Iya, P. F, "Reform of Legal Education in South Africa: Analysis of the New Challenge of Change", The Law Teacher – The International Journal of Legal Education, Vol. 31 No. 3 pp. 310 – 325.

② Iya, P. F, "Reform of Legal Education in South Africa: Analysis of the New Challenge of Change", The Law Teacher – the International Journal of Legal Education, Vol. 31 No. 3 pp. 310 – 325.

成三个方面的共识：第一，要考虑南非的法律存在和适用于多元化社会；第二，学生应获得适当的技能，并加强法律实践；第三，法学院应努力向学生灌输道德价值观。在这种共识下，南非各个大学的法学院开始了推行法学教育方面的改革，逐渐消除种族隔离制度和种族歧视的意识形态对法律教育发展产生的影响。

这种平等发展主要体现在立法、大学教育的改革以及律师地位的改善等三个方面。首先，在立法上，南非新《宪法》规定要保护全体民众基本的受教育权力和平等进入学校的机会，从《宪法》上保障人们的受教育权。在 1995 年颁布的《学校教育条例》中，也对消除过去的歧视和不公正的教育和改造现有教育体系，以便提供有效的高质量的教育和平等的教育机会作出了相关的规定。其次，在大学教育的改革方面，南非政府于 1997 年出台了一份题为《2005 课程：21 世纪的终身教育》的报告，即知名的《2005 课程》改革。这个改革集中体现了对南非多元文化的重视，尤其是高等教育语言政策的改变。该政策框架包括：（1）设想把南非 9 种土著语言作为高等教育教学语言来使用。主张在 9 种南非土著语言被开发成完全成熟的高校教学媒介之前，仍把英语和阿非利加语作为高等教育的教学语言。（2）明确宣布要把南非 9 种土著语言开发成为学术语言作为一个中、长期的战略目标。（3）强调保留阿非利加语作为高等教育学术语言的重要性，为确保该语言不受英语的侵蚀，建议各高校采取一系列策略和措施，把阿非利加语作为主要而非唯一的教学媒介使用。（4）鼓励高等院校出台一些政策措施，帮助学生学好指定的教学语言。（5）确保通过规划和基金奖励等方式，加强南非土著语言教学的研究。（6）通过制订相关政策措施促进外语教学与研究，尤其要加强对国家的文化、贸易和外交关系至关重要的外国语言进行教学与研究。（7）鼓励高等院校根据当地实际制订出切实可行的语言政策，如要求学生精通一门南非土著语言，作为参加学术研究活动的必备条件。这项政策的实行，对于消除南非在法律教育方面的种族歧视现象有积极意义，也便于各种文化的融合。在 1994 年的法律教育论坛上就达成了一项协议，南非的每一所法学院都应为完成四年标准课程的毕业生授予法学学士学位（LLB）。2001 年 1 月公布的数据表明，从南非各个大学毕业并获得法学学士学位的黑人较种族隔离时期有了大幅的增加。①

在律师地位的改善方面，南非律师被明确为独立的自由执业者，其独立性源自对于法律职业的荣耀和对利益冲突的平衡。律师作为独立的自由执业者的这种地位与身份能够使他们自由地提供专业服务，而不受种族主义的影响和行政干预。南非政府努力减少和消除源于肤色（种族）在个人发展方面所造成的竞争障碍，包括在律师的教育、培训和管理上所作出的一些改善。②

（二）博茨瓦纳法学教育历史沿革

博茨瓦纳原是英国殖民地，在殖民地时期继承了罗马－荷兰普通法，英国从沙特阿拉伯接管博茨瓦纳时，完备的罗马－荷兰普通法在博茨瓦纳已经得到较好的传播。同时，英国法的基本要素在博茨瓦纳也得到了广泛扩展。这意味着博茨瓦纳的法律体系是一个混合法律体系，主要包括英国法、罗马－荷兰法以及欧洲人到来之前的非洲习惯法。

20 世纪 80 年代，博茨瓦纳建立了博茨瓦纳大学。法律系设在社会科学学院之下。需要指出的是，最初，法科学生先要在瑞士学习 3 年，期满后在博茨瓦纳学习，最后要在苏格兰学习 2 年。现在，学生只需在博茨瓦纳就可完成全部学业。

（三）加纳法学教育历史沿革

要了解加纳的法学教育，首先需要了解加纳现行的法律体系。作为一个有着殖民历史的国家，加纳像很多非洲已经独立的前英属殖民国家一样，存在双重法律体系：一方面是从英国继受的法律体系，英国在对加纳进行殖民统治的同时也将其法律扩张到了加纳，另一方面是具有顽强生命力的加纳本土的习惯法体系。加纳 1960 年解释法第 8 条第 1 款将习惯法的概念表述为："包含在加纳法律中的习惯法是由习惯形成的法律规则所组成的，这样的法律规则适用于加纳的特殊地区。" 1957 年加纳获得独立后，加纳的习惯法有的被法典化，有的被体现在判决中。而有些习惯法仍然是口头的，在乡村的习惯法法庭得到运用。

---

① Robert Verkaik. "Internatianal – Legal Work Free for all in Reborn South Africa—A Changing South Africa is Casting an Eye around The World for Lawyers Offering a Helping Hand", Law Society' s Gazette, 1 March 1995, pp. 352 –358.

② Lisa R. Pruitt, "No Black Names on The Letterhead? Efficient Discrimination and The South African LegalProfession", Michigan Journal of International Law, Spring 2002.

（四）纳米比亚法学教育历史沿革

纳米比亚是非洲最后一个独立的国家，1990 年 3 月 21 日，纳米比亚正式宣布独立，定国名为纳米比亚共和国。由于长期受到殖民统治，在 1990 年纳米比亚独立之前，纳米比亚人被剥夺了受教育的权利。目前，纳米比亚的高等教育尚不发达。建于 1992 年的纳米比亚大学是全国唯一的综合性大学。此外，还有纳米比亚理工学院和多所教育学院。由于纳米比亚特殊的历史和国情，纳米比亚现阶段法学教育的主要任务是建立法学机构、进行法学研究、提供社区法律服务，其中最重要的是在于促进人权。

（五）乌干达法学教育历史沿革

历史决定了乌干达的法学教育具有自己的独特之处，其法学教育正是其社会经济、政治文化条件的一面镜子。20 世纪 60 年代开始，由于独立斗争的需要，乌干达派遣大量律师到英国进行培训，学习有关宪法的知识，以适应当时乌干达独立时期对宪法方面法律人才的需要。独立之后，随着乌干达自身经济的发展，乌干达开始派遣人员到非洲东部役萨非洲大学（音译，这是非洲当时唯一的法学院）接受教育，学习商法方面的知识，以应对乌干达经济情势对商事法律的要求。之后，乌干达自己开始进行性别法、环境法等方面法律人才的培训。

二、英语非洲国家法学教育现实概况

（一）南非法学教育现实概况

1. 概述

南非一共有 21 所法学院，比较著名的法学院校有：位于立法首都开普敦的开普敦大学、西开普大学和斯泰伦博什大学；位于行政首都比勒陀利亚的比勒陀利亚大学和南非大学；位于约翰内斯堡的金山大学，以及位于德班的德班大学等。① 开普敦大学（UCT）法学院是南非最好的法学院之一，它成立于 1829 年，是南非西开普敦省的公立研究型大学。开普敦大学为最古老的大学和拥有南非最好的法学院之一，尽管该机构的法学院只有 1000 名学生，是该机构中最小的学院，但它在维护和加强开放、自由和民主大陆的过程中拥有悠久的历史。西廾普大学成立于 1960 年，已成为南非顶级大学之一，它在反对种族歧视的斗争中发挥了重要作用，法学院因其对人权和宪

① 何小平：《南非大学概览》，《中国高等教育》2002 年第 1 期。

政文化的承诺以及严格和相关的法律教育而受到认可，该大学拥有该国最多样化的学生群体。比勒陀利亚大学成立于1908年，是南非最大和最古老的大学之一，其设立的许多学科排名全国前三，学生包括来自其他非洲国家的国民，而法学院目前在全球最佳法学院中排名第80位。

金山大学成立于1896年，它被誉为南非最好的法律类大学之一。该大学通常简称为威斯大学，已经产生了四位诺贝尔奖获得者，其中包括纳尔逊·曼德拉。法学院旨在提供创新和变革性研究，同时培训学生有效利用法律材料。学校以其卓越的学术成就而闻名，培养了多个知名法律人物。

培养体系上主要分为法学学士、法学研究生、法学博士三个层次，其中学士学位的课程设置又分为三年制、四年制和五年制三种；法学研究生又分为法学硕士和法学研究生证书两种。① 南非法学教育体系较为明细具体，其教育学制因培养目标的定位不同而分为不同的学制，不同的学制在入学资格和课程设置上的要求均有不同。在教学方式上不但继续沿用传统的讲授法，而且还采用诊所教学法以及街头教学方案，使得法学教育朝着实践性和职业性的方向发展。在考试形式上灵活多样，将多种考试形式结合起来对学生进行考核。学生在结束大学阶段的学习后，还需要进入法律实践培训学校进行培训。南非有9所法律实践培训学校。法学毕业生可在这9所学校中选择任意一所进行法律实践培训的学习。培训学校的课程一般分为四个模式。培训结束还需通过法院的考试。另外，目前南非的人权律师组织和黑色绶带组织也承担了社区法律培训的任务。这两个组织都在培训并雇用以社区为基础的律师助理。②

2. 大学中的法学教育

（1）法学学士入学资格

根据南非学历管理委员会法案的规定，不同学制法学学士的入学资格有所不同。三年制的法学学士的入学资格有两点要求：其一，申请者必须业已获得非法学专业的学士学位，其二，本科学习阶段各科平均成绩在60分以上（南非的记分方法与我国国内有所不同。南非的及格分为50分。60分以

① John B. Kaburise, "Structure of Legal Education in South Africa", University of South Africa, 2001, pp. 317 – 319.

② David McQuoid – Mason, "Legal Aid and Human Rights in South Africa", available at http://www. pili. org/library/cle/legal aid services and human righs in south africa. htm.

上的平均成绩实际上相当于按我国记分方法的 72 分)。因此南非法学教育的入学要求较高。学生修满三年制规定的学分后，即可获得南非法学学士学位。四年制为一般法学本科生设置。与我国本科的学校教育相似，即新生入学后，专攻四年法学课程，修完规定课程，即可获得法学学士学位。申请四年制的学生至少必须符合下列条件之一：(1) 通过“高考”，并获得“联合入学考试会”签发的大学入学许可证；(2) 获得高中毕业证书，且有联合入学考试协会秘书签发的允许入学证明；(3) 获得高中毕业证书，且有南非证书委员会签发的入学许可证或大学入学通知书；(4) 具有联合入学考试协会签发的入学考试各科证书或附条件的免考证书；(5) 入学考试协会签发的免考证书或附条件的免考证书。此外，如果没有得到南非大学学位委员会的批准，申请者必须通过以下至少四门课程的考试：非洲某种语言、阿非利卡语（南非白人使用的语言，又称南非荷兰语)、阿拉伯语、英语、法语、德语、希腊语、希伯莱语、印度语、意大利语、拉丁语、荷兰语、葡萄牙语、西班牙语、艺术、圣经研究、生物学、戏剧、经济学、数学、音乐及物理学，才能获得入学资格。南非高等院校中还设有混合性的学位，如人文与法学学位、商学与法学学位，但需要达到学校规定的要求。学生们需要在校攻读五年或六年，申请者需符合人文学院或商学院规定的入学条件，在校学习一年以上，且第一学年的平均成绩符合规定的要求，如人文学院学生的平均成绩不低于 63 分，商学院的平均成绩不低于 60 分。

(2) 法学研究生入学资格

南非的法学研究生分为法学硕士和法学研究生证书两种。申请攻读研究生者，一般要求业已获得法学学士学位，且本科学习的平均成绩为 60—70 分或 70 分以上（因学校和专业方向不同而不同)。如果申请者没有获得法学学士学位，但具有同等学历，经学术委员会审批，也可以申请攻读研究生课程。如中国留学生在国内没有法学学士学位，但他通过了中国国内法律职业资格考试，并且担任执业律师数年，通过学术委员会审批，即可顺利取得南非某一大学攻读法学硕士的入学资格。申请法学博士学位，则需具有法学硕士学位或获得法学研究生证书，得到学术委员会批准，方可取得入学资格。南非没有专门的博士生入学资格考试，但申请攻读博士学位资格时，必须提交一个“报告”，其内容相当于我国博士生论文的开题报告。也就是说，“报告”就是南非博士生的入学资格考试。如果该报告未获通过，该学生就不能进行博士阶段的学习。

（3）国际学生入学资格

国际学生的入学资格与南非国内学生的入学资格相同，但如果申请者是来自非英语国家，则要通过雅思考试。开普敦大学要求申请者的雅思成绩达到7分以上，或通过南非自己举办的英语测试，其他学校也有类似的规定。尽管如此，实际上南非的大学并非如此严格。申请者只要真正懂英语，且已进入南非境内，只要通过学校的面试也可在南非学习。南非对国外获得的文凭一般予以认可，申请者申请任何一个层次的学习，须具有相应低一层次的文凭，如申请研究生学习者必须具有相应的本科文凭。一般而言持有非法学专业本科文凭者不能申请法学研究生阶段的学习，但中国学生仅有法学本科文凭，也不能直接申请攻读南非法学研究生。这是因为我国法学本科生的课程设置与南非存在差异，缺乏必要的非法律专业课程。所以，申请者一般必须先读一年的“名誉学士”，修完规定的专业课程后，才有资格攻读研究生课程。但如果申请者具有法学和非法学双学士学位，则可以直接申请研究生阶段学习。当然，南非重文凭，但不唯文凭，也看重工作经历。如果只有其他专业文凭，而没有相关专业文凭，但有相关专业的工作经验，也可以申请法学研究生阶段学习。此外，针对国外的假文凭，南非进行严格防范，如入学资格审查机构不仅要求国外文凭在母国公证，还要在南非验证公证。① 另外在收费标准上，除南部非洲发展共同体国家（如莱索托、津巴布韦、赞比亚、纳米比亚、博茨瓦纳）之外，南非对于其他国家的学生要加收“国际费”，收费标准一般为3000美元左右，其他学杂费与南非本国学生一样。②

3. 课程设置

（1）法学本科课程

三年制学位课程自第一学年起分别开设初级、中级和高级三类课程。初级课程一般在第一学年开设，主要是基础课程的学习，包括个人与婚姻法、南非法基础、比较法律史、宪法、国际法、财产法和法律数学（即为法学院学生所开设的法律实践与研究中常用的数学知识，如图表的制作、图表分析、统计方法、数据分析等）。中级课程一般在第二学年开设，包括商事交易法、刑法、刑事诉讼法、制定法的解释、侵权法、继承法、合同法和民事

① 洪永红：《南非法学教育体系考察记》，《西亚非洲》2007年第10期。

② 洪永红：《南非法学教育体系考察记》，《西亚非洲》2007年第10期。

诉讼法。南非法律教育较为注重实践。在第二学年，学校通常还开设法律实践课。在第一学年初级课程的学习平均成绩达到65分以上（南非是50分为及格分，65分相当于我国的平均成绩78分）的学生们一般要进入法学院开办的法律援助中心实习。高级课程一般在第三学年开设，包括证据法、公司法、行政法、非洲习惯法、法理学、法学研究技能、综合评估工程，以及一些选修课。选修课主要有难民与移民法、劳动法、税法、刑法分则、冲突法、比较法律制度、保险法、犯罪学、环境法、欧盟法、版权法、电子法、竞争法、宪法诉讼、国际人权法与宪法、不正当竞争与商标法、不当得利法、专利与外观设计法、海洋法和国际贸易法等。

四年制课程设置包括法律课程和非法律课程，而且还分为必修和选修课程。① 第一学年的课程包括与婚姻法、南非法基础、比较法律史、英语写作能力、法律数学、商业思维、社会科学批评性思维导论，以及一门人文学院开设的课程。第二学年开设宪法、国际法、财产法等三门法学课程和其他非法律专业课程。第三学年开设刑法、刑事诉讼法、民事诉讼法、商事交易法、制定法的解释、合同法、继承法和侵权法。第四学年开设行政法、非洲习惯法、公司法、证据法、法理学、法学研究技能、综合评估工程，以及一些选修课。这些选修课与三年制法学学士课程的第三学年课程相同。

五年制课程的第一学年只开设南非法基础和法学数学两门法学基础课程，其他均为非法学类课程，诸如英语写作能力、微观经济学、宏观经济学等社会科学基础课。第二学年开设比较法律史、个人与婚姻法，以及其他三门非法律专业的选修课程。第三学年开设宪法、刑法、国际法、制定法的解释、财产法和继承法。第四学年开设行政法、民事诉讼法、商事交易法、刑事诉讼法、合同法和侵权法。第五学年开设非洲习惯法、公司法、证据法、法理学、研究技能、综合评估工程，以及一些选修课。这些选修课与三年制法学学士课程的第三学年课程相同。一般说来，大学生在第一学年每期最多只能选修三门课程；第二学年每期最多只能选修四门课程；第三学年每期最多只能选修五门课程；第四学年每期最多只能选修七门课程。南非考试比较严格，考试不合格者要重修，因而学生比规定学制年多学一两年是常有的

---

① SAQA（South African Qualifications Authority）The SAQA Bulletin vol 2，No 2（Nov/Dec 1997）.

现象。①

（2）法学研究生课程

因专业方向不同，南非的大学法学研究生的课程设置也不尽相同。下面以开普敦大学为例，该校法学院为硕士学位开设的专业方向有：商法、宪法与行政法、刑事法、环境法、人权法、国际法、海洋法、海洋与环境法、劳动法、私法、公法、航运法与税法；为法学研究生证书开设的专业方向有：商法、和解与仲裁法、宪法、刑事法、争端的解决、电子法、雇佣法与社会保障、环境法、人权法、国际法、所得税法、劳动法、海洋法、海商与环境法、私法、公法、航运法、体育法、资本转让与交易税法及税法等。②

研究生课程有四种选修办法。第一种，全部为选修课，申请者任选其中几门。如国际法方向开设的课程有海滨区法、国际刑法、国际经济法、国际海洋法、国际争端的解决、国际人权保护、国际儿童权利、国际贸易法、国际公法原则、海洋污染法和海洋资源法。申请法学硕士学位者任选其中四门；申请法学研究生证书者任选其中两门。第二种，只有规定的必修课，申请者别无选择。如申请环境法方向的研究生证书者只有两门必修课，即环境法与国际环境法。第三种，开设限定选修课。如申请环境法方向法学硕士者的必修课程为环境法和国际环境法，另外在海滨区法、海洋资源法和海洋污染法中任选两门。申请海洋法方向法学硕士者应在下列课程中至少选修三门：（1）国际海洋法、海滨区法、海洋资源法、海洋污染法。（2）海事管辖与实践，且在下列课程中至少选修一门：海滨区法、海洋资源法、海洋污染法。申请海洋与环境法方向的法学硕士学位者应在下列课程中选修四门：国际海洋法、海滨区法、海洋资源法、环境法、国际环境法、海洋污染法；且其中必须在环境法与国际环境法中至少选一门或两门全选。第四种，数所大学共同培养，课程在不同大学选修。如劳动法由开普敦大学、西开普大学和斯泰伦博什大学联合培养。开普敦大学开设的课程有集体谈判与罢工法、国际与比较劳动法两门；西开普大学开设全球化新市场的劳动法、不公正解雇法两门；斯泰伦博什大学开设平等雇佣法、宪法中的劳动法两门。学生可

① UNESCO, Report on the State of Education in Africa: Challenges and Reconstruction.

② Legal Forum on Legal Education. (Cape Town, South Africa Ministry of Justice 1995).

在一所学校申请，而在不同的学校选修课程。①

4. 教学方法

南非的教学方法主要有课堂讲课、讨论、辅导、答疑、模拟法庭、实习等。这种教学方法类似于大陆法系国家的教学方法，但又具有自己的特点，更为灵活多样。另外需要引起关注的是，南非的大学在沿用传统的讲授法的教学方上，在近年来的法律教育改革方面，特别强调实践性和职业性的教学。另外诊所式教学和街头教学方案在南非的大学教育中越来越受到重视。

在南非的法学教育中，诊所式法学教育是其一直在推行的一种教学方法。20 世纪 70 年代初南非就成立了第一个独立的大学法律诊所，到 1982 年南非的 21 个法律系均成立了他们自己的法律诊所。② 南非法学课程设置上，三年制的法学学士教育必须有一年法律实践课程的学习，在学校的法律援助中心进行实践学习。诊所式法学教育，是一种以实践为导向的教学方法，该教学法是继 20 世纪初美国兰代尔的判例教学法以来最重要、且最成功的教学法之一，其优点在于培养法学学生的职业技能和职业道德意识。③在南非，诊所式法学教育的首要目的是对法科学生进行法律实践的技能训练。这些训练包括面谈、谈判、案件分析等律师业务技巧。④ 这里以南非德班 - 威斯特维尔大学（University of Derban - Westville）的诊所为例，来直观地说明南非诊所式法学教育的具体运作模式。在该大学的诊所中，学生通常是通过面谈与咨询、调查、通信联系，以及偶尔的洽谈等形式参与法律实践。因此，诊所受理的案件是以下列方式处理的：首先，学生与当事人进行最初的面谈，然后与诊所教师碰面，在这期间当事人在一旁等候。在学生与诊所教师碰面的过程中，诊所教师将对问题的基本轮廓进行探究、对学生需要发现的额外信息进行讨论，且对基本的法律评价和建议进行讨论。继而根据案件的复杂性，以及学生解决问题的能力，单独由学生或诊所师生一起再次与当事人进行面谈。此后，诊所教师对案件进行初步的审查并写一份面谈

---

① 洪永红：《南非法学教育体系考察记》，《西亚非洲》2007 年第 10 期。

② A. N. Allott, "Legal Education in Africa South of the Sahara", International & Comparative Law Quarterly , 1980, pp. 76.

③ North American Regional Conference, 30 Fordham In t' l L1J1374, Vol130, No 11, 2007, p141.

④ Peggy Maisel&Lesley Greenbaum, "Foundations of South African Law", Cape Town Press, 2002, p12101.

总结。最后，学生继续处理他们的案件，直到他们对当事人的法律问题进行全面分析并作出汇报。在这种相互交流的过程中，师生间的互动表现得淋漓尽致：学生提出了自身对案件的思考和建议，以及案件如何适用法律，而教师则以自己的社会阅历和实践经验以及知识深度等方面对学生作出的判断和建议进行指引和完善，引导学生思考，培养学生的思维。显而易见，在诊所式法学教育中，学生通过积极参与案件的讨论逐渐积累了处理各种案件的实践技能，而这种技能正是他们毕业后从事法律实践所必需的。

街头教学方案，则是20世纪80年代中期纳塔尔大学制定的一套适合大学期间的街头教学方法。方案的主要方式是由法律专业学生进入学校对中小学生进行法律知识方面的教育。教授年轻人他们所拥有的法律权利和如何获得援助。该方案通过向其他人解释什么是法律；在某些情况下，什么样的法律问题，他们应该警惕；以及他们如何才能解决这些问题，从而达到教导学生法律写作技巧、沟通技巧、问话技巧、审判的宣传技能和分析技能的目的。①

5. 考试形式

南非高等教育的考试形式很多。主要有闭卷笔试、开卷笔试、讨论、演讲（口试）、作业、论文和社会调查等。②

（1）社会调查

这种考试形式主要在于培养学生的合作和互助互爱的精神，同时对学生的独立工作能力进行锻炼。因此这种考试形式一般针对某一法律问题以小组为单位展开，要求学生在课外时间共同协作完成。而成绩的记分方法是采取合并记分的方式，既计该组的总成绩，又计该组学生的个人成绩。

（2）论文与作业

论文，首先在课程听课过程中要写5000—8000字的论文。在结束该课程后再写一篇长达1万—2万字的论文。有的学科还要求学生写3篇以上的论文。作业则是由老师布置，要求学生自己在课外完成。作业的形式有案例分析和问答题，但比我国国内相同类型的作业要求高。作业要求有自己的观

---

① A. N. Allott, Legal Education in Africa South of the Sahara, International & Comparative Law Quarterly, 1980.

② Association of African Universities & The World Bank, Revitalizing Universities in Africa: Strategy and Guidelines (Washington DC 1997).

点，不得抄袭现成的答案，并且要能自圆其说，但是在字数要求上比论文要短，形式上相当于命题作文。

（3）讨论

讨论是南非高等学校运用得比较多的一种考试形式。讨论往往与辅导、答疑相连。它是将考试方式和教学方式结合起来的一种方式。南非高等学校许多课程都设有讨论课，同一门课每周设有数次讨论课，一般要求每周参加一次讨论课。讨论课一般由选修同一门课的学生分成若干小组，学生可以根据自己的实际情况自由安排时间，选择参加其中一个小组的讨论课。讨论课要考勤，如果学生一学期内没有达到参加讨论课总数的 75% 或 80% 以上，则取消参加考试的资格。这意味着这些学生要重修这门课。

（4）演讲

演讲主要是针对高年级本科生和研究生的一种考试形式。一般在课程开始时，就把演讲题目定好。然后学生分成小组，选择其中一个或几个题目，分头查资料、做准备。有时学生的演讲内容就是教学大纲的一部分。老师一般会给学生提供基本的参考书目或资料。学生演讲时，一般先由老师讲一下本次课堂教学的主要内容，然后由学生上讲台演讲。学生讲完后，大家讨论、与演讲者辩论、评论演讲者的演讲情况。最后，老师做总结，总结结束后，本堂课结束。

南非高校在考试形式上不只看重学生的最后一次考试，实行一锤定音，更多的是将上述几种考试形式相结合，从而得出学生该学科的整体成绩。一般而言最后的笔试占 50%，其他形式各占一定比例，如合同法笔试占 50%，课堂讨论占 20%，论文占 30%。但是，不同的课程也会有不同的安排，一般学校会事先规定课程考试形式及各考试形式的比例，并在学生选修时就告知该门课的考试形式和要求。如商法没有笔试，课堂讨论占 20%，论文占 80%；刑法笔试占 60%，讨论占 20%，作业占 20%；国际法笔试占 60%，论文占 40%。另外，如果南非的学生已经参加其他形式的课程，并已达到相关规定的要求，对于一些课程则只需参加最后一次考试。如南非法基础这门课，只设有最后一次笔试，占总成绩的 100%，但学生的课堂到堂率必须达到 75% 以上，才有资格参加考试。南非高等学校教学与我国“严进宽出”的模式不同，采取的是“宽进严出”的形式，所以南非的考试很严格。即使南非规定的及格成绩是 50 分，而不是 60 分，南非学生的考试未通过率（淘汰率）也在 40% 左右。所以要在南非取得一个法学学士学位比较难，法科的学生们必须下一番真功夫，才能取得成功。

6. 法律职业教育

南非的法律职业教育是南非法律毕业生获得律师执业资格的一个必要阶段，南非律师法规定申请律师资格必须出示表明其已经完成了职业培训课程的证明书，即：除了拥有认可的法律学位外，另外一个要求是成功地完成了培训学校的法律实践课程，这样才能发放律师候选人资格证书①。因而对于南非的法科学生而言，法律职业培训是其获得法律职业执业资格的一个必备条件。目前南非共有九所法律实践培训学校（PLTS），如比勒陀利亚、约翰内斯堡、布隆方丹、开普敦、德班、东伦敦、彼得斯堡、伊丽莎白港等法律实践培训学校，法学毕业生可在这9所学校中选择任意一所进行法律实践培训的学习。② 目前，南非法律职业培训主要分为两个阶段：第一阶段，欲从事律师工作的法学毕业生须参加法律实践培训学校（PLTS）的培训，并通过法院的四门考试。③ 在该阶段的实践培训中，学生通常被分为两组进行各种纠纷的模拟法庭对抗，最后还要通过多门考试，其中财产法、律师职业道德、登陆账目和法庭程序等为必须通过的四门考试。第二阶段，从事1—2年的法律助理工作，即候补律师工作。一般而言通过5周的实践培训和期末考试后，学生们必须在一位执业三年以上的出庭律师指导下担任至少2年的法务助理工作。但是如果有学生在结束为期5周的PLTS课程后，还愿意继续5个月的PLTS课程，那么将来他们则只需作为法务助理工作1年，而不是常规的2年。在从事法务助理工作阶段，候补律师必须将他所受到的培训以日记或其他书面形式记录下来，直到其获得认可为止；即便是在获得认可之后，候补律师也必须将其指导律师、律师委员会、实践考核官的检阅记录下来。如果法务助理恰当地完成其使命，指导律师就必须尽其可能帮助他获得律师职业许可。

南非法律职业教育的培训内容被分为四个模块，而且根据不同的内容来设置课程教学时间，并进行考试安排。第一个模块：刑事法院的实践、人权

① 见南非《律师法》第15条。

② John B. Kaburise, "Structure of Legal Education in South Africa", South Africa, 2001, pp. 102-105.

③ Lisa R. Pruitt, "No Black Names on The Letterhead? Efficient Discrimination and The South African Legal Profession", Michigan Journal of International Law, Spring 2002, pp. 215-219.

与职业道德，共计20个课时，包括对法律职业的介绍、刑事法院的实践和辩护、写作的技巧和效率、建立公司、宪法惯例五个方面的内容，考试要求为3篇论文。第二个模块：民法实践、包括法院程序、应用主题和法院技巧三个部分的内容。其中法院程序包括民事法律的简介、法律费用、裁判法院的实践、高等法院的实践、替代性纠纷解决等内容，共计20个课时。应用主题主要是根据当时社会的法律热点问题进行研究，如第十四期的法律实践培训主要讨论了破产程序、汽车配件索赔、婚姻问题和离婚等问题，共计14个课时。法院技巧主要通过在裁判法院和高等法院的实践工作中，通过诉状的写作以及模拟审判的训练的形式使得学生有一个切身的体会，共计10个课时。民法实践和法院程序考试采取论文写作的形式，各需3篇论文，而法院技巧则通过评估法院实践过程中的实际工作情况来考核。第三个模块：商法实践，包括遗嘱、遗产与信托、商业企业的形式、商业合同、商业诉讼和劳动争议解决等内容，共计20课时，考试要求为5篇论文。第四个模块：法律实践，包括法律会计、企业管理等方面等方面的相关知识，共计18个课时，考试形式采取评估和论文相结合的方式。首先由评估小组评估，然后还要求写2篇论文。

（二）博茨瓦纳法学教育现实概况

1. 入学资格

如果学生打算学习法律，并打算获得法学学士学位，他必须完成5年制小学教育和中学教育，并获得中学毕业证。表现较好的学生可以直接学习法律，而对于那些表现不突出的学生，则需要通过法律文凭的考试才能学习法律。

2. 课程设置

从课程设置来看，博茨瓦纳法律系包括三部分：法律文凭考试、法学本科和法学硕士。法律文凭考试的学制是两年，获得“优”的学生可以就读法学本科。另外，通过法律文凭考试的，可以折抵一年的本科学习期。法学本科的学制是五年。博茨瓦纳大学的法学教育很有特色，因为在大多数非洲国家，法律本科学制为三年或四年。但是，因为博茨瓦纳大学法学系将实体法和程序法结合起来讲授，所以学制就变成了五年。其中，实体法主要包括宪法、民法、刑法、合同法等部门法，程序法主要包括民事诉讼法、刑事诉讼法以及证据法等。除此之外，法学本科课程中还包括诊所式法学教育。为了让学生了解真实的法律实践，法学系开设了一个法律诊所实验室。对于请不起律师的案件当事人，法律诊所可以提供法律援助，这些案件由表现突出的学生来具体负责相关的准备工作。

在博茨瓦纳大学法学系，最高级别的教育是法学硕士教育。法学硕士教育分为全日制（三学期）和非全日制（六学期）两种。学生必须在最后一个学期提交作业并进行论文答辩。

需要补充说明的是，法学系还为其他专业（如经济学、社会学、教育学、商学）的学生特别开设了某些法律课程。

3. 法律实践

博茨瓦纳的法学学生每年暑假都要进行实习，实习地点主要是法律事务所或者公司的法务部，实习期满，学生需要提交实习报告。在第四年和第五年，学生还要参与模拟法庭或者参与模拟审判。

学生在完成法学本科学业后，可以实际从事法律事务。在进入律师行业后，学生仍需熬过为期 9 个月的见习期，才能获得律师执业证，成为真正的律师。

（三）加纳法学教育现实概况

加纳除 5 所公立大学之外，还有一些私立大学。这些大学都提供学历课程，学制一般为四年，包括文科学士课程、法学学士课程和理科学士课程。加纳只有 2 所大学设有法学院，没有法学院的大学会在哲学、会计、管理和保险等其他课程中教授一些法学知识。在 2003 年以前，加纳大学每年录取 60 个大学新生。前 40 个学生被选为或录取为法学学士，后 20 个学生为文科学士。要进入大学法学专业，学生必须在录取考试中获得 A 的成绩，这个成绩相当于达到高中的英语、数学和科学水平。加纳法学教育非常注重学生的英语水平，其原因在于作为律师，应支持或代表当事人，如果不懂英语，就无法与当事人进行沟通，无法代表当事人的利益进行诉讼。此外，加纳的法学本科生还必须通过一般的文学、科学、商务或管理、经济学和会计等其他课程。成人教育的法学专业的学生年龄须满 30 岁，另外还要通过 5 门课程的考试以及通过面试。文科的学生必须在 4 年内通过有关非法学的课程然后才能申请进入加纳的法学院学习，接受由一般的法律顾问讲授的法学知识。如果顺利进入法学院，他们则要在以前所学 4 年专业的基础上，再进行为期 2 年的额外法学本科学习才能取得法学学位。

加纳法学本科课程包括公法、私法和商法三个部分，具体而言包括宪法、刑法、国际公法、国际人权法、法哲学、法学方法论、冲突法、环境法、侵权法、家庭法、衡平法与信托、继承法、证据法、合同法、公司法、税法、知识产权等。学习 2 年后，每门考试必须通过，在学习过程中，还要进行专业培训，比如培养辩论技巧。

在完成这些课程后，他们在法官面前进行口头测试，并准备案件。律师协会要对其进行为期 2 年的职业培训，每年 8 月的第一周开始培训，其中有为期 6 个月的普通法培训。外交部的对外事务法律中心也可以提供一些法律课程，比如 ECCA 课程。除此，在会计等专业的课程中也会设置某些相关部门法知识的课程。比如税法，因为这些是在会计实务中经常接触到的。

加纳的法学教育为学生提供较好的知识储备，可以在社会上谋得很好的工作，比如政府的顾问，私立或公立企业的法律顾问、外交部的官员，也可以去国内外攻读硕士学位。

（四）纳米比亚法学教育现实概况

纳米比亚大学法学院是其国内当前提供法学教育唯一的正式机构，虽然其他学院也开设了一些法学课程，但并不提供法学学历课程。纳米比亚大学法学院设立了三个机构：学术培训项目、司法培训项目及人权和文献研究中心。其中，提供学历教育的主要是学术培训项目，符合一定条件的学生入学后要学习基本的法律课程，如刑法、民事法律、程序法等，此外尚需学习传统法律方法论课程。学术培训项目的基本学制为 5 年，该 5 年学制又分为两个阶段，在第 3 年和第 5 年学生将获得不同学位，在此阶段，学生还要开展社区法律服务，为贫穷的人们提供法律服务。

纳米比亚的法学教学具有注重实践的特点，具体措施包括：向公众提供法律建议、书写基本的法律文书、对公众开办起诉前的法律问题讲座、参加法律诊所等。5 年学习结束后，学生如果成绩合格，可以取得法学学士学位。之后，学生可以进入法律事务所见习，在完成 1 年的见习学习后即可获得出庭资格证书，并可到法律事务所执业。法学教育在社区服务方面主要是为警察、政府和传统部门提供法律服务。

纳米比亚大学法学院还设有法学研究生教程。学生在本科毕业后，可以申请继续进行研究生阶段的学习。在研究生阶段，除学习本科期间没有开设的法律课程之外，学生还要进行论文写作。纳米比亚大学法学院是通过专业考试或论文写作形式对学生进行考核、评估的。

在纳米比亚大学及其法学院设立后，鉴于纳米比亚的国情和现状，纳米比亚司法部希望设立一个人权和文献研究中心。因此，纳米比亚独立后不久，就决定将该中心设立在纳米比亚大学法学院内。目前，该中心尚处于初设阶段。该中心主要功能在于将《纳米比亚宪法》，特别是《人权法案》翻译成简单通俗的语言进行推广，同时该中心亦进行着相关图书资料的搜集和整理工作。

法律援助中心成立于1988年，设立之初是为了解决独立之前的公益诉讼纠纷问题。独立后，法律援助中心逐渐将重点放在法学教育方面，并进行了大量工作，包括在国家大部分地区发行各种语言的相关资料，在人权方面包括妇女和儿童的权益的保护、在司法和诉讼工作方面，特别是涉及非法警察行动、警察的教育和培训，难民地位和状况的改善、艾滋病、住房问题的解决、刑事司法的改革等方面，法律援助中心作出了大量努力。

（五）乌干达法学教育现实概况

1. 课程设置

针对不同对象，乌干达法学院课程也不尽相同，但是，总体而言，主要还是实体法和程序法方面的课程。实体法包括：宪法、行政法、民事法、商事法、刑事法等；程序法包括刑事诉讼法、民事诉讼法、商事仲裁等。此外还有一些综合学科，如性别与法律、环境与法律、经济与法律等。

2. 教学方法

乌干达法学院的教学方法形式多样。虽然主流的教学方法仍是课堂教授，但是，对于在乌干达法学院进行法学学习的学生来说，他们还可接受来自非法学院教师的指导，比如人文学院等。非法学院教师的课程教授构成了乌干达法学院学生课堂的重要内容。从不同角度来增强学生对法律的理解。为了引导学生，法学院还经常通过研讨会、座谈会等形式进行交流式教学，使学生能够与教师直接对话，使不同领域的人才能够有机会共聚一堂，真正从不同视角来为法学院学生排疑解惑。同时，乌干达法学院还进行一些实践教学活动，比如对贫困者的法律援助活动，这也是一个重要的教学手段，使学生能够较早地接触到法律的实际运行。

3. 法律实践

乌干达法学院很重视法律实践活动，它们设有法律援助机构，与社区中的人民相互接触，由法学院自己组织进行社区法律宣传、法律援助等实践活动。此外，还和警察等部门相互合作，完成警察职业培训等实践计划。

三、英语非洲国家法学教育问题分析

以南非为代表的英语非洲国家的法学教育分成大学法学教育和法律职业教育两个部分，类似于德国的双轨制法学教育，但是在南非混合法的背景下，其法学教育又具有其独特的特点。在法学教育方面，南非的教育学制层次分明，带有大陆法系国家的特点，而课堂教学则较为注重实践，又带有英美法系国家的特点，其法律职业教育更是明显带有英国法学教育中职业教育的特点。因而说南非的法学教育在其特殊的历史背景和复杂的语言环境下，形成了一种独有的混合性。

（一）英语非洲国家法学教育的可借鉴之处

1. 教育学制层次分明

南非的法学教育主要还是分为法学本科和研究生两个层次，博士生主要以自学为主。那么从法学本科和研究生两个层次的教育学制来看，我们可以看到其在学制设置上根据其培养目标定位的不同是非常具有层次性的。首先，在法学本科阶段，分为三年制、四年制、五年制三种，每种学制在入学资格和课程设置上均有不同的侧重点。以三年制为例，在入学资格上，其要求学生具有其他非法学专业学士的学位，而在课程设置上于第二学年即设置了法律实践方面的课程，这种教学模式有点类似我国的法律硕士教育，侧重培养复合型的实践人才。其次，在研究生阶段，又分为法学硕士和法学研究生证书两种，在课程设置上也有不同的安排。这种教学学制的细分，对于培养适应不同层次要求的法律人才有着极其重要的意义。

2. 课堂教学注重实践

南非传统的教学方式与我国相近，以讲授法为主，这种填鸭式的教学方法仅仅是对学生“授之以鱼”而非“授之以渔”，忽略了对学生进行法律实践的技能训练，因此，毕业的法科生几乎不具备法律实践技能。而根据南非法学教育改革的趋势来看，南非的法律教育越来越重视法科生法律实践技能上的训练，不仅课堂教学每门课程不限定同一个老师授课，而是由多个老师讲授其最擅长的章节，而且还从国外聘请教授来本国开设讲座。南非每门法学课程均安排有讨论课，采取讨论的教学方式，对于培养学生独立思考、逻辑思维以及口头辩论等方面的能力都十分有利。而早在20世纪70年代，法律诊所已经存在于南非的每个法学院中，街头法律教学方法也被越来越多的法学院所接受和采纳。

3. 考试形式灵活多样

南非法学的考试形式有社会调查、论文和作业、讨论、演讲和笔试等多种形式，而且一般将各种考试形式结合起来，对学生的能力作一个综合的考评，而不是采用单一的一锤定音形式的考试，由最后一次考试直接决定学生的成绩。对学生的考核往往注重对学生独立思考能力的考核，反对任何形式的抄袭，学生在考试中将网上或者书本上得到的答案事先背熟作答的行为在南非也会被老师认定为抄袭行为，更严格的会被认定为一种“犯罪行为”，学生必须对这种行为作出检讨，并重修该门课程。

（二）英语非洲国家法学教育存在的问题

1. 法律职业教育模式单一

南非法律职业的教育模式较为单一，尚未形成健全的、系统的教育模式，并没有形成一个层次分明的，分别培养法官、检察官和律师、法学教师以及法律辅助型人才的系统的职业教育体系，职业教育很大程度上都集中于律师培训方面，这一点从法律实践培训学校的课程安排、授课形式及考试内容方面即可得知。在法律实践培训学校的学习主要通过模拟法庭对抗的形式展开，而通过法律实践培训学校的考试后，之后的职业培训主要是通过在律所担任法务助理来进行。而其他的职业培训，如黑色绶带组织在社区教育中进行的职业教育，也是以培训适合社区法律服务的律师助理为主的，因而职业教育模式单一是南非法学教育存在的问题之一。

2. 无法正确处理“西方化”与“本土化”关系

和南非一样，许多英语非洲国家曾经为英属殖民地，其法律制度融入了当地特有的种族主义，新法律与英国普通法一起形成了传统法与现代法的混合。

以南非举例，南非法的混合性在法律教育上的体现，主要集中在法律教育培养目标的定位、教学模式的选择以及教育学制的多层次性和阶段性方面。第一，培养目标定位上兼具大众化教育和精英化教育的特点。一般而言，大陆法系国家的法律教育是一种大众化教育，即通识教育。大陆法系的法学教育注重法学原理，相对忽视法律技能的培植，把普通本科教育作为学术教育，培养具有学术精神和一般文化素质的大学生，那种由律师、法官参与的法律职业训练，被置于高等教育之外，在这种培养目标下，学生能够具有扎实而广博的理论功底。而英美法系国家的法学教育属于一种精英化教育，法学教育的主要目标在于培养实用型、具有独立操作技能的法律人才，也就是培养法律职业者。所以，英国和美国的法学教育在性质上属于职业教育，作为一种职业教育，法学教育的目标即是培养合格的律师，学生毕业就可以进行法律事务操作，这种培养目标的优点在于学生对社会的适应性很强。而从南非的法学教育培养模式来看，南非的法学教育模式是一种两阶段的教育模式：在第一阶段，法科生主要是学习法学基础理论，如法律基础、普通法、契约法、侵权行为法、刑法、土地法、衡平法、公司法等，类似于大陆法系国家培养体系的设置。在第二阶段，主要是对法科生进行职业培训的教育，法科生需要从事法律实践，在律师事务所实习，即度过1年或2年的学徒期。在这个阶段主要是让学生熟悉律师业务和法律文件的起草流程，让他们掌握各种法律文件（如合同和文件等）起草的写作技巧。这种模式又具有英国职业教育的特点。

第二，教学方式上明显带有大陆法系国家的特点。在教学方式上，大陆法系国家以讲授式为主要形式，而在英美法系国家中以案例分析为主要形式。大陆法系的法学教育是一种学科教育，其教学方法与其规范性、系统性的制定法法律传统紧密相连，是大陆法原理的自然派生物。教学方法强调教学的系统讲授，旨在向学生传授知识，法学教育不在于提供解决问题的技术，而在于对基本要领和原理的教导。“法学教育所要求的内容并不是对实际情况的分析而是对法律组成部分的分析”，比较注重对抽象的概念和原理进行阐释和分类，法律注释成为法学教学的主要特色。英美法系教学方法的最大特色是案例教学。英国的法学院不为学生提供完整的法学教育课程，主要采取自主性学习方式，学生在享有极大自由的同时，必须遵守严格的纪律，履行自己的义务。从南非大学的教学方式上来看，南非法学教育带有明显的大陆法系法学教学的特征。南非的教学方法主要有课堂讲课、讨论、辅导、答疑、模拟法庭、实习等方式。这种教学方式类似于大陆法系国家的教学方式，课堂讲授是主要的讲课形式，一门课的主讲老师往往不止一人，不同的章节由不同的老师授课。大多数南非法学老师教学时，都注重进行启发式教学。如在讲“什么是法律”这一基本概念时，老师首先提出一个问题：“我们的日常行为要受到那些东西的约束?”接着分组课堂讨论，然后每组选派一个代表公布各组的讨论结果。学生们回答得最多的是宗教、学校的规章制度，还有道德和法律，也有学生回答父母的指示和要求等。然后，老师针对学生的回答，阐述法律作为一种社会规范与其他行为规范的区别，从而引出法律概念。而从目前南非法学教育的趋势来看，南非的法学教育越来越注重实践性和职业性，在融入了英美法系中的诊所式教学方式之后，又提出了街头教学方案，将培养学生的法律实践技能作为一项重要的教学目的，这种注重实践技能培养的教学方式又带有明显的英美法系法学教育的特点。

第三，不同层次的教育学制带有不同法系的特点。在大陆法系国家，大学法律系学生一般是大学本科生，也培养法学硕士、博士研究生以及博士后。以德国为例，德国采取的是“双轨制”法学教育模式，即德国的法学教育被划分为大学学习和实习服务两个阶段，第一阶段主要在大学阶段完成，在通过国家的司法考试后获得法律职业的从业资格，进而进入第二个阶段即国家组织的司法研修，主要是大学课堂上所学的法律知识，再加以实务性训练、消化，重点是掌握各种法律的程序以及法律文书写作技能性训练，司法研修结束后，再次参加国家司法考试，考试合格后，就获得了法律职业的资格。美国法学教育学制相对单一化，初级法学教育定位在大学本科教育之后，是本科后的法学教育。从美国法学院的入学条件来看，报考法学院的学生通常要求已获得某个学院或大学的文学士或理学士学位，并且要通过竞争激烈的法学院入学考试。法学院的学制是全日制在校学习三年，毕业后取得 J. D. 学位。在此之上，还有法学硕士和法学博士学位教育，法学硕士学位教育学制一年，法学博士学位教育学制两到三年。可见，在以 J. D. 教育为起点的美国法学教育中，不存在低层次非正规的法学教育。从南非的大学学制课程设置来看，其三年制课程设置明显带有英美法系国家的法学教育特征，具有其他非法学专业学士文凭的学生可以进行三年制法学学士的学习，第一学年为一些基础课程的学习，第二学年符合要求的学生需要进入法律援助中心进行法律实践课程的学习，第三学年主要是选修课程的学习。这种教学模式将法学教育置于高等教育之外，主要在于培养实践型实用性的法律人才，具有明显的英美法系国家法律教育的特点。

毫无疑问，英语非洲国家的法学教育被深深地打上了西方教育模式的烙印，法学教育课程的设置和实施推行更多地体现出“西方化”的倾向，如何用非洲当地的本土文化去重建非洲的语言、文化以及摆脱对西方法学教育体制以及课程设置的依赖，是目前英语非洲国家法学教育改革亟需解决的问题。

（三）英语非洲国家法学教育对我国法学教育的启示

我国近年来一直在大力推进法学教育改革，其教学模式具有鲜明的大陆法系法学教育特点，同时在法律实践教育方面也借鉴了英美法系教育的一些做法，和英语非洲国家一样具有混合型的特点，因此非洲英语国家在法学教育方面的成功经验和存在的问题都将对我国健全法学教育带来很多启示。

法语非洲国家法学教育初探*

龙 婷**

内容提要 法语非洲国家的法学教育整体经历了殖民前的非体系化时期、殖民时期以及独立后的本土化时期三大历史发展阶段。当前，法语非洲国家的法学教育主要由高等院校中的法学教育、法律职业教育两大类别组成。无论是高等院校中的法学教育，还是职业教育中的法学教育，其不同阶段法科学生的入学考核制度、课程设置以及课程考核形式等内容均一定程度上沿袭和参考了法国的法学教育制度。总体上来看，法语非洲国家的法学教育仍存在基础教育与高等教育资源短缺、学术自由受限、教学语言难以统一等挑战。为更好地应对上述挑战，有必要结合先前学者的评析以及现实情况，进行合理展望。

关键词 法语非洲国家 法学教育 挑战与展望

引 言

法律人才往往是推动国家法治得以实现的主力军。法学教育作为非洲国家高等教育的重要组成部分，以传授法律知识、训练法律思维、培养合格法学专业人才等为主要内容。① 法律是非洲国家实现总体发展的制度保障，培养法律专业人才则是确保法律得以正确诠释与适用的根本途径。非洲国家的法学教育与课程体系具有其独特的优势，其长久地保持着法学教育与课程体

---

* 基金项目：湘潭大学博士科研启动项目“深化中非经贸合作中的刑事法律风险及对策研究”（项目编号：2020BSQDF20）。

** 龙婷，女，广东东莞人，湘潭大学中非经贸法律研究院博士生，主要研究方向为非洲投资法、破产法。

① 房文翠：《当代法学教育的法理学透视》，《法学家》2002 年第 3 期。

系国际化的特点。

其中，法语非洲国家的法学教育因受到原宗主国家的影响，在法学教育的定位与理念、内容与方法等方面与以法国和比利时为主的西方大陆法系国家具有一定的共性。在定位与理念上，法语非洲国家总体上属于学术型教育，侧重对学生的基础理论训练，开设的课程大多围绕法律专业所设置的抽象理论，也结合其他的人文学科。这种教育的设想在于为法律科学研究、立法和司法工作的开展提供理论基础。因此侧重于对学生知识体系的夯实、法律思维和洞察力的塑造。在内容与方法上，法学在法语非洲国家被视为一项独立的学科予以灌输，因此抽象的概念和原理占有较大的比重，同时兼顾法学与其他人文学科的密切关系，法学教育的课程也会兼顾其他的学科理论知识。在具体的教学方法上，概念的塑造和原理的分类阐释是重要的教学方法，国内法学体系的系统性研究占有较大比重，同时具有相当比重的比较研究，以便学生了解学科体系，进而对于法学概念和原理有全面性掌握。①

一、法语非洲国家法学教育的历史沿革

目前，法语非洲国家主要包括原法属和比利时属非洲国家，其中，原法属殖民地包括刚果（布）、科特迪瓦（象牙海岸）、乍得、多哥、几内亚、马里、布基纳法索、喀麦隆、贝宁（达荷美）、尼日尔、塞内加尔、吉布提、马达加斯加、科摩罗、毛里塔尼亚、加蓬、突尼斯、阿尔及利亚、摩洛哥等国家；原比利时属非洲殖民地包括刚果（金）（扎伊尔）、卢旺达、中非共和国和布隆迪等。

法语非洲国家继承了大陆法的珍贵遗产，并组成他们各自的一般法。一般法主要包括直接移植而来的原宗主国国家立法和相关法语非洲国家独立后制定的新法律两部分。此外，这些国家还把法理、习惯法等作为其补充法，以弥补制定法之不足。因此，这些法语非洲国家的法学教育中大陆法系色彩较为浓烈。②

总体而言，法语非洲国家法学教育的发展总体可分为二大阶段，即殖民前非体系化的法学教育、以法国与比利时为主的殖民地时期殖民化的法学教

① 刘冠君：《西方国家法学教育的观察与启示》，《中国党政干部论坛》2015 年第 11 期。

② 洪永红：《非洲大陆法系国家法律特征初探》，《河北法学》2001 年第 2 期。

育以及独立后的本土化法学教育时期。

（一）殖民前非体系化的法学教育

在以法国为首的殖民国到达非洲之前的时期，法语非洲国家并未形成正式的法学教育体系，但非洲传统社会十分重视法学教育，将学习习惯法与惯例作为人们终身学习的课程，由部落首领与长老教授习惯法，即习俗、规范和惯例，以履行其社会责任。此时的“法律专业人士”主要提供公益服务，通过调解解决纠纷，维持当事人和社会的平衡与和谐。这类“法律专业人员”包括酋长、长老和具有特定法律职能的人。主要教授的习惯法内容包括财产、动产或不动产的所有权、行为规则和道德准则等。在传统的裁决中，尚未出现法律代表或法律代理人这一概念，任何争端的当事方都必须亲自“出庭”陈述案情，极少存在例外。

（二）殖民化的法学教育

以法国为主的殖民国家的入侵极大程度上改变了上述状况。法语非洲国家逐渐开始引入正规化、体系化的法学教育体系以及代理人等西方法律制度，法语非洲国家传统的法学教育体系受到冲击，开始走向被动改革的发展道路，逐渐呈现出殖民化的特点。由于殖民国家需要快速对当地进行管理和统治，在殖民初期，殖民政府只是将本国的法律制度移植到法语非洲国家，但并未建立专门性的法律教育和培训机构，大多数殖民政府认为培养工程师、医生和农学家比培养律师更重要，培养意图从政的法律人员对殖民政府来说是自毁前程，会威胁他们的殖民统治，少数当地人接受法学教育的主要目的是赴宗主国接受与诉讼相关的教育、培训，并参加实习与工作。在这一时期，只有贵族阶层的人们才有可能受到法学方面的教育，但这一部分经学习与培训的法律人才并不能为非洲的实际情况服务。随着殖民主义的深入发展，一部分法语非洲国家的扫盲工作取得了一定的成效，殖民政府为了进一步维护自身的统治，开始大力改革法语非洲国家传统的法学教育，在当地兴办高等教育学校，并开设法学类课程。例如，阿尔及利亚于 1879 年 12 月 12 日颁布的法律文件中正式确立了法学教育与法律院系设立的法律地位；法学本科教育逐渐发展起来，但此时与法学相关的考试只能在海外进行（主要在普罗旺斯地区的艾克斯和蒙彼利埃）；阿尔及利亚在 1885 年 12 月 5 日颁布法律授权学校组织法律学位预科班；从 1889 年开始，阿尔及利亚当地的学校有权颁发法学专业毕业证书；根据 1889 年 12 月 30 日的法律，阿尔及尔大学于 1909 年成立了法学院。这一时期，法学教育机构被殖民政府严格控制，受教育主体主要为殖民国家的移民以及当地少数的富裕群体，法学教育的范围十分有限。此外，法学教育的主要内容为殖民国的语言和法律，具有浓厚的殖民主义色彩。例如，摩洛哥在其作为法属“保护国”时期，建立了多所法式大学。这一时期的法学教育以法国法律为主，面向摩洛哥少数的贵族群体和法国移民，主要服务于法国的殖民统治。相当一部分的法语非洲国家在殖民时期缺少专门的法学高等教育，一小部分国家，如安哥拉等国虽存在高等教育机构，但并未设置法学专业课程。

这种殖民化的法学教育虽然在一定程度上侵犯了殖民国家的文化和教育主权，但这种被动式的、自上而下的改革为当时部分法语非洲国家的法律体系提供了借鉴，为这些国家法学教育与法学课程体系的现代化改革打下了基础。

（三）独立后本土化的法学教育

在法语非洲国家普遍独立后，针对进行法律教育的必要性、方式和特点的学术研究逐渐增多。政策制定者、政治家和学者们皆认为有必要通过教育培养专业的法律人才推动法语非洲国家相关法律制度的变革，最终实现法语非洲国家的整体发展。因此，法学教育这一主题逐渐成了国家、社会与特定群体讨论与研究的中心。人们开始重视法律这一社会工具的重要性，以及专业的法律人才培训在法语非洲法律研究与学术领域中的重要性。

独立后，法语非洲国家的大学如雨后春笋般建立起来，特别是许多私立大学的出现，让更多的平民有机会进入高等教育机构学习法律专业知识。一些法语非洲国家受殖民时期殖民国家法律制度的影响，逐渐将法学学科纳入高等教育体系，并移植殖民国家法学高等教育的模式，形成了以普通高等法学教育为主，法学职业教育为辅的模式。其中，普通高等法学教育注重理论研究，注重为法学理论研究培养专门性人才，同时为政府机关输送法律人才，成绩优异者可以继续攻读博士学位，从而对某一具体领域的法律知识进行深入研究。大多数法语非洲国家的法学课程分为公法和私法两种类型。法律职业教育则注重对学生职业能力的培养和专门知识的掌握，帮助学生获得就业能力和资格，学生在获得相应文凭后可以从事律师、企业法律顾问等工作。

由于教育资源在地区分配上的不均衡，许多法语非洲国家还开设了远程教育中心，这使得许多偏远地区的学生可以通过网络与本国甚至国外的学生共享法学教育资源，从而使更多的人可以接受法学教育。为了给没有条件在学校长时间学习法律和政治专业的学生提供学习机会，一些法语非洲国家还为法学专业的学生提供了短期培训课程。由于法律知识更新较快，一些法语非洲国家为了评估和指导法律相关行业的执业人员后续的学习，设置了专门的司法培训中心，意图引导从业人员在就业阶段深入和更新法律知识。

独立后的法语非洲国家，在法学教育领域取得了巨大的发展，但不容忽视的是，仍有一些国家在独立后处于内乱或政治极为动荡的状态。战争使得独立后初期法语非洲国家法学教育取得的些许发展遭受了毁灭性的打击，这也导致一些法语非洲国家的政策与研究重点逐渐转向了个人安全、政治稳定、宪政和经济发展等主题。正如穆纳·恩杜洛教授所言，“独立和自治后的繁荣梦想变成了动荡和贫困的噩梦”。这一变化导致这一时期关于法律及专业人才在法语非洲国家社会中的作用的学术讨论极度缩减。

独立后的法语非洲国家迫切需要法律人才对法院及各政府部门进行系统化的管理。因此，这些国家在保留极少数地方差异的基础上开始大规模引用、借鉴法国的法学教育体系，这一过程确保了法学教育在新时期的平稳过渡。总体来说，法语非洲国家独立后的法学教育体系开始关注国内社会的实际发展情况，但由于社会动荡、经济落后等原因，法学教育的体系化、普世化发展还存在较大的进步空间，特别是在学习他国先进教育模式的同时，如何结合当地社会的实际情况保持自身的独特性是法语非洲国家进行法律移植和实现本土化时必须要考虑清楚的问题。

二、法语非洲国家法学教育的现实发展

法语非洲国家的法学教育经过长时间的发展和转型，已逐步具有其自身鲜明的特点。目前法语非洲国家的法学教育主要由高等院校承担，职业教育作为其中的组成部分，也发挥着不容忽视的作用。

（一）法语非洲国家法学教育的现实发展概述

教育家威廉·冯·洪堡所推行的教育史上意义深远的大学改革，主要倡导大学的任务是培养个性和谐发展，热爱科学、具有永恒不变的理智和高尚品德的优秀人才，并积极贯彻大学自治、学术自由以及教学与科研相结合的办学理念。大学自治和学术自由，更是为法学理论研究提供了客观基础。法语非洲国家的法学全面鼓励法律人才理论科学的研究。基于此，注重比较研究和抽象概念、原理学习的法学教育模式因此得以确立。

实际上，法语非洲国家的法学教育在经历了长时间的沉淀与调整后，逐

渐具有了更多的本土化和实务化特点，目前已形成初步的法学教育框架。大多数法语非洲国家的法学教育作为一门本科课程，开始于大学一年级，但不乏少数国家将其作为研究生进阶课程进行集中安排。通常来说，每个学年由30周组成，被均分为两个学期，每学期15周。法学与法律课程旨在使学生们掌握与国际公法、国际私法、比较法等学科相关的内容与知识。大陆法系国家的法律制度和司法理论几乎渗透到法语非洲国家的每一门课程当中。其中，法律历史与法理学往往是核心课程，旨在培养学生对法律学习与研究方法的敏感性与总体把握。法语非洲国家法学专业的学生因此有机会接触到多种法律传统和渊源——大陆法、习惯法、民法、阿拉伯法和宗教法——以及其他国家处理法律问题的总体与个别方法。

法语非洲国家的法学教育发展仍受益于法国等国家的补充性法学教学与法律培训。法语非洲国家的研究生法学教学通常在国外进行，这就使得法语非洲国家的法学专业学生能受益于他国国际化的比较式教学方法。一些殖民时期赴法语非洲国家抑或后期赴法语非洲国家的外国法学教授在相关高校、机构开设了核心课程，并通过对非洲习惯法的研究让法语非洲国家的学生获得更好的学习资源。除了普遍性的高校法学教育之外，法语非洲国家仍存在众多旨在提供专业性法学教育的机构、学校及研究所。这些机构在学生从高校法律系获得必要的学术资格（通常是法学学士学位）后，协助学生准备律师职业资格考试。

（二）高等院校中的法学教育

法语非洲国家的高校法学教育任务主要由综合性院校承担。举例来说，阿尔及利亚国内目前有很多大学教育机构，其中包括的阿尔及尔大学、康斯坦丁一大、安纳巴巴吉穆赫塔尔大学、奥兰－塞尼亚大学、布利达大学等26所大学；贝沙尔、吉杰尔大学中心等14个教学与研究中心；国家行政学院、国家工科学院等6所国家高等学校；库巴高等师范学院、奥兰高等师范技术教育学院等4所国家高等师范学校；国家农艺学院、国家信息学院等6所国家学院，以及布依拉、加尔达亚等2所附属学校。① 其中阿尔及尔大学设有法学与行政学院，学士学位的学制是4年，学生主修民法、刑法和行政法规，毕业生主要去政府部门、法律界和国际机构任职；毕业生也可以选择

① 赵慧杰编：《列国志·阿尔及利亚》，社会科学文献出版社2006年版，第307－310页。

继续深造两年，主修金融与行政、合同责任、国际法与国际关系、企业法与刑法等硕士学位，之后还可以选择进修法学博士学位。康斯坦丁一大设有专门的法学院，由公法系、私法系与行政系组成。① 安纳巴巴吉穆赫塔尔大学也设有专门的法学院，下设人权系与政治学系。奥兰－塞尼亚大学同样设有专门的法学院。②

再如，2001 年之前，贝宁高等教育及法学教育的重镇为贝宁国立大学，其设立的法律、经济和政治学院设有法学、政治学、经济学、管理学等专业；国立行政学院设有法律专业。2001 年后，新建成的帕拉库大学设立法政学院并正式开课，之前的贝宁国立大学更名为阿波美－卡拉维大学。③

布基纳法索现有高等学府 11 所，其中 3 所（瓦加杜古大学、博博科技大学、库杜古高等师范学校）为国立性质，其余为私立学校。其中，于 1974 年建立的瓦加杜古大学设立了法律与政治科学学院，学院由法律与政治科学系与犯罪学系组成，主要专注公法领域的法学课程教学。④

布隆迪主要的公立高等院校为布隆迪大学，除此之外仍有 4 所私立大学。其中，布隆迪大学设有法律系。⑤

喀麦隆目前共有 10 所综合性大学及附属于不同大学的十余所职业学校，综合性大学中 8 所为公立大学，分别为杜阿拉大学、布埃亚大学、姜城大学、恩冈代雷大学、雅温得一大、雅温得二大、马鲁阿大学⑥与巴门达大学，另有 2 所为私立大学。其中，作为公立大学之一的杜阿拉大学设有法律与政治学院，本科设有公法、私法等专业，硕士设有国际公法、基础私法等专业，博士设有私法与犯罪学等专业。⑦ 姜城大学同样设有法律科学与政治学院，学院体系下又设有基础私法系、商法系、刑法系、公法系、国际和共同体法律系、英美法学系及政治科学系七大系别。⑧ 雅温得二大设有法学和

---

① 资料来源于：https：//fac. umc. edu. dz/droit/。

② 资料来源于：https：//facdr. univ－annaba. dz/。

③ 张宏明著：《列国志·贝宁》，社会科学文献出版社 2004 年版，第 294－296 页。

④ 资料来源于：https：//en. wikipedia. org/wiki/University_ of_ Ouagadougou。

⑤ 于红，吴增田编：《列国志·卢旺达 布隆迪》，社会科学文献出版社 2011 年版，第 386－388 页。

⑥ 资料来源于：https：//fr. wikipedia. org/wiki/Liste_ des_ universit% C3% A9s_ au_ Cameroun。

⑦ 资料来源于：https：//baike. so. com/doc/25887106－27038635. html。

⑧ 资料来源于：https：//www. univ－dschang. org/fsjp/。

政治学学院，本科开设了私法基础、公共法、英语私法（普通法）等课程，硕士开设了知识产权法等学位课程，博士开设了私法、公法、国际公法、英美私法（普通法）等课程。① 马鲁阿大学也设有法律科学与政治学院，其本科开设了公法、私法、政治科学等基础性专业以及法律和税务顾问、领土和社区管理等专业性专业，硕士阶段划分为研究型与专业性两大类别，为下一阶段的法律和政治学博士输送人才；② 巴门达大学同样设有法律与政治科学学院。喀麦隆国家行政司法学校作为法学职业教育的承担者，也扮演着重要角色。③

科摩罗的高等教育主要由2003年建立的科摩罗大学承担相应的教学任务，科摩罗大学设有经济科学与法律学院。④

刚果共和国［刚果（布）］国内主要的高等院校为恩古瓦比大学，其设有法学院，由公法系与司法系两大系别组成。⑤

科特迪瓦国内目前主要有阿比让科科迪大学、阿比让阿博博大学、布阿凯大学、博瓦尼大学、费利克斯·霍普埃特·博伊尼大学、南桂阿布罗瓜大学、圣佩德罗大学、国立行政学校等高等院校，其中多个院校设有法律、管理与政治科学院。⑥

吉布提国内的法学教育工作主要由成立于2000年的吉布提大学承担，吉布提大学设有法律与经济管理学院，其中较为具有特色的是组织法、国际商法和卫生法方面的教学与科研内容。在课程设置方面，吉布提大学主要提供公法（宪法、行政法、税法等）和私法（民法、刑法、劳动法、商法等）的教学内容。⑦

加蓬现主要有两所大学，一是奥马尔·邦戈大学，二是马苏库科技大学，承担法学教育任务的主要是邦戈大学。邦戈大学作为加蓬唯一一所综合

---

① 资料来源于：https：//baike. so. com/doc/25689625 – 26774528. html。

② 资料来源于：http：//www. univ – maroua. cm/fr/faculte/faculte – des – sciences – juridiques – et – politiques#diplome。

③ 姚桂梅，杨宝荣编：《列国志·喀麦隆》，社会科学文献出版社2003年版，第203页。

④ 资料来源于：http：//univ – comores. km/universite/presentation. php。

⑤ 资料来源于：https：//www. umng. cg/？ q = en/node/78。

⑥ 资料来源于：http：//www. enseignement. gouv. ci/index. php？ open = recherche & rec = uivoiro。

⑦ 资料来源于：http：//www. univ. edu. dj/？ p = 650。

性大学，设有法学院等多个学院。①

几内亚全国共有13所高等院校，其中包括3所国立大学，即科纳克里大学、康康大学、松福尼亚大学；10所高等学院，即法拉纳农业兽医学院、博凯地矿学院、几内亚教育学院（科纳克里）、拉贝高等学院、恩泽雷科雷高等学院、几内亚高等艺术学院（杜布雷卡）、高等工程技术预备学院（金迪亚）、远程培训高等学院（科纳克里）、达拉巴兽医学院、马木技术学院。此外还有14所私营高等学院。② 其中，松福尼亚大学设有法律与政治科学学院。③

1. 入学资格

法语非洲国家的入学资格因阶段的不同，具有不同的要求。

（1）法学学士入学资格。进入法语非洲国家法学院校进行本科阶段的学习，需在高中最后一学期结束前向相应国家的高等教育、科学研究与培训部门与心仪高校提交入学申请手续。高校的学位委员将会基于学生的第一意向对申请材料进行审核，委员会由各学院的教师代表或专业人员组成。一般来说，毕业生需提交身份证件副本、大学录取与申请表、过往成绩证明、载明学生地址的邮票信封、高中或同等学历毕业会考成绩证明材料（BAC等）、出生证明、照片等，并支付相应注册费用。部分高校的法学专业要求申请人参加并通过其设置的专业考试，其中包括专业考试与英语、相应国家语言的考试。

一般来说，法语非洲国家的法学院系十分注重申请人的语言能力以及文化概况的掌握能力，同时兼顾申请人与政治、哲学、科学等相关主修学科与辅修学科的平均成绩，对申请人年龄有一定的要求。

法语非洲国家主要将高中会考的类型与方向分为十余个种类，在普通教育与职业教育两个大框架下设置A、B、C、D、E、F、G几大种类。以贝宁为例，A1类为语言文学类，A2类为普通人文科学与文学类，B类为社会科学与文学类，C类为科学技术类，D类为地理生物类，E类为技术与数学类；F1类为机械建筑类，F2类为电子技术类，F3类为电机工程类，F4为

---

① 安春英著：《列国志·加蓬》，社会科学文献出版社2010年版，第250－251页。

② 资料来源于：http：//gn. mofcom. gov. cn/article/ddgk/201511/20151101155702. shtml。

③ 资料来源于：https：//uglcs. org/faculte/。

土木工程类，G1 为行政管理类，G2 为量化管理类，G3 为商业管理类。法学类院校一般会招收 A2、B、G1、G2、G3 类别的高中会考毕业生进入法学专业进行深入学习。①

各类别的学生需要分别参加国家统一的或各个省举行的笔试与口试考试。具体来说，以贝宁为例，A2 类别的学生需要参加的笔试考试主要包括通用语言学科（英语、法语）考试、哲学学科考试、地理历史学科考试、两门其他语言（主要为德语等）学科考试、数学学科考试、地球与生物科学学科与体育教育学科，口试部分主要针对语言的口头表达能力展开；B 类别的学生需要参加的笔试考试主要包括通用语言学科（英语、法语）考试、哲学学科考试、地理历史学科考试、一门其他语言学科考试、数学学科考试、经济类学科与体育教育学科，口试部分主要针对语言的口头表达能力展开；G1 类别的学生需要参加实操、笔试、口试三部分的考试，实操主要包括对助理技能的考核，笔试主要包括对语言学科（英语、法语）、案例、经济、逐字记录与报告、行政与劳动法律、体育教育方面的考核，口试内容更为多样，主要包括了对语言口头表达能力、哲学、经济地理的考核；G2 类别的学生参加的笔试主要包括语言学科（英语、法语）、案例、经济、应用数学、法律、体育教育等内容，口试主要包括语言口头表达与哲学等内容；G3 类别的考试内容与 G2 基本类似。整体说来，法语非洲国家的法学院系较为注重学生语言、思维逻辑与综合学科能力。②

就贝宁国内最著名的大学贝宁国立大学而言，其法律科学与政治学院下设的公法系与私法系主要招收的是在高中会考中取得 A2、B、G1、G2、G3 级别分类的学生；③ 贝宁帕拉库大学的法律与政治科学学院主要招收的亦是

① 资料来源于：http：//www. officedubacbenin. bj/spip. php？ article 15。

② 资料来源于：http：//www. officedubacbenin. bj/spip. php？ article 16。

③ 资料来源于：http：//www. oreilleducampus. org/universite – abomey – calavi/128 – faculte – de – droit – et – de – sciences – politiques – fadesp – uac – benin – etudes – administration – generale – science – politique – relation – internationale – droit – affaire – carriere – judiciaire – formation – etude – en – filiere – offres – formations – diplome – licence – professionnelle – master – recherche – professionnel – doctorat – debouche. html。

在高中会考中取得 A2、B、G1、G2、G3 级别分类的学生。①

马达加斯加塔那那利佛大学的法律与政治科学学院对学生的高中会考证书种类并无强制性要求，但优先考虑 A 类与 G1 类的考生。与此同时，学院仍要求学生具有一定的文化理论与法语写作背景与能力。获得录取资格的学生在注册时需提供证件照、带邮票且载明相关地址的信封、高中会考成绩证书、注册表等资料并支付注册费。如若需要申请奖学金，则需提交相应的奖学金申请表格及证明材料。②

（2）法学研究生入学资格。法语非洲国家的法学研究生主要分为硕士研究生与博士研究生两个阶段，硕士研究生又分为专业型研究生与学术型研究生。申请攻读研究生时，一般要求业已取得法学学士或硕士学位，且本科学习的平均成绩较为优异。如果申请者没有获得法学学士，但具有同等学力，经批准审核亦可申请攻读研究生。大多数法语非洲国家没有专门的博士生入学资格考试，但申请博士生学习时，必须提交一个报告，其内容相当于我国博士生论文的开题报告。如果该报告未获通过，学生就不能进行博士生阶段的学习。

例如，贝宁国立大学的法律科学与政治学院招收拥有私法学科背景的专业本科、普通本科、硕士学位或同等学力的毕业生攻读商法与税法专业的专业硕士。③

马达加斯加塔那那利佛大学的法律与政治科学学院允许毕业生在本科毕业后在商法学、应用私法学、国际与国内公法学、政治科学等专业方向中进行选择，并申请相应的法学及法律硕士学位。塔那那利佛大学法学硕士阶段的课程主要分为四个学期展开，满足学分要求且在本科阶段最后一个学期对私法学进行过学习的本科毕业生可以申请商法学与应用私法学的硕士，反之则可申请国际与国内公法学、政治科学方向的硕士。法学博士阶段的学习主要与实验室、科研相关联，主要由人文与社会科学研究所负责对法学博士的

---

① 资料来源于：http：//www. oreilleducampus. org/universite – parakou/148 – faculte – de – droit – et – de – sciences – politiques – fdsp – up – parakou – benin – etudes – droit – prive – public – science – juridique – formation – etude – en – filiere – offres – formations – diplome – licence – professionnelle – master – recherche – professionnel – doctorat – debouche. html。

② 资料来源于：http：//www. univ – antananarivo. mg/Admission – Inscription。

③ 资料来源于：http：//www. univ – parakou. bj/etablissement/fdsp。

培养，研究所内又分法律科学等博士小组。①

2. 课程设置

法语非洲国家法学课程的设置在一定程度上具有相似性。

例如，阿尔及利亚目前为大陆法与伊斯兰法的混合法律制度，法学教育主要在综合大学设立的法学院中进行。法学教育主要分为本科、硕士、博士三个阶段，法学本科第一、二年为基础法律教学阶段，而第三、四年为法学专业教学阶段；法学研究生至少两年，第一年侧重学习法学理论和掌握法学研究方法，第二年则是法律职业实习、准备论文和答辩阶段；博士研究生教育则需对法学理论进入深入研究。其中，本科教育年限一般为3—5年，第一年课程主要有法律概论、宪法和比较政治制度、方法论、政治经济学、法律术语、国际公司法、法律制度的历史等；第二年课程有法律职责、行政法、刑法、国际公法、伊斯兰法、公共财政、法律术语等；第三年课程有私人合同、刑法制裁、民事诉讼、商法、行政诉讼、工作和社会保障、国际责任和人权等；第四年课程有国际私法、家庭法、商法、保险法、公务员法、海商法、知识产权及工业产权法等。博士一般为3—7年。承担法学教育的高校以国家公办高校为主，主要有阿尔及尔大学（位于阿尔及利亚首都阿尔及尔，成立于1909年，是阿尔及利亚第一所大学。下设法律学院，又分为公共法律系及私法系。伊斯兰学院又设置了伊斯兰教法系）、康斯坦丁大学（创建于1969年，下设法律与管理学等多个院系）、安纳巴大学（创建于1975年，属省立大学，下设法律与管理学等多个院系）、塞尼亚奥兰大学（创建于1961年，1965年被并入阿尔及尔大学，下设法律与管理等多个院系）等。②

再如，贝宁的法学教育主要由贝宁国立大学承担，其下设的法律、政治与经济学院设有法学、经济学、管理学和政治学等专业。

马达加斯加法学高等教育在注重理论研究的同时，也注重对学生就业能力的培养。马达加斯加公立大学和国家远程教育中心都开设了法学教育的相关课程。其主要目标是培养法学家，教授基础知识和专门知识，推动法学研究并激发学生的研究精神。马达加斯加法学本科的主要课程包括公法，私法

---

① 资料来源于：http：//www. univ – antananarivo. mg/Faculte – de – Droit – et – de – Sciences – Politiques。

② 资料来源于：http：//droit. univ – alger. dz/。

等。教师由三分之一的专业人士组成，但学生人数众多，许多学生需要 8—10 年才能完成第一学位的课程，低入学率和超过学校容纳能力的学生人数，导致马达加斯加法学教育资源浪费严重。

马里的巴马科法律和政治科学大学（USJPB）共有三个学院，分别是私法学院、公法学院和行政与政治科学学院。本科学位分为两种类型，分别为普通学士学位和专业学士学位。普通学士学位的主要课程包括政治社会学、行政科学、国际关系；专业学士学位的主要课程包括环境法，城市规划法和土地法（L. P. D. U. F. E.）专业学位，注重引导学生考取法律专业证书以及海关、运输和物流法专业证书。研究生阶段的学习也分为两种，即研究型硕士学位和专业型硕士学位，该阶段的学习主要培养学生针对法学某一个具体领域的研究能力。在本科、研究生的课程之外，还存在着一种短期的培训课程，参加这种课程的学生同样需要在法学院注册，但最后不会得到相应的学位证书，这种课程旨在为没有条件在学校进行长时间学习法律和政治专业的学生提供学习机会。学校还积极利用网络技术创建了虚拟图书馆，以及远程教育的授课模式，方便来自各地的学生接受教育，从而缩小地区之间教育资源的差距。马里没有成人高等教育、函授高等教育，高等学校的招生数量均来自于国家的指令性计划，未来马里将会大力发展法学职业教育，鼓励私人机构办学，以应付不断增长的学生人数。

摩洛哥本科阶段的课程主要包括法国法律、阿拉伯法律，法国法律旨在为学生提供法学基础理论和方法论的指导；阿拉伯法律课程为学生提供基础法律知识的学习，并选取实务案例进行针对的学习和分析。本科阶段的学制一般为 3 年，总学分为 180 分，学生通过考核修满学分即可获得法学学士学位证书。硕士阶段的课程主要有公法和私法方向。公法方向下又设有人权与公共自由法等其他学科，私法方向主要针对国内的房地产与公证法、商法和税收等具体的部门法进行学习和研究。取得硕士学位的学生还可以继续攻读博士学位。摩洛哥加入了法语国家大学全球网络联盟，可以利用该网络开展远程教育，与其他法语国家共享学术资源和教育资源，成人和偏远地区的人们可以通过远程教育学习相关的课程，该课程同样需要完成作业，并通过考试。

毛里塔尼亚的法学教育主要集中在公共高等教育机构中。以 Nouakchott Al Aasriya 大学为例，其法学与经济科学学院设置了 24 个研究型的学士学位和 17 个职业技术型的学士学位，本科的学制为 3 年，主要课程为公法和私法。第一个学期的主要任务是激发学生的学习兴趣；第二个学期引导学生对学习方向进行选择；第三、四个学期，要求学生对法学知识进行深入了解；第五个学期是对基础理论进行研究，针对学术领域或者职业技术领域进行了解，第六个学期要求学生专攻学术或者职业技术领域的知识；硕士阶段的学习为2年，主要包括公法、私法、公司法和商法以及应用经济学的课程，分为必修课程和选修课程两大模块，学生必须修满120个学分才能获得硕士学位证书；博士的学制为3年，主要研究内容为经济和法律科学，学生必须修满180个学分，其中平时的研究活动占60个学分，最后的毕业论文占120个学分。

刚果（布）随着教育领域改革的不断推进，法学院的教育课程也逐渐形成了自己的一套课程体系。例如，将行政法和刑法分别并入行政诉讼法和刑事诉讼法，取消合同法，对交通法课程进行限制，将宪法分为国家普遍原理和刚果共和国宪法，将国际人权法和公共自由法合并为公共人权和自由法，将法学课程分为公法和私法两大类，相应法学院的行政部门也进行了调整和变革。以金沙萨大学的法学院为例，该法学院有6个系，涵盖了国内公法系、司法和私法系、国际公法和国际关系、刑法和犯罪学习、经济和社会法系等，各系别都有相应的负责人，权责分明。该院同样设有本科—硕士—博士三个等级的学位课程。在本科和硕士阶段，学生的课程分为公共课和选修课，公共课程中除了法学基础理论的课程还包括哲学、心理学、司法逻辑学和政治经济学等课程，注重对学生综合素质的培养。选修课程中，学生可以根据自身情况选择一个大的方向，然后按照学院安排的具体课程进行学习。到了博士阶段，由于导师的资源有限，学生除了进行研究方法论的学习，必须按照学院的课程安排进行研究和学习。

卢旺达的法学专业课程主要包括刑法、民法、宪法、比较法、行政法、国际公法、商法、国际人道主义法、环境法、知识产权和国际发展法。硕士生要学习3年，课程以国际法相关专业居多。此外，高等教育学校同样设有短期培训课程，学生可以根据实际情况选择课程。

马达加斯加塔那那利佛大学的法律与政治科学学院主要将法学课程分为六个学期进行，每一学期对应30学分的课程，第一、二学期主要教授法律基础课程，第三、四学期对法学深入理论进行讲授，最后两个学期则区分公法与司法，进行具体、详细的授课。法语及英语为马达加斯加高校法学院的主要授课语言。学生本科毕业后可以在商法学、应用私法学、国际与国内公法学、政治科学等专业方向中进行选择，并申请相应的法学及法律硕士学位。塔那那利佛大学法学硕士阶段的课程主要分为4个学期展开，满足学分要求且在本科阶段最后一个学期对私法学进行过学习的本科毕业生可以申请攻读商法学与应用私法学的硕士学位，反之则可申请国际与国内公法学、政治科学方向的硕士。

3. 教学方式

在教学方式上，法语非洲国家主要以课堂授课、讨论、辅导、答疑、模拟法庭、实习等方式进行。其中，讲授式授课与讲座为主要形式，是一种学科教育，其教学方法与其规范性、系统性的制定法法律传统紧密相连。教学强调系统讲授，旨在向学生传授知识，法律教育不在于提供解决问题的技术，而在于对基本要领和原理的教导。法律教育所要求的内容并不是对实际情况的分析，而是对法律组成部分的分析，比较注重对抽象的概念和原理进行阐释和分类，法律注释成为法律教学中的主要特色。

法语非洲国家侧重于培养具有系统法律知识的专业人才，开设的多为基础理论课程。教师采用传统的教学方式，以教师的积极讲授和学生的被动学习为主。为了使学生打下坚实的理论基础，教师教授学生运用具有普遍性的法律原则来寻求解决案件的常规办法，培养的是学生的理论研究能力。

例如，马达加斯加的法学课堂主要采取实务模拟和主动教授的方式进行，学生可以针对实际案例进行研究，在课堂上应用所学理论进行实地考察。马达加斯加还设有远程教育中心，该模式实际相当于中国的函授教育，由高教部负责。主要由政府派大学教师进行辅导，同时采用广播教学，在广播难以接收的地区则辅之以磁带教学。各辅导点设有图书资料室。远程教育中心会向学生提供键盘，以方便学生汇总功课和其他的学习活动。另外，中心会按照学生所在的区域进行分组、分配附加练习，并对学生使用信息通信技术有关的实际操作进行培训。

摩洛哥长期致力于消除法国殖民主义给法学教育带来的影响，努力推广阿拉伯语和阿拉伯法法学院的主要目标是培养从事法律行业的人才，同时促进法学研究的发展。一般提供三种教育学位，即学士、研究生和博士，学生一般需要花3年、5年、8年完成相应的课程。老师会针对性地进行教学，本科阶段学生一般在阶梯教室上大课，同时也会分成小组进行教学，尤其是在研究生阶段。师资团队由教师和专业人士组成，学生可以在图书馆、文献中心、计算机室自由使用数据库和工具书。

塞内加尔的法律学术研究不同于英美法系国家的法学院。达喀尔大学和圣路易斯大学设有法学院。法律商店、法律期刊和报告、法律诊所和其他特别法律活动不包括在塞内加尔法学院的传统中。但近些年来，随着教育不断改革，塞内加尔法学院开始注重对法学生实践能力的培养，开始开展一些实践活动。例如，圣路易斯的加斯顿·伯杰大学于2007年主办了非洲模拟法庭竞赛，其法学院团队在2008年南非比勒陀利亚大学的模拟竞赛中获得亚军。

4. 考试形式

法语非洲国家法学教育的考试形式众多。其中主要包括闭卷笔试、开卷笔试、讨论、演讲（口试）、作业、论文和社会调查等。法语非洲国家意图通过社会调查这一考试形式培养学生合作和互助互爱的精神，同时对学生的独立工作能力进行锻炼。因此这种考试形式一般针对某一法律问题，以小组为单位展开，要求学生在课外共同协作完成。而记分方法是采取合并记分的方式，既计该组的总成绩，又计该组学生的个人成绩。与此同时，法科学生需要通过课程论文与学科论文的考察，按时完成老师布置的案例分析或问答题形式的课外作业，作业整体要求较高。除此之外，法语非洲国家十分注重学生的说理逻辑与学术基础，要求有自己的观点，不得抄袭现成的答案，并且要求自圆其说。讨论与演讲则是彰显学生逻辑力与表达能力的综合考核方式，前者将考试方式和教学方式进行了巧妙结合，一般每周设置一次讨论课。讨论课一般由选修同一门课的学生分成若干小组，学生可以根据自己的实际情况自由安排时间，选择参加其中一个小组的讨论课。后者主要是针对高年级本科生和研究生的一种考试形式。一般在课程开始时，就把演讲题目定好。然后学生分成小组，选择其中一个或几个题目，分头查资料、做准备。有时学生的演讲内容就是教学大纲的一部分。老师一般会给学生提供基本的参考书目或资料。学生演讲时，一般先由老师介绍课堂教学的主要内容，然后由学生上讲台演讲。学生讲完后，大家讨论、与演讲者辩论、评论演讲者的演讲情况。最后，由老师作总结，总结结束后，本堂课结束。

法语非洲国家的法学院校普遍会将上述几种考试形式结合，得出学生特定学科的整体成绩。例如，马达加斯加本科阶段考核实行学分制，学生在通过考核之后获得学分，学分满足要求即可毕业。毕业之后，学生可以选择就业或者继续深造，大学为学生提供了法学硕士和博士学位进行继续学习。学生持有法学学士或硕士文凭更容易进入相关行业。

（三）法律职业教育

目前，法语非洲国家的法律职业教育发展存在以下四方面困境。第一，法律职业教育的资质认证标准和规定不统一。法律职业教育的结构分散，有关法律职业教育的规定出自不同的政府部门，由不同的机构管理，国家一级没有形成统一的政策和法律框架。第二，法律职业教育人才供给和劳动力市场需求不匹配。接受过正规法律教育的毕业生（包括大学毕业生在内）的失业现象严重。传统的学徒制体系已无法适应教育和培训部门的结构性改革，其培训内容难以与现代技术实践相匹配。第三，地区、经济和性别不平等问题突出。大部分法语非洲国家，贫穷家庭无力支付培训机构收取的费用，而好的技术和职业学校又位于城市，限制了农村地区人口获得优质教育和技能的机会。第四，法语非洲国家法律职业教育发展过程中资金不足，只有少数几个法语非洲国家能够提供资金支持高质量法律职业教育的发展。这些问题直接影响了法语非洲国家法律职业教育的质量。

法语非洲国家的法律职业教育主要依据非洲联盟于 2014 年 6 月颁布的《促进青年就业的职业技术教育大陆战略》具体展开，该战略主要包括五方面内容，即以技能需求为导向，建立全面连贯的职业教育体系；重新定义“行业”和“职业”，明确培训目标；制定具体的培训和课程内容，在情境中实习；加强师资培训，保障教学质量；完善职业教育基础设施，提高设备利用率等。

举例来说，马达加斯加的法学职业教育由职业教育部负责，技术和职业教育分为初级技术职业培训和再深造职业培训（含职业资格培训）两种。各种技术和职业培训学校分布于全国各省，有的为全日制，有的为半日制。没有进入大学学习的学生可以通过接受法学职业教育获得法学的专业知识，考取法律执业资格证书。为推动职业教育的正规化，马达加斯加政府设立了“全国职业培训系统”，改革初级培训制度，深化职业资格水平培训。职业培训部还大力鼓励私人办学，学生可以通过进入相关法律行业获得实务经验，从而促进就业。

卢旺达的法学职业教育机构还提供了专门的培训课程，该课程面向法学应届毕业生和已经在法院、律所等岗位工作的人。他们可以以非全日制和周末班的形式接受培训。培训的内容大多与实务接轨，主要包括调查和协商、争端解决、民事诉讼等课程。该课程每周四还会安排模拟法庭的练习，学生可以在该活动中模拟扮演法庭辩论的当事人。另外，在课程学习中，学校会安排学生到律所、法院、监狱等地进行实地调研。学生可以将课堂上的知识与实务中的情况结合起来，提前适应工作环境，培养职业技能。

达喀尔司法中心为塞内加尔的主要法律职业教育机构，该学院通过设置专门课程、举行研讨会和进行实地考察的方式培养法官和其他法律从业人员。国家司法培训学校（国立司法行政学院）也招募和选拔接受两年司法课程培训的学员。这两所学校均位于达喀尔。在塞内加尔没有官方法律学术期刊的情况下，法律院校的学生以及其他专业人士可以通过评论或公告的形式发表法律见解。

三、法语非洲国家法学教育的挑战与展望

法语非洲国家基础教育的薄弱成为制约其法学教育长足发展的一个重要因素。在独立后及21世纪以来，虽然法语非洲国家的基础教育在入学率等方面虽然有了明显的进步，但是中小学的失学率、辍学率和复读率以及成年文盲率依旧很高，这些因素直接影响了法学教育的生源质量，从而严重制约了法学教育的发展。法语非洲国家的法学教育在很长一段时间里属于少数人的精英教育，因此很难得到发展。除此之外，法语非洲国家普遍存在多语种的教学冲突问题，例如阿尔及利亚作为多语种国家，其使用的语言主要有阿拉伯语、法语、英语等。在实施阿拉伯化语言政策的过程中，阿尔及利亚高校及相关机构的法学教学语言从阿拉伯语逐渐转变为法语，这就导致了中学教育与法学高等教育在教学语言方面的断裂;① 再如，尼日尔在1960年的第一部宪法中规定，法语是其国内唯一的官方语言。因此，在尼日尔独立后的十余年里，学校及相关教学机构唯一允许使用的语言为法语。尼日尔官方认可、允许在当地使用的语言在1989年扩大到8种，在2001年又增加了2种，但尼日尔的学校在实施多语教学方面进展缓慢。大部分尼日尔学生对法语的掌握程度有限，其因此难以理解授课过程中的教材与资料。虽然近些年来，尼日尔一直在推动多语教学，但由于法国对其语言政策的不断干涉以及资金不足等原因，改革难以顺利进行。法语基础不牢固的学生在进入高等院校后往往难以适应。②

---

① Robert Estoublon, "L' enseignement du droit en Algérie", Revue internationale de l' enseignement, 2019.

② 资料来源于：https：//en. wikipedia. org/wiki/Education_ in_ Niger。

法语非洲国家法学教育存在的普遍缺陷包括缺乏提高教学技能与学生法学认知的法律诊所、法学课程设置不合理、过于重视讲座这一教学形式、缺乏对法语非洲国家司法和哲学价值体系的整体认知等问题。此外，法语非洲国家的法学院普遍缺乏足够的法学学习资源，大多数院校并未建立法律图书馆、电子信息检索数据库、信息和通信技术体系等。激增的学生数量与不协调的师生比例亦极大阻碍了有序、高效的日常教学。由于教师工资普遍偏低，这就可能迫使法学院校教师不得不从事兼职，从而根本上影响教师的备课和授课质量。机构运转效率低、腐败、贫困、缺乏教学设施都是法语非洲国家法学教育改革面临的挑战。

（一）基础教育的缺失

法语非洲国家的法学教育基本为高等教育，需要以基础教育为前提。基础教育作为人类应享有的基本权利和人类社会发展的基石，其教授的基础知识和技能不仅是个人实现自我的前提，也是削减贫困、实现经济增长、保障健康生活和建设民主、和谐社会的基础。二十世纪六七十年代，法语非洲国家初、中等教育以及成人教育都得到了很大发展。教育规模的扩大无疑为法语非洲国家基础教育实现均衡发展创造了条件。然而好景不长，二十世纪八九十年代，法语非洲国家在经济增长钝化、债务积压和贸易环境恶化的环境下，法语非洲国家的教育资源再度陷入匮乏。这一时期，法语非洲国家成为了世界范围内初等教育和女童就学率唯一减少的国家集群。为了扭转这一状况，法语非洲国家和国际社会都采取了相应的举措，但收效甚微。近年来，众多法语非洲国家在地方分权制下将学校管理权限下放到地方，但结果不尽人意。地方分权制的目的本在于促进教育体制的高效、合理控制教育支出及保持收支平衡、发展具有地方特色的教育与课程体系，但是由于缺乏与之配套的相关制度，权力下放呈现出空洞化的特点。另外，法语非洲国家的教育领域管理人员大多缺乏专业管理知识及相关经验，严重滞后的教育管理体系成为制约法语非洲国家基础教育均衡发展的另一瓶颈，从而最终制约了法语非洲国家法学教育的发展。

（二）高等教育的缺陷

在全球教育快速发展的今天，法语非洲国家的法学高等教育发展相对落后。首先，对于大部分法语非洲国家而言，教育经费投入不足是阻碍其法学教育发展的主要阻碍。伴随着入学率的提高，法语非洲各国法学高等教育难以得到普及。由于教育投资收效较慢，世界银行和国际基金货币组织等贷款机构也改变了其贷款政策。

法语非洲国家法学高等教育的发展在其取得政治独立后实现了平稳发展，但由于经济发展落后，法语非洲各国接受法学高等教育的人口数量相对较少，而且各个国家因综合国力的差异，法学高等教育发展水平差距较大。法语非洲国家法学高等教育在政府财政支持不足和被忽视的情况下，缺少有利的内外部发展条件。此外，在产业结构的转型过程中，法语非洲国家现有的劳动力无法满足法律行业的需求，高素质、高技能人才匮乏，从而铸就了法语非洲国家教育发展的恶性循环。与此同时，大部分法语非洲国家高等院校的管理人员，甚至是副校长，都是由教育部任命的，政府对高校管理人员的严格管控限制了高校的自由发展。独立后的法语非洲国家由于深受法国等殖民国的影响，大部分国家实行政治独裁的国家管理方式，专制的政治制度极易形成传统的文化体制，大部分法语非洲国家对学术创新的接受度低，最终难以形成多元化、开放化的文化环境，国家的法学学术因此无法得到良性发展。

（三）法律专业实习难以得到落实

实习是法语非洲国家法学院校实训项目的最后一部分，往往受到国家法律教育委员会的监督。首先，法语非洲国家普遍并未建立完善的法律专业实习体系，也并未寻求与相关单位的合作，以接纳法律专业学生的实习；其次，即使法学专业学生进入了相关机构或律师事务所实习，也未有制度保障其真实参与到相关机构或事务所的日常工作及实践之中，如处理案件与参与审判辩护等；最后，对法学及法律专业的学生并未有业绩上的要求。总体上看，法律专业实习形同虚设，目前法语非洲国家并未能实现对法律专业实习的政策假设。

（四）课程设置上的滞后

部分法语非洲国家的法学院校，其法律及法学课程是在二十世纪六七十年代建立的，主要通过法规或法令形式确立。这些课程中有许多自推出以来未进行过根本性的变革，大多陷入了僵化的状态，早已落后于法学教育全球化的浪潮。

（五）法学学术自由深受限制

学术自由是培育学术和研究的关键，也是文明社会的重要组成部分，言论自由和学术自由的缺失必然阻碍文明社会的进步。学术自由旨在保障教师可以自由教学，根据其兴趣从事研究、公开发表观点，而无需担心遭受迫害。在这样的环境中，法学家们只能谨小慎微，以防“冒犯”当权者。这一基于自我保护的审查习惯一定程度上束缚了法学学者的创新与自由表达权利。在政局不稳和专制的后殖民时代，基于法学与政治的紧密联系，在法语非洲国家发展学术自由文化将是一项艰巨的任务。

（六）法学教学语言难以统一

在法语非洲国家的法学高等教育中，英语、阿拉伯语、法语等教学语言普遍存在。随着社会的发展，法语非洲国家的一些院校开始进行双语改革，但由于殖民国政府对其语言政策的干预以及政府经常性的更迭，改革的进展十分缓慢。具体表现为，一些法语非洲国家的高等院校内，存在着众多主导语言间的斗争。例如，在卢旺达，当政府和权力部门的领导发生变更时，院校内教学媒体使用的语言也会随之发生改变。在法语非洲国家，母语要成为法学高等教育的教学语言仍面临着许多问题，其中主要包括本土语言贫乏的词汇和语法规则使思想和观点的表达存在困难、本地缺少生产、发表、翻译和开发教学资料的基础条件等。法语非洲国家的法学高等教育发展有赖于以西方语言为基础构建、发展起来的知识体系。法语非洲国家的高等院校使用的大多数教材、资料都是进口的，它们所用的都是西方语言。

（七）私立法学高等教育缺乏政府支持

在许多法语非洲国家，私立法学教育是一个新生事物。法语非洲国家私立法学教育发展的趋势增强，主要有下列几个因素，一是学生入学门槛的提高，二是公立大学接收能力的下降，三是公立法学高等院校教学设施的匮乏，四是地方市场对高级劳动力的日益重视和需求，五是正在兴起的外国机构对非洲法学高等教育的兴趣等。单从数量上看，目前一些法语非洲国家的私立院校比公立院校还要多。许多私立院校与国外政府合作，开设了许多应用型的法学专业。

（八）人才流失和智力建设问题

许多法语非洲国家的法学教育所面临的最严峻的挑战之一，就是优秀的学者和教师逐渐离开了高等院校。法学学者和教师的流失既有在国内流动的也有向非洲其他国家和海外流动的。在许多法语非洲国家，高等院校的工资和福利比政府机构相应的职位更低。因此学者和教师们极易被较高的薪资和舒适的工作环境所吸引，从而赴政府机构就职。许多新设立的私立机构的工资和福利比公立高等学校丰厚。在许多国家的重点公立院校中，大量的骨干教师“跳槽”到了新建立的私立高等院校或其他商业机构。这种流失不仅表现为一些学者和教师的离职，也表现为在任教师实际工作时间的减少以及使命感和忠诚度的缺失。教师为了生存，不得不在高等院校的工作之外从事兼职工作，因而其精力过于分散，难以履行高等院校的教学、研究和服务工作。

综上所述，法语非洲国家法学教育面临的挑战是多方面的。对于未来法语非洲国家法学教育的改革，主要存在以下几个方面的展望。

一是应完善法律诊所这一法学实务教育模式。法律诊所是法语非洲国家的法学生获取法律实务经验、培养实务能力的有效方式和途径，其突出的实践性特色使其具有单纯课堂教育无可比拟的优势，可用于培养大量的法律实务人才。法律诊所通常以真实案件为对象和“教材”，往往由课堂教学和案件代理两部分组成。课堂教学主要围绕学生承办的案件，采取提问、讨论、模拟、反馈等方式，在互动交流中，让学生自主对案件事实进行分析，并进行法律与逻辑分析，一改“满堂灌”的传统做法。课堂外，学生在老师的指导下，为弱势群体提供实实在在的法律援助，自主完成案件的代理任务，学生在深感压力的同时，也更有动力。目前，法语非洲国家普遍未建立成熟的法律诊所培训及人才培养体系。法语非洲国家的法学院同时应引进有经验的全职教师，面向法律专业的学生传授实务技能。法律教育方法应该是实用的和多维度的，应从哲学、历史、社会科学、发展和社会问题研究等角度汲取知识和获取技能。除传统课程外，法语非洲国家法学院校仍应引入模拟课程与项目，教授法律专业学生以实践技能，如直接参与社区法律服务、审判和上诉辩护等过程。

二是广泛改革法语非洲国家法学院校、课程和行政管理体系。首先，法语非洲国家的法学教育改革应进一步着眼于当前、当地的挑战，对其国内的法学院校、课程与行政管理体系进行广泛改革。改革应满足相关法语非洲国家国内的发展需求，激发相关法律从业人员及预备人员对法律与全球法律秩序的强烈兴趣，从而根本上解决法学教育结构性问题。法语非洲国家的法学课程改革应明确法学院与法律专业的关系、对法律教育的需求、成本和方法以及法语非洲国家亟需的法律人才类型。在评估法学课程体系时，如果适当减少某些课程的授课时间，可以增加更多针对性的、有用的课程，则应适时、适量、适当地进行调整。法语非洲国家的法学院校可以引进包括健康、信息技术等领域的课程，结合法学基本理论，针对性地了解和研究特定领域的法律。潜在的研究领域包括国家政策与发展计划、土地所有权与土地征用办法、卫生服务、教育和社会服务等内容。法语非洲国家的法学院校可以考虑进一步引进研究型课程，着重强调法律专业人才履行国内和国际义务所需的技能。

三是以全球化视野思考法语非洲国家法学教育的定位。法语非洲国家价值观是否可以驱动法语非洲国家法律教育呢？法语非洲国家的法学教育是否受到其国民对有序变革和发展特殊需求的影响？为了使法学教育与法语非洲国家特殊的社会经济和地缘政治需求相关联，法语非洲国家应进一步深化比较法学在整个法学教育体系中的作用。与此同时，法语非洲国家应在改革中推动本土哲学、法学和民族价值观适应法语非洲国家、其他国家及全球经济、政治等的整体的需求。法语非洲国家的法学教育课程应重新得以调整和改革，从而将非洲价值观应用于法学现代化、争端解决等问题当中。法语非洲国家的法学教育应转换培养理念，培养面向其国内、非洲大陆及国际所需的综合性法律人才，着重培养法学生的专业化、实战性法律技能。目前，法语非洲国家亟需调解、仲裁、卫生、环境、自然资源、合资企业和项目融资等领域的法律专业人才。法学院校、机构在寻求适当的法律教学模式的同时，应改善原本“闭门造车”的状态，与政府、政策制定者、法律专业人员和非洲法律培训机构等就法学教育的目标、方法等达成共识。

四是推动法学教育配套设施的建设。大多数法语非洲国家的法学院校和机构尚未建立完善的法律学习与检索系统、法律图书馆或图书室。这在当前以信息为基础的全球社会和经济中环境中是脱节的。法语非洲国家应采取相关措施，在非洲法律教学与实战性职业培训的过程中充分利用信息技术。法语非洲国家可以联合当地企业与机构，向法律图书馆提供足够的书籍与资料，安装计算机和互联网设施，在检索系统上储存法律信息。

五是开展法学教学及培训合作。在法语非洲国家，法学类院校及法律培训机构应进一步加强协作，建立更为密切的伙伴关系，以促进思想交流，加强法语非洲国家内部的比较法研究。同时，仍应在法律培训机构、法律专业人员、决策者及其他利益相关方之间建立常规的交流与合作机制。合作可以通过次区域或区域内部的活动开展和进行，如西非经济共同体、非洲联盟、非洲经济委员会、非洲大学协会、法语非洲联盟等。基于法语非洲国家当前的法学教育现状、软硬件配备情况，开展并强化法学教学与培训的合作对于其国内法学教育的长足发展具有重要作用。法语非洲国家应在追求“互利共赢”的基础上与重点国家开展法学教育领域的合作，在政府层面、法学院校层面、留学生双向流动、人力资源开发等角度推动合作。

最后，应着力推动建立非洲法语国家法律培训机构协会。可以从建立法语非洲国家法律高校及培训机构院长之间的合作网络开始。院长及负责人之间可以在国内、次区域和各大陆间进行合作，将具有众多共通性的法语非洲法律国家法律教育工作者聚集在一起，共同讨论法律教育的挑战与发展等问题。通过定期的会议、大会、讲习班和关于法语非洲国家法学教育的联合倡议，进一步推动法语非洲国家法学教育的一体化和共享。通过合作，还可以尝试获得法律界、基金会、外国法律培训机构甚至慈善机构的支持。

结语

由于国家对于法律专业人才的需求度直线上升，近年来，法语非洲国家纷纷加大了对法学教育的财政投入，但从整体上来看，法语非洲国家的法学教育发展的道路仍任重道远。国家、社会在大力发展经济的基础上，应逐步提升对国家法律职业人才的培养，充分认识到法律专业人才对推动国家法治的重要性。在法学教育模式与方法移植的同时，也应充分考虑国情与现实需要，从而最终构建具有本土化色彩的法语非洲国家法学教育体制，实现长足发展。

阿拉伯语非洲国家法学教育初探

高明东*

内容提要 对于非洲我们了解甚少，近年来在学者们的不断努力下，在非洲法律研究方面已经颇有成效，为中非经贸合作提供了大量法律帮助。本文选择埃及、突尼斯和摩洛哥三个国家进行阿拉伯语非洲国家法学教育的介绍，旨在为中国对非洲法学研究提供新思路，了解各国家司法从业人员的教育背景和经历，能帮助我们更好地了解这些国家的司法制度。

关键词 非洲法学教育　阿拉伯语国家　埃及　突尼斯　摩洛哥

引　言

非洲大陆共有 54 个国家，其中使用阿拉伯语的国家以埃及、利比亚、突尼斯、阿尔及利亚、毛里塔尼亚、索马里、苏丹、摩洛哥、乍得、吉布提为主，随着世俗化与现代化的发展，阿拉伯语非洲国家高等教育水平正逐步提高。针对法学教育，笔者发现，阿拉伯语非洲国家不可避免地在课程安排中引入了许多英美法系与大陆法系的法律制度课程，这与“伊斯兰法系”和英美法系与大陆法系的融合现状不谋而合。伊斯兰法的效力和管辖范围根据国家的现代化程度不同而有所不同，例如一些国家的婚姻、继承等制度依然受到伊斯兰法制约，但这些国家依然需要大量现代化法学人才来对接国际贸易中的其他英美法系和大陆法系国家，这足以引起阿拉伯语非洲国家对法学人才培养的重视。随着“一带一路”倡议的推进，中国与非洲地区的经贸往来日益密切，其中涉及基础建设、工程承包、经贸投资等合作均需要大量了解非洲法律制度，能够为中国企业和中国投资者出谋划策、风险评估和

---

* 高明东，男，辽宁本溪人，湘潭大学法学院硕士研究生，研究方向为非洲法。

解决投资争端的法律人才，因此了解非洲地区法学体系和法学高等教育就能够完美对接这一需求。然而受到疫情、自然条件差和阿拉伯语语言复杂等实际情况的影响，除学习阿拉伯语言文学和在西方国家合作办学的英语法语授课高校外，少有中国人选择到阿拉伯语国家学习法学。

本文通过介绍埃及开罗大学，突尼斯法律、政治和社会科学学院，摩洛哥默罕默德五世大学的法学教育情况，分析三个国家的高校法学专业的授课内容，为中国对非洲法学研究提供新思路。选择这三个国家的原因在于，埃及是北非地区最“阿拉伯化”的国家，历史上也是北非地区伊斯兰文化的中心。突尼斯近年来一直在“阿拉伯化”与“去阿拉伯化”中挣扎，作为茉莉花革命的发源地，通过布尔吉巴总统、本阿里总统和赛义德总统等一众国家领导人的不断尝试宪政道路，国家态势逐步走向稳定，突尼斯的法律制度也不断走向世俗化、西方化。摩洛哥则是更偏向于“西化”，虽于1956年摆脱了法国殖民统治取得独立，但法国殖民带来的制度变化在今天依然影响着摩洛哥的各行各业。三个国家均足够重视通过高等教育培养能够回馈社会的高等人才，埃及现有54所大学，突尼斯现有71所大学，摩洛哥现有34所大学。通过分析以上三个国家的高校法学教育情况，能够粗浅地了解北非地区阿拉伯语非洲国家法学教育的现状，从而更好地了解这些国家的司法制度。

一、埃及法学教育——以开罗大学为例①

埃及法律体系受到殖民的影响，结合了拿破仑法典、罗马法和伊斯兰教法，在独立于奥斯曼帝国和英国殖民后建立了自己的法律体系。埃及共有四种相互独立的法院，普通法院、军事法院、行政法院和宪法法院。普通法院又分为四级，简易法院、初级法院、上诉法院和最高法院。② 埃及相较于其他阿拉伯语非洲国家具有较为完善的教育体制和丰富的教育资源，埃及宣布了一项价值58.7亿美元的高等教育计划，从2014年到2022年分两个阶段进行，共包括61项举措，旨在培养更多为市场做好准备的毕业生。③ 国内

① 参见开罗大学法学院网站，https：//law. cu. edu. eg/Hom。

② 参见中华人民共和国商务部网站，http：//policy. mofcom. gov. cn/page/nation/Egypt. html。

③ 参见 http：//africauniversities. org/egypt/。

有埃及开罗大学、曼苏尔大学①、亚历山大大学等20余所公立大学，也有开罗美国大学、开罗德国大学等20余所私立大学。

开罗大学下设法学院、医学院、工程学院、计算机与人工智能学院、农学院、艺术学院、商学院、特殊教育学院等20余个学院，现有职员14500余人，在校学生20余万人，留学生近7千人。② 在QS世界大学排名中，开罗大学在埃及排名第二，在非洲排名前十。③ 开罗大学法学院是埃及和中东地区的优秀法学院之一，于1868年赫迪夫·伊斯梅尔统治时期在埃及建立的第一所法学院，时至今日，开罗大学法学院依然为埃及输送大量法律人才，在北非甚至整个阿拉伯地区法学领域具有重要地位。笔者以埃及开罗大学为例，分析介绍埃及高等教育中的法学教育情况。

（一）法学本科的课程

开罗大学的法学本科课程根据语种进行设置，分为英语系、阿拉伯语系和法语系，学制均为四年制，各语种的培养计划中均包含埃及宪法、埃及民商法、埃及刑法等埃及主要法律，但课程的设置又因培养计划侧重的方向不同有所差异。

1. 阿拉伯语系

阿拉伯语系学生第一学年的课程包括埃及社会和法律制度的历史、经济相关知识、国际组织法、伊斯兰法、犯罪与刑罚原理、法学导论、埃及的宪法及政治制度、外国语与法律术语、非穆斯林的个人身份法和法律实务培训；第二年课程包括经济相关知识、经济法、证据法、外国语与法律术语、民法、刑法、行政法、国际公法、伊斯兰法、埃及法律史，参加法律实务培训；第三学年课程包括公共财政知识、国际私法、劳工法、民法、刑法、商法、民商事诉讼法、伊斯兰法、法律术语、行政审判与宪法审判流程、参加法律实务培训；第四学年的课程包括行政合同的学习、社会法、法律专业外语、国际私法、伊斯兰法、民法、商法、刑事诉讼法、程序法（法律判决执行的相关程序）、参与法律实务培训。

---

① 原文为：Mansoura University，或译作曼苏拉大学。

② 参见开罗大学网站，https：//cu. edu. eg/Home。

③ 参见QS世界大学排名，https：//www. qschina. cn/university - rankings/world - university - rankings/。

2. 英语系

用英语学习埃及法律和比较法学是英语系学生课程体系的主要组成部分，但也不缺乏阿拉伯语法律课程的设置，保证了该系学生在毕业后能够根据不同委托主体和应用场景，熟练使用英语和阿拉伯语在实务中进行工作。该系同时注重学生的学术能力和实践能力，在培养计划中要求学生有校内的实践和校外的实践经历。由于使用英语进行教学，该系能够更多地接受和借鉴其他国家尤其是英美国家的法律思想，其培养的学生能在更多与英语国家打交道的公司和地区提供法律服务。在课程设置上，每一学年课程均分为英语部分和阿拉伯语部分，第一学年英语课程包括犯罪学与刑法学、国际组织法、政治制度及宪法原则、英美法系简介、经济学，阿拉伯语课程包括法律介绍①、埃及宪法、伊斯兰法、法制史、非穆斯林的个人身份法；第二学年英语课程包括经济（有关金融、投资、国际经济关系部分）、英美法律体系中的合同理论、侵权和证据的一般原则、国际公法、经济立法、参加法律实务培训，阿拉伯语课程包括埃及民法、刑法、埃及证据法、行政法、伊斯兰法、埃及法制史；第三学年英语课程包括经济、行政命令的司法审查和合宪性审查②、公共经济、国际商事仲裁，阿拉伯语课程包括民法、刑法、劳工法、民商事诉讼法、伊斯兰法、国际私法和埃及商法原则；第四学年英语课程包括行政合同、国际私法、商法、海商法、知识产权法、参加法律实务培训，阿拉伯语课程包括民法、社会保障立法、伊斯兰法、刑事诉讼法、税法和民商事诉讼法。若要进入英语系学习，要求学生已经取得高中学历，在学校规定的英语考试中得到 80% 以上的分数，向学生事务部提交学历证明和英语成绩证书后由学校进行录取选拔。

3. 法语系

法语系学生在与法国索邦大学③进行联合办学设立的国际商法研究所进行学习，该系根据生源是埃及本地学生还是国外留学生设置了不同的入学条件。国际商法研究所的学生录取规则是根据 1989 年第 1045 号部长决议设立的，是独立于埃及教育部对高等教育入学的要求的另一规则。根据开罗大学与索邦大学之间的协议，学生在录取后适用与索邦大学学生相同的教学体

① 原文为：Introduction to Law，类似中国法学本科的法理学。

② 原文为：Judicial Review of Administrative Action & the constitutionality of Laws。

③ Sorbonne University。

系。对埃及学生来说需要通过埃及的“高考”并被“选择”准许进入开罗大学的法学院，还要通过法国索邦大学在开罗大学举行的笔试和法语面试，申请者法语需要达到 DELF B2 水平。本科学制分为法国索邦大学授予的两年学制、三年法学学士学位和四年学士学位和埃及开罗大学授予的四年法学学士学位四种。研究生阶段分为法国索邦大学培养的为期五年的国际和欧洲商法硕士学位和埃及开罗大学授予的两年制法学硕士学位。开罗大学培养的四年制法学本科课程包括（以下除特殊标注外，均为法语课程），第一学年：民法、宪法、法制史、经济学、埃及宪法（阿拉伯语）、法语的法律术语、家庭制法律、有关司法机构和司法制度的学习、伊斯兰法（阿拉伯语）、英国法律；第二学年：民法、行政法、物权法、商法、税法、埃及诉讼程序（阿拉伯语）、英国法律、英语、刑法与刑罚学、伊斯兰法有关个人身份法部分（阿拉伯语）、公共财政、民事诉讼法；第三学年：权利与义务、劳工法、公司法、英国法律、比较法、埃及国际私法（阿拉伯语）、埃及刑法（阿拉伯语）、伊斯兰法（阿拉伯语）、特别合同、欧洲法、行政纠纷、刑事执行法、英国法律；第四学年：国际私法、税务执行法、金融市场的相关知识、知识产权法、英国法律、埃及刑事诉讼法（阿拉伯语）、承包纠纷法、个人保险法、埃及法律中的原始物权规定（阿拉伯语）国际公法和刑法、家庭的财产权。

（二）法学研究生文凭的设置

开罗大学法学研究生文凭的设置不再像本科课程根据语种进行划分，而是根据研究的法律部门和种类进行划分，总体上分为（1）学术研究生文凭；（2）应用研究生文凭；（3）国际商法研究生文凭。其中，学术研究生文凭分为以下几个方向：私法文凭、公法文凭、伊斯兰法文凭、刑事科学文凭、行政科学文凭、国际法学文凭、金融和经济法文凭、社会法文凭、国际贸易与投资法文凭、司法科学文凭、民法文凭。应用研究生文凭分为：仲裁学文凭、国际建筑合同文凭、知识产权文凭、司法制度文凭。开罗大学根据学生来源不同对入学设置了不同的条件。留学生需要提供由埃及高等教育委员会承认的本科学历或同等学历证明、本科四年的成绩证明、学生来源国家的推荐信，在文件中表明学生期待学习的机构、跟随的导师、研究的领域和获得的文凭等信息，并交大使馆文化参赞签字。学校集齐所有申请文件后，交由埃及高等教育委员会进行选拔。

埃及法律制度的双重性质造成了影响学生和教职员工的分歧。学生将接触到两个在性质、哲学和历史上完全不同的系统。

二、突尼斯法学教育——以突尼斯法律、政治和社会科学学院为例①

突尼斯位于非洲大陆最北端，与意大利西西里岛隔地中海相望，自古以来是各股想要称霸地中海势力的必争之地。历史上先后迎来了罗马人、阿拉伯人、法国人的殖民统治。正是其多元化的被殖民历史，形成了突尼斯现今文化上的多元化现状。自 2010 年爆发茉莉花革命以来，突尼斯全国上下持续处于紧张状态，自本阿里总统下台后的三届临时政府开始了伊斯兰复兴运动。有学者认为“突尼斯的历史发展表明，全盘西化的现代化并不适合其伊斯兰国家的国情，不论精英还是普通民众都愿意重新思考适合自身的现代伊斯兰”。② 但笔者认为在突尼斯尝试“西化”的进程中，“西化”思想已经影响了突尼斯社会的各个方面，对于教育行业来说，形成当今教育体制的原因不仅是“西化”时的改变，也有殖民统治时期的历史遗留因素。全国有 1 个最高法院，10 个上诉法院，24 个一审法院，83 个地方法庭。每省设有 1 个一审法院。每个法院下辖若干民事、刑事法庭。突尼斯无独立的检察院，在司法和人权部内设检察机构。③

突尼斯高等教育的入学制度类似中国，高中毕业生在 18 岁时需要参加类似高考的全国性毕业考试 BAC。④ 每名学生在参加 BAC 考试后根据自己的分数列出十所自己想学习的大学，向学校填报志愿后学校公布录取分数线录取学生。突尼斯大学采用与法国相同的 LMD 教育体制，本科三年，硕士两年。对于学生学历的评价标准不像中国以学士学位、硕士学位命名，而是与法国相同的 BAC + *n* 学制，在通过 BAC 考试后根据学习年限进行命名，例如 BAC +3、BAC +5 等。

（一）法学本科课程

突尼斯法律、政治和社会科学学院的法学本科教育根据法律分为了公法

---

① 参见突尼斯法律、政治和社会科学学院官网，http：//www.fsjpst.rnu.tn/fr/。

② 李竞强：《论突尼斯政治伊斯兰的历史演进和政治影响》，《国际论坛》2013 年第 15 期。

③ 中华人民共和国外交部，https：//www.fmprc.gov.cn/web/gjhdq_/gj_/fz_/_/x_/。

④ 同法国教育体制的 baccalauréat 考试。

专业[①]和私法专业[②]，这一分类方法同 LMD 教育体制一样来源于法国。两个方向的本科课程设置大部分一致，区别在于在毕业后的就业方向不同。例如本科期间对于民事诉讼法和刑事诉讼法学习的侧重点不同，公法学习更注重理解审判规则和法院之间的工作流程，私法学习更注重不同程序之间的协调配合，适用不同条文取得诉讼胜利。公、私法专业学生毕业后均会获得全国统一的公、私法从业许可证（类似我国司法考试与法学专业毕业证书的结合），代表该学生已经完成了公、私法课程的学习，具有一定法律基础和应用能力。

学生的课程包括：第一学年：宪法、客观规律[③]、行政组织、物权法、主观权力，选修课程包括穆斯林法、法律方法论、人权、法哲学、计算机课程、法律英语、法语、选举法、法律史、政治学概论、侵权责任法。第二学年：合同一般原理、行政活动、刑法、行政财产法、家庭法、公共金融，选修课程包括国际机构法、经济法、土地法、政治经济学、竞争法、法律英语、法语、劳动法、继承法、议会法和替代性争议解决方法。[④] 第三学年：商法、特别合同、安全法、民事诉讼程序和执行方式、商业公司法、国际私法，选修课程包括：刑事诉讼法、消费者保护法、货币法、个人发展规划、商业会计、破产程序、知识产权法、电子商务法。

（二）考查方式

每门课程的考试制度根据其是基础科目还是选修科目而有所不同。基础科目的考试成绩由两部分构成：一是学生的期末考试成绩，占比 70%。二是在除平时课程外的补充课程上，教师根据学生的作业情况给出 30% 的平时分（补充课程是除固定任课老师外，安排的每周一次或两次其他老师针对固定任课老师上课内容进行补充的课程，类似国内在周末的课外补习班，但授课老师均为大学教师）。选修科目的成绩也是两部分构成：一是学生在上课期间参加两种考试作为连续监测成绩，两次考试都会考察两次以保留较高的分数，两次考试分别占比最终成绩的 80% 和 20%。二是学生期末考试成绩，若分数未达到 50% 则需要重修。（二十分满）

---

① 原文为：Droit Public。

② 原文为：Droit Privé。

③ 原文为：Droit objectif。

④ 原文为：Modes alternatifs de règlement des litiges。

（三）法学硕士申请条件及课程设置

突尼斯法律、政治和社会科学学院的法学硕士设置也是按照公法和私法进行分类，公法研究方向分为公法研究硕士、政治学研究硕士、国际法和马格里布区－欧洲关系硕士、非洲联盟政策法律硕士、环境法与可持续发展硕士、税法与诉讼法专业硕士（夜校）、治理与反腐专业硕士（夜校）、人权与人道法专业硕士（夜校）、公共采购治理专业硕士（夜校）；私法研究方向分为私法硕士学位、普通法硕士、商法研究硕士、刑法和犯罪学硕士、银行和证券交易专业硕士（夜校）、医疗法专业硕士（夜校）。其中国际法硕士和环境法与可持续发展硕士在行政上隶属于公法系，但授课内容涉及私法和公法学科，普通法硕士在行政上隶属于私法系，但授课内容涉及私法和公法学科。

公法研究硕士优先招收致力于研究公法的教授、讲师和讲师助理等，且需要持有公法和私法相应的基础执照，或其他具有同等学力的专业毕业生。需要在一年半的时间内完成宪法、行政法、金融法、政治学、公共经济法、国际法、法理学、国际关系理论、税法、政治决策、国际经济法的必修课程，根据自己的喜好在环境法和城市规划法、行政诉讼法和欧洲法律、性别法律①或人道主义法之间选择三个作为选修课，最后半年进行论文答辩准备毕业。

政治学研究硕士优先招收从事政治学研究的教授、讲师和讲师助理等以及从事政治事业的地方、国家、部委办公室职员、行政人员和新闻行业人员，且需要持有公私法相应的基础执照，或其他科目的人文科学许可证，例如哲学、社会学、历史学、经济学、文学等专业。需要在一年半的时间内完成社会科学方法、政治学、宪法理论、西方政治思想、突尼斯当代历史、政治经济学、阿拉伯穆斯林世界政治私情、公共财政、地方行政、比较政策②、公共政策、国际关系理论、媒体通讯、国际经济法的必修课程，最后半年进行论文答辩准备毕业。

国际法和马格里布区－欧洲关系硕士优先招收致力于研究国际法的学生或从事该方向研究的教授、讲师和讲师助理，且需要持有公私法相应的基础执照或其他同等学力的文凭。该研究方向具有同时提供国际法和公私法、国

---

① 原文为：Droit et genre。

② 原文为：Politiques comparées。

际贸易法和马格里布区域与欧洲关系等相关知识的能力，在当今全球化背景下有更广阔的前景。需要在一年半的时间内完成国际法、国际法律诉讼、国际经济法、国际海洋法、武装冲突法、国际人权保护法、国际私法、国际贸易法、国际商事仲裁、国籍法、外国人身份法、突尼斯与欧盟协会法律、欧盟机构和法律秩序、欧盟对外关系、欧洲商业法、阿拉伯马格里布联盟法、欧洲国际私法的必修课程，最后半年进行论文答辩准备毕业。

非洲联盟政策法律硕士是近些年新开设的研究方向，目的是为了让学生们对非洲联盟的运作规则和非洲联盟内法律的基本原则有深刻的了解，以便培养在未来国际关系中可以充分了解非洲市场，协助突尼斯进行战略布局的政治、经济、文化、学术等领域的重要人才。非洲联盟的法律虽然内容丰富，但在其他国家除特定学者有所研究外鲜有人了解。该研究方向开设的目的就是密切关注非洲联盟及其政治、司法、金融、经济和其他机构的活动，学习和研究其演变规律，分析非盟与其他区域机构和组织（例如联合国、国际刑事法院、欧盟等）之间的互动和近期国际事件。该专业硕士优先招收拥有法律、政治学或国际关系学士学位的年轻毕业生、外交官、律师、地方法官、公司法务和国际组织工作人员，该专业既招收突尼斯学生也招收其他国家的留学生，由于专业的特殊性，填报这一志愿的学生不仅要有法律基础，还必须精通法语，熟练掌握英语。学生需要在一年半的时间内完成泛非主义简介、非盟机构和机关、国际组织法、非洲一体化的法律和政治理论、非洲联盟法律简介、外交和领事法、和平解决国际争端、当代国际公法问题、区域经济共同体比较研究、非洲经济法、非洲地区法院、非洲人权和人民权利法院的判例的必修课程，在人权与非洲或国际人道主义法和非洲武装冲突管理、非洲刑事法院判例或非洲司法合作案例、非洲的过渡时期司法制度或民间社会在非洲法律演变中的作用中选择三门选修课，最后半年进行论文答辩准备毕业。

商法研究硕士成立自 1987 年，该方向提供基本法律科目的理论和实践培训，旨在提高毕业生在实务中处理民商法与经济法相关问题的能力。申请该专业的学生必须持有私法学士学位或与其同等学力的公私法从业许可证。培养计划分为三个学期的教学和一个学期的论文准备。毕业生普遍在毕业后选择了担任教授、助理教授、公务员，或在司法机构、律所、银行和保险公司等中担任商法律师。学生需要在一年半的时间内完成有关国际贸易法、银行法、商业刑法、社会法、财政税收激励措施、知识产权法、商业公司法、合约、证券法、保险法、仲裁法、海商法、投资法、金融市场法、争端的友好解决方式的必修课程。最后半年进行论文答辩准备毕业。

刑法和犯罪学硕士旨在为刑法学研究、高等教育、公共服务中需要刑法教育背景的职业提供人才，想申请该专业的学生除需持有私法从业许可证以外，在入学前还要接受其他口头面试。学生需在一年半的时间内完成一般刑法、特别刑法、贩卖人口专题、打击暴力侵害妇女专题、恐怖主义犯罪专题、刑事诉讼法、犯罪学、网络犯罪、腐败犯罪、国际刑法、刑法与商业经济法、环境刑法、经济刑法①的必修课，还需要参与两个学期的法律诊所提供法律援助服务，最后半年进行论文答辩准备毕业。

三、摩洛哥法学教育——以默罕默德五世大学为例②

摩洛哥位于非洲大陆西北端，北部与西班牙葡萄牙隔地中海相望。历史上摩洛哥曾先后被阿拉伯人、法国人殖民，少数地区被西班牙殖民。法国殖民统治留给摩洛哥的影响延续至今，虽然摩洛哥被定义为阿拉伯国家，但其国内教育、文化出版物、医疗系统、电视广播等公共媒体大多使用法语。

司法机构分四级：最高法院、上诉法院（21 个）、初级法院（68 个）和初级法院派驻的法官处。全国设有最高司法委员会。摩洛哥最高司法机构，下设六个法庭，分管民事、人权与遗产、商业、行政、社会案件的审理和判决。最高法院设办公厅、书记室和检查总署秘书处。③ 默罕默德五世大学于 1957 年建立，分为阿格达勒校区和苏伊西校区，其中法律学院坐落在阿格达勒校区。默罕默德五世大学下设医学院、科学院、计算机科学、教育科学、阿拉伯文化研究所、非洲研究所、法律学院、经济学院等 19 个研究中心，在校学生近 9 万人，开设 281 门课程，近年来源源不断地向摩洛哥各行业输送高等教育人才。

（一）摩洛哥法学课程设置

同突尼斯一样，由于长期受到法国殖民统治，默罕默德五世大学的法学

---

① 原文为：Droit Penal Fisical。

② 本节内容均来自学校官网：默罕默德五世大学，http：//www. um5. ac. ma/um5r/。

③ 洪永红：《摩洛哥的司法制度》，资料来源于：https：//www. chinacourt. org/article/detail///id/. shtml。

课程也是按照公法专业①和私法专业②进行分类，其本科培养目标和突尼斯也大抵相同，采用法国的教育体制。本科课程包括：权利与义务的基本原理、经济法、宪法基本原理、刑法、行政规范、国际公法、法律用语规范、公司法、司法机构、人权与公共自由概论、刑法、税法、信用贷款法、行政纠纷、国内采购法、环境与建设法、诉讼程序法、法律实务。

研究生培养以进一步的私法培训、弘扬研究精神，加强批判性思维、优化学生的学术能力、促进专业整合、加深对外国法律制度的学习、了解立法的近似过程为目标开设课程。硕士毕业生能够继续攻读法学博士，进入教育机构从事教育行业，进入司法行业等。研究生共两年，第一学年课程包括：民法、刑法总则、特别刑法、社会法、家庭法、法律科学研究方法论、刑事审判原则、刑罚法、商法（商誉部分）、商法（贸易部分）、比较法等。第二学年课程包括：社会保障法（工伤与职业病专题）、社会保障制度、商业法、公司法、财政法、银行机构法或股市法选修、国际贸易、国际商业合同或国际仲裁选修，最后半年进行论文答辩准备毕业。

（二）法学硕士入学条件

硕士入学需要凭借法律职业从业许可证、法律本科文凭或与其同等学力的资格证明，参加硕士入学考试，同时参考本科各科目学分和考试成绩，笔试分数较高者有面试机会。硕士课程教学团队中的成员除本校教师以外，还有来自校园以外各司法行业的从业者或其他高校教师，包括摩洛哥各部委、国内和国际的发展机构、地方政府行政人员、法院工作人员、议会工作人员、职业律师等。目的是培养更熟悉实务业务的司法从业人员，培养更了解公共项目和决策制定机制的学生，缩短从校园学习到实务工作之间的距离。为此学校还经常举办模拟法庭等活动锻炼学生们对现实案例的处理能力，2015 年 4 月与法国波尔多大学合作，摩洛哥开设法律诊所，为学生提供锻炼的机会。法律诊所面向个人和企业，学生在教授的监督下提供免费法律咨询，该项目具有学术和社会的双重意义，让学生在实践中学习法律，促进所有公民熟悉用法律保护自己。

① 原文为：Droit Public。

② 原文为：Droit Privé。

结语

通过对比以上三个国家对于法学教育课程的设置，不难发现其中的不同点，越具有“阿拉伯”标签的国家在进行法学教育时越重视有关伊斯兰法的教育和培养。越偏向“西化”的国家在进行法学教育时越偏重西方法律制度的教育和培养。这一现象与各国家的殖民历史成正相关，且与该国家的司法制度相互影响。司法制度与法国高度相似的国家在培养司法工作人员时，为了适应实务中的需要，把学生培养成更具有西方法律思想的高等人才。越来越多接受了这种教育的学生进入司法实务行业，反而更能推进司法制度西化。埃及司法制度同时建立在现代化司法理论和伊斯兰教法理论之上，这是由于英国殖民和伊斯兰现代化的共同作用。同样的问题也出现在突尼斯和摩洛哥，如 Dr. Mohamed Serag 在评价埃及法律教育的论文中所写道：“显然，统一这两种思想流派的必要性是最重要的，不仅在埃及，而且在所有穆斯林国家。”伊斯兰教法在突尼斯和摩洛哥逐渐衰落，如库尔森所描述：“那曾在早期为伊斯兰法律学湍急溪流供应源源不断水源的法律思辨的源泉，逐渐干涸了；河水放慢了脚步，直到最后不可避免地达到了它的停滞点”。这一现象与伊斯兰教在突尼斯与摩洛哥的世俗化异曲同工。

葡萄牙语非洲国家法学教育初探

林　涛*

内容提要　随着非洲葡萄牙语国家与我国经贸往来日益加深，研究其法学教育体系也成为当前对非研究的重点。葡萄牙语非洲国家法学教育深受原宗主国影响，同时也在独立后呈现出新的发展方向。其法学课程设置主要分为法学学士学位课程，其中学制为4年制或5年制；硕士学位课程学制为2年；博士学位课程学制为4年。葡萄牙语非洲国家法学教育与我国有很多相似之处，其"严进严出"的特点十分值得借鉴。同时，中国留学生前往非洲葡萄牙语国家攻读法学学位，应当保证自身条件符合相关高校标准，并积极学习葡萄牙语、英语，以更好适应其环境。

关键词　非洲葡萄牙语国家　法学教育　学位　学制

引　言

非洲葡萄牙语国家主要包括安哥拉、莫桑比克、几内亚比绍、佛得角、圣多美和普林西比，均为原葡萄牙殖民地。20世纪非洲葡萄牙语国家纷纷获得独立，基于历史原因，葡萄牙与这些独立后的原殖民地国家一直保持着较为独特的关系。1996年成立的葡萄牙语国家共同体（CPLP），加强了非洲葡萄牙语国家的政治、经济、社会文化的发展合作。在教育方面，1986年成立的葡萄牙语大学联合会（AULP）是一个国际性的学术组织，会员来自葡萄牙、巴西、安哥拉、莫桑比克、圣多美和普林西比、佛得角、几内亚比绍、东帝汶和澳门等国家及地区的两百多所高等院校。法学教育作为非洲

* 林涛，男，湖南慈利人，湘潭大学法学院国际法专业博士生，研究方向为非洲法。

葡萄牙语国家高等教育重要的组成部分，深受其原宗主国葡萄牙的法学教育体系影响，同时兼具非洲葡萄牙语国家特色。

一、课程设置

非洲葡萄牙语国家法学教育体系中的课程设置分为学士学位、硕士学位和博士学位三个层次。其中学士学位分为 4 年制法学学位和 5 年制法学学位；硕士学位学制为 2 年，包含方向有：法学硕士、国际法硕士、税法硕士、刑法硕士、民法硕士、商法硕士、行政法硕士、诉讼法硕士等。博士学位学制为 4 年，基本都采取与葡萄牙各大学联合培养的模式，主要包含：公法学博士、私法学博士、国际法学博士等。

（一）学士学位课程

法学学士学位分为 4 年制法学学位和 5 年制法学学位，其中葡萄牙语非洲国家大部分法学院只设 4 年制法学学位。例如莫桑比克顶尖高校爱德华多·蒙德兰大学（UEM），其法学院是莫桑比克共和国独立后最早开设的学院之一，于 1974 年 7 月 4 日通过第《299/74 号法令》（1974 年 7 月 16 日第 82 号官方公告）建立。根据上述法令，学院以崇高的法学理念和国家的现实需要开设了法学学位课程。由于课程开设初期法学教师数量极少且均为葡萄牙人，爱德华多·蒙德兰大学法学院直接套用了葡萄牙的法学教学体系。法学学位采用 4 年学制，其中前 3 年为基础学科学习，最后 1 年为法律实习。

4 年制法学学位的课程设置根据不同国家不同学校的具体情况有所区别，但大致的培养模式基本一致。以佛得角公立大学（UNICV）为例，其法学学位学制分为 4 年 8 个学期（见表 1），前 3 年主要是学习法学理论、法律史以及各个部门法的法学基础知识，最后 1 年主要是进行法律实践。法学学位课程中的法律实践在葡萄牙语非洲国家本科法学教育中占有极大比重，从“法律实习——法律职业的实践与思考”这门课占每周 16 个小时，计 20 学分就可以看出。另外，法学学位课程中还有 3 门选修课分散于各个学期。第 2 学年第 1 学期的选修课 I 可选课程有公共财政学、政治学、政治社会学；第 3 学年第 2 学期的选修课 II 可选课程有地方当局法、国际贸易法、国际关系理论；第 4 学年第 1 学期的选修课 III 可选课程有银行法、商标和专利法、犯罪学。

表1　佛得角公立大学法学学士学位课程表

课程	小时/周	学分
第1学年第1学期		
宪法理论Ⅰ	5	6
法学概论	4	5
佛得角法律史	4	4
国际公法	4	5
经济概论	4	5
口头与书面表达及沟通技巧	5	5
第1学年第2学期		
宪法理论Ⅱ	5	6
法律渊源通论	4	5
法学方法论	4	5
国际组织法	4	5
政治哲学	3	4
罗马法史	4	5
第2学年第1学期		
行政法Ⅰ	4	5
民法通论Ⅰ	5	6
财政法	4	5
国际人道主义权利	3	4
非盟和西非经济共同体法	4	5
选修课Ⅰ	4	5
第2学年第2学期		
行政法Ⅱ	4	5
民法通论Ⅱ	5	6
税法和税务诉讼法	3	4
诉讼法原理	4	5
城市与环境法	4	5
外交和领事法	4	5

续表

课程	小时/周	学分
第 3 学年第 1 学期		
权利义务通论	4	5
民事诉讼法 I	5	6
刑法 I	4	5
商法 I	4	5
家事法	4	5
海洋法	3	4
第 3 学年第 2 学期		
民事合同法	4	5
民事诉讼法 II	5	6
刑法 II	4	5
商法 II	3	4
继承法	4	5
选修课 II	4	5
第 4 学年第 1 学期		
判例法	4	5
刑事诉讼法	4	5
法哲学	4	5
国际私法	4	5
劳动法	4	5
选修课 III	4	5
第 4 学年第 2 学期		
公共合同法	4	5
劳动程序法	4	5
法律实习——法律职业的实践与思考	16	20

5 年制法学学位是近年来葡萄牙语非洲国家正在推进的新型法学本科教育模式，5 年制法学学位课程的主要目标是培养能够满足安哥拉社会和司法工作需求的法律从业人员，并能够适应当前复杂的跨学科法律环境。其培养

的跨学科法律人才也并非只针对传统的律师、法官和检察官等行业，而是扩大到公共和私人行政、翻译、地方和区域管理、发展与国际合作、博物馆和遗产管理、外交、社会传播、高级秘书、旅游、教学与研究、图书写作与编辑、文化产业等各个领域。

5 年制法学学位的课程设置与传统的 4 年制法学学位不同，其除了一般的法学理论和部门法，还针对特定的跨学科领域进行课程设置，因此学制也更长。以安哥拉最好的法学院——天主教大学（UCAN）法学院为例，其 5 年制法学学位课程以法律为主，同时兼顾经济学的讲授。同时，针对 5 年制法学学位更高的国际化要求，增设了法律英语和法律葡萄牙语两门课程，并通过与其他高校之间的国际合作，聘请他国法学教授进行授课（见表 2）。

表 2　安哥拉天主教大学 5 年制法学学位课程与授课老师一览表

课程	授课老师
法学概论	亚历山德拉·马丁斯博士 埃德加·奎松戈博士
宪法学	塞尔吉奥·路德·雷斯科娃博士 阿德里托·科雷亚博士 埃斯特维斯·希拉里奥博士 马西奥·丹尼尔博士 利德罗·费雷拉博士
法律葡萄牙语	玛丽亚·海伦博士 亚瑟·桑托斯博士
法律英语	贡瑟斯·内托博士 阿明多·加梅罗博士
罗马法	安东尼奥·卡塔姆瓜博士
民法通论	塞莱斯蒂诺·拉斐尔博士 奥斯瓦尔多·阿方博士 阿尔德米罗·马托索博士 爱德华多·卡利坦巴博士
经济学概论	弗朗西斯科·保罗博士 卡洛斯·桑托斯博士
法律政治思想史	法兰斯·冯·杜内姆博士 约翰·索基博士

续表

课程	授课老师
行政法	安东尼奥·罗德里格斯博士 莱安德罗·费雷拉博士 曼努埃尔·威尔逊·布拉沃·多斯·桑托斯博士 莫雷拉·洛佩斯博士
国际公法	法兰斯·冯·杜内姆博士 威尔逊·亚当博士 阿米尔·卡昆博士 埃德马拉·努达博士
公共财政与金融法	马西·奥丹尼尔博士 托马斯·加布里埃尔博士 赛迪·费尔南多博士
商业伦理与社会责任	玛利亚·达·阿松桑博士 曼努埃尔·科雷亚博士
权利义务通论	何塞·路易斯·多明戈斯博士 卢尔德·达·卢兹玛丽博士
刑法	塞莱斯蒂诺·昆巴博士 莱莉安娜·马查多博士 安东尼奥·品杜卡·马克斯博士
民事诉讼法	伊莎贝尔·塞莱斯特·胡里拉皮博士 豪尔赫·杰伊博士 伊莱安德罗·德布里托·派桑博士
城市与环境法	安娜莱特·桑德琳博士 马西奥·丹尼尔博士
劳动与社会保障法	玛西娅·尼吉奥莱拉博士 特奥菲洛·科赛罗博士 福图·纳托博士
教会法	亚当·马克西米安博士
家庭和儿童法	玛西娅·尼吉奥莱拉博士 弗朗西斯科博士
非洲合作与一体化	塞巴斯蒂昂·伊萨塔博士 威尔逊亚当博士
刑事诉讼法	埃尔纳尼·坎宾达博士 福图·纳托博士

（二）法学硕士学位课程

当前葡萄牙语非洲国家法学硕士培养以不同专业为划分标准，不同学校的课程有所差异，学制一般为 2 年。

以几内亚比绍法学院（FDB）为例，该院为一所公立高等教育机构，致力于几内亚比绍法律人才的培养。几内亚比绍法学院成立于 1979 年 9 月 27 日，是该国唯一颁发法学学位的机构，其硕士培养方向包括法学硕士、国际法硕士、税法硕士、刑法硕士、民法硕士、商法硕士、行政法硕士、诉讼法硕士等，还与其他高校联合培养具有交叉学科性质的知识产权法硕士、环境法硕士、金融法硕士等。

从几内亚比绍法学院商法硕士来看，课程分为 2 个阶段。第 1 年是学校学习阶段，主要教授法学专业的知识，包括学习解决跨国商事贸易带来的具体法律监管问题；通过培养批判精神，解决学生对商事活动中可能出现的法律纠纷；学会如何对商事法律纠纷证据进行固定和保存；学习如何在商事仲裁过程中担任仲裁员或其他相关方代理人；熟悉劳资纠纷的理论和实践问题；参与国家有关商事立法改革的讨论。具体来说，对商法硕士的培养以模块化方式进行，包含：法律理论；法律研究方法论和义务论；劳动合同法；商法；诉讼法；国际私法；物权法。商法硕士的第 2 学年为硕士论文写作阶段，该阶段学校只开设 1 个单元——研究方法和研究结论，学生在导师的指导下独立完成硕士毕业论文的写作。

（三）法学博士学位课程

当前非洲葡萄牙语国家法学博士培养机制基本采取与葡萄牙各大学联合培养的模式，学制为 4 年。法学博士学位课程符合研究生课程框架（QCPG）和研究生课程规则（RCPG）。法学博士课程分为 2 个部分，课程部分（模块化教学）和研究部分（学位论文和研究论文）。上述 2 个部分以面授的方式在 4 年内进行，对应 8 个学期。第 1 年是课程部分，剩下的 3 年为研究部分。

课程部分共计 1 年（2 个学期），用于修读教授建议的总共 4 个必修模块、短期课程或其他模块，并就课程模块进行论文的提交和答辩，最后在指定的学术委员会面前进行博士论文的开题。

研究部分共计 3 年（6 个学期），在此期间，博士生在导师的指导下，通过研讨会和科学会议进行文献综述、收集和分析数据、分享和讨论他们的研究初步成果和文章的发表，同时进行博士毕业论文的写作。成功完成这两个部分的博士生可累积足够学分进行毕业答辩。

以莫桑比克爱德华多·蒙德兰大学（UEM）法学博士培养为例，培养方向分为3个方向：公法学博士、私法学博士、国际法学博士。其课程培养的目标旨在培养合格的研究人员和法律从业人员，使他们能够在不同的活动领域进行研究和开展法律、推广和管理活动。具体的课程安排如表3：

表3　爱德华多·蒙德兰大学法学博士学位课程表

学年	上学期		下学期	
	模块	学分	模块	学分
第一学年	法理学	12	法学方法论	12
	法哲学	9	法学前沿问题	9
	法学历史渊源	9	专题研讨	9
第二学年	论文研究与定向研讨会Ⅰ	10	论文研究与定向研讨会Ⅱ	10
			教学实习	10
第三学年	资格论文审定	20	学术交流活动	4
			论文研究与定向研讨会Ⅲ	10
第四学年	论文研究与定向研讨会Ⅳ	10	毕业论文审定	36
课程总学分				180

二、报录程序

葡萄牙语非洲国家对高等教育入学均有国家正式法律文件进行规制，例如莫桑比克2009年9月29日颁布的第27/2009号《高等教育法》；安哥拉《教学教育制度基本法》；几内亚比绍《高等教育入学总条例》等，各国都针对高等教育入学进行了法律层面的规制。

但是，上述各国高等教育入学的法律文件仅针对法学本科（学士学位）进行基础规定，具体招生标准由各个学校根据具体情况，组织招生委员会制定细则并组织入学考试。法学硕士以及法学博士学位的报名和录取则由学校自主进行标准的制定和入学资格的考核。

（一）法学学士学位报录程序

首先，法学学士学位不论是4年制还是5年制，其报考条件基本一致，但一般5年制本科入学考试分数要求略高于4年制本科，以莫桑比克为例，具体包括：

·通过12年级全国统一学业能力测试或具有同等学力水平；

·持有高职文凭；

·25 岁以上且没有接受过高等教育的个人，需要验证其进入高等教育的能力和可行性。

其中，针对本国公民报考法学学士，考生需遵守规定的普通教育培养方式（SNE），即中学教育分类中的 A 组、B 组、C 组的 12 年级学历，或同等的分校中的课程。SNE 包括（A）传播和社会科学；（B）数学和自然科学；（C）视觉和表演艺术学，这是进入高等教育机构学习特定课程的基础，法学学士要求 SNE 为 A 组（或同等分支的中等技术教育课程）。

然后，符合报录条件的学生依程序向有报考意愿的高校进行申请，并进行入学考试，申请内容包括：

·选择面授和远程学习两种模式的学位课程（一般法学无远程学习模式）；

·选择课程时间为白天课程或夜间课程；

·上传报考所需的证明文件；

·选择考试的地点。

不论面授或远程学位课程，选择课程时间为白天或夜间，其考试科目和标准均无差异。入学考试分为综合模式的考试和非综合模式的考试。综合模式的考试是指在同一时间进行两个不同科目的考试，时间共 3 个小时；非综合模式下的考试为每次对一个科目进行考试，时间为一个半小时。法学课程的考试采取综合模式，主要科目包括葡萄牙语和历史，分值各占 50%。其他葡萄牙语非洲国家入学考试科目设置基本类似，有些会将历史换为通识科目。

此外，在招考名额中，通常还会留出政府定向培养名额。以爱德华多·蒙德兰大学（UEM）为例，其大致每年留出 10 个名额，为与司法行政和公共行政有关的官员进行保留，通常为夜间学位课程模式。涉及的候选人单位如内政部、共和国总检察长办公室、行政法院、高级司法委员会和司法部等，应将包含其候选人的姓名，占用指标的数量清单，在指定时间内寄给爱德华多·蒙德兰大学（UEM）教学局。

最后，符合条件并通过入学考试的学生，需要向学校提交下列文件，从而顺利进行学籍注册，文件包括：

·注册费和报名费的支付证明；

·国民身份证的认证复印件，如果是外国人，则需提供护照或驾照复印件；

· 经认证的出生证明或个人身份证明的复印件；

· 2 份经认证的 12 年级毕业证书复印件，或同等学力证明；

· 经认证的良好义务兵役证明复印件；

· 2 张护照尺寸的照片；

· 入学考试成绩单复印件。

为了填补被录取者在正常招生期规定的截止日期前没有报名的空缺，将在上述截止日期后公布每门课程的名单，该名单由同等数量的候选人组成。通过入学考试改变课程的情况，将由各报考学校现行的教学条例来管理。

（二）法学硕士学位报录程序

首先，来自任何科学领域的本国或外国公民都可以申请法学硕士学位。跟法学本科不同，法学硕士的候选人的选择将由法学院研究生委员会进行，该委员会由学院院长担任主席。选择过程将遵循以下条件：

· 学士学位或同等学位的最终平均分 14 分；

· 特殊情况下，学士学位或同等学位的最终平均分不少于 12 分，并且具有至少 3 年的专业经验；

· 录取人数符合空缺的招生指标；

· 财务的可行性；

· 硕士期间研究方向的可行性；

· 具有外语的口语和书面理解能力，最好是英语。

其次，符合报考条件的考生，经由学院研究生委员会审核进行面试，面试通过为拟录取状态。申请将在录取通知书公布后进行，候选人必须附上以下文件：

· 向法学院院长提出的入学申请；

· 身份证，如果申请人为外国人，则需提供护照或驾照的核证副本；

· 学位证书或同等学力的核证副本；

· 个人简历；

· 硕士研究项目的方案书。

（三）法学博士学位报录程序

首先，法学博士学位面向在任何科学领域拥有硕士学位的本国或外国公民。候选人的选择将由法学院研究生委员会进行，该委员会由学院院长担任主席。选择过程将遵循以下条件：

· 学术或专业硕士学位的最终平均分不低于 14 分；

· 拥有专业硕士学位，获得与学术硕士学位相当的学分，并具有至少3年的研究或实际法律从业经验；

· 财务的可行性；

· 博士项目的评估结果，并符合申请表中提交文件的面试和考核要求；

· 具备熟练使用英语的能力，包括口语和书面理解能力。

其次，法学博士课程的申请可以在学年的任何时间进行，候选人必须附上以下文件：

· 向法学院院长提出的攻读博士课程申请；

· 身份证，如果申请人为外国人，则需提供护照或驾照的核证副本;；

· 认可的学历学位证书或同等效力证书的核证副本；

· 硕士课程的学习计划，并注明相应的学分；

· 两封推荐信；

· 个人简历；

· 博士研究前期项目提案；

· 特定公告中要求的其他文件。

三、法学教学和考核方法

葡萄牙语非洲国家的法学教学和考核方法与我国有很多类似的地方，由于历史上法学在葡萄牙语非洲国家高等教育中占据十分重要的地位，根据各国调查数据显示，其法学教育采取“严进严出”的模式，能够顺利拿到法学学位的学生在整个高等教育体系中占比极低。

（一）教学方法

在读学生问卷、毕业生问卷中收集的教学问题显示，当前葡萄牙语非洲国家法学教学方法主要由课程讲授、讲座和研讨会、模拟法庭的演练、论文的撰写及法律实践等构成。问题涉及课程内容、课程与课程目标的适当性以及课程讲授的实际效果。结果表明，超过一半回答问卷的法学学生认为课程内容无法满足课程目标，课程包括讲座、研讨会的安排与实际法律实践脱节，并且课堂讲授并未很好涵盖课程内容。相当多的学者们也承认理论与实践之间的平衡很差，过于强调理论。

对学生问卷的分析表明，大量学生对课程内容没有特定的观点。当然，随着授课老师逐渐引入更多的互动模式，为提出问题的学生带来了足够的挑战性，并进一步激发了学生对该领域的兴趣。然而，学生对他们课程中理论与实践之间平衡的评价依然很差。当被要求评论他们课程的讲座、研讨会、实践和作业的数量时，学生的评分介于大致可以到很差之间。收集的毕业生意见显示，他们对教学模式中法律实践课程的满意度最高，但也有相当部分显示实践课程的学分和时长过少，超过 29% 的学生及毕业生认为他们的课程理论太多，实践太少。

在整个法学教学与人才培养过程中，学生需要完成的各种作业，包括论文、法学评论、实际写作和口头报告等工作量巨大。然而，相关研究表明，这种做法并未得到很好的效果。学生在撰写报告、论文和解决问题方面的经验往往不能令人满意。

作为安哥拉阿戈斯蒂尼奥内托大学（UAN）的法学教授，卡洛斯·费约（Carlos Feijo）断言："实际上，我们认为法学院在学生培养的各方面都存在不足。法学院的课程计划并未使我们的学生拥有充分的竞争力。就好像今天我们为学生提供了一个我们认为经典的教学模式，我们通过法典进行教学，但明天如果出现了新的情况，出现了一些我们没有教授的法律学科，是不是我们的学生就无所适从了？我们从前的方法让安哥拉的律师并没有掌握现代的法律思想，而只是停留在原有的法学框架中挥舞着陈旧的法律工具。"在安哥拉，并非每个人都有出国培训的机会，往往学校的法学教育将伴随这些法律从业者的一生，而现实情况是缺乏侧重科学研究方法的教学，使得很大程度上法学家阶层同世界失去联系，更加导致了法学教育的封闭性。

当然，葡萄牙语非洲国家近年来努力更新法学教育的方法和模式，也有很多值得借鉴的地方。例如在传统习惯法方面，各国相继突破传统葡萄牙法学教育的限制，将课堂充分融入传统习惯法律思想和实践当中，并引导学生学习丰富的传统文化，利用习惯法更好地解决实际法律问题。例如几内亚比绍，通过设置习惯法、地方法、农村法、家庭法等主题，以替代性纠纷解决思路让学生从更多的角度思考法律问题。有学者认为，这是"破除殖民化在法学教育领域的伟大尝试"。

同时，葡萄牙语非洲国家还大力推动法学教育的合作，在这方面，45 所高校的法学院联合推出的"法律文书写作"和"替代性纠纷解决"课程十分令人瞩目，其效果也得到了很好的检验。当前有更多的法学院积极参与其中，并进一步推动新联合课程的设立。

（二）考核方法

从考核上来看，法学教育的考核方式多采取收集和系统化关于学生的定量数据和信息，以便对课程学习计划中确定的教学和学习目标的完成情况作出价值判断。对学生的评估需符合以下教学目标：检查是否存在学习新内容或科目的必要前提条件；证明与学科或模块、课程活动和课程目标相对应的知识、技能、习惯和态度的发展；控制教学过程，以检查教学内容、方法和手段是否恰当；确定学生的学习困难或不足，以及学业失败的原因；鼓励学生定期和系统学习；确定每个学生在学期、学年或课程结束时的学业成绩。

通常，对学生学业成绩的评估将从数量和质量两方面进行。负责该科目或单元教学的教师有责任在教学开始时，通过分析计划告知学生该科目或单元的课程活动和批准的评估形式。基于 0 至 20 的定量评价，按以下方式进行：19 到 20，学生对各方面的知识内容有很好的掌握，无论是一般的还是具体的。以清晰、严谨和创造性的方式口头或书面表达；在解决问题时表现出独立、自信、有效和创造性的思维。17 到 18，学生掌握了相应的知识内容的一般和具体方面，以清晰和严谨的方式口头或书面表达；表现出独立思考和创造力；只是偶尔在细节和次要问题上犯错；自信、快速和高效地处理相应的问题；14 到 16，学生对相关学科的结构有系统的了解，流畅和正确地介绍这些知识，可以独立工作，在处理这些问题时几乎不需要帮助，在非必要方面很少犯错，自信和高效地处理相关问题；10 到 13，学生对学科的基本结构有系统的了解，在处理这些问题时需要一些帮助，有时会在非必要的方面犯错，处理相关问题时信心不足；0 到 9，学生没有达到相应科目、模块或课程活动的要求。

对某一科目、单元或其他课程活动的最终评价是指方案中规定的考试或其他形式的评价，其完成情况取决于是否完全遵守了计划的学术活动。这些评估包括：正常考试、复习考试和特别考试，特别考试是指在不影响本条例其他规定的情况下，允许学生在教学日历规定的期限之外参加的考试。

四、中国学生留学注意事项

（一）相关文件材料准备妥当

准备材料申请非洲葡萄牙语国家学校，根据情况不同分为如下几种：

高中申请本科学校的学生需要准备的基本材料：高中毕业证，高考成绩证明，葡萄牙语 B2 证书，高中三年成绩，高三在校证明（即没有拿到毕业证的学生需提供在读证明），以上材料以正规文件格式准备。

本科申请硕士学校的学生需要准备的基本材料：本科毕业证，本科四年成绩证明，葡萄牙语 B2 证书，大四学生在读证明（即没有拿到毕业证的学生提供在读证明），以上材料以正规文件格式准备。

国际转校生需要准备的基本材料：毕业证，在校成绩证明，葡萄牙语 B2 证书，未毕业的需提供在读证明，均以学校正规文件格式准备。

学校申请通过之后，需要准备材料申请留学签证。签证所需资料如下：

一份由申请人亲笔签名的申请表，内容必须填写完整；两张两寸白底彩色免冠照片，最近 3 个月内拍照；护照（必须为申请的签证时间到期后仍不少于 3 个月有效期，并且至少有两张空白签证页）和个人信息页，如有其他国家的签证页面，需提供所有签证页复印件；大学签署的学术合作协议备忘录——葡文/英文版和中文版的复印件；高等院校录取证明原件；中方院校同意函原件（葡文或英文版），主要内容应提及：

· 相关院校签署的交流合作协议；

· 申请人的姓名、护照号码、出生日期、专业；

· 去高校学习的课程名称以及学习时间；

· 具体费用由谁支付；

· 申请人完成学习后，中方院校担保其返回中国；

· 银行出具的申请人名下的个人存款证明原件（中英文）；

· 机票预定单（英文版）；

· 住宿证明或不少于 7 天的酒店预定单（葡萄牙语或英文版）；

· 户口本原件和全部有内容页的复印件及英文或葡文翻译件（可自行翻译，仅翻译主要信息）；

· 中方大学的组织机构代码证复印件；

· 父母任职单位的营业执照或组织机构代码证复印件；

· 中英文简历。

（二）语言方面要求较高

在葡萄牙语非洲国家，老师上课的语言有两种，一种是葡萄牙语，还有一种是英语，英语对于留学生来说基本上是没什么问题的，但是学习葡萄牙语较难。如果是前往申请学士课程，由于葡萄牙语是必考科目，因此建议先在国内学习或前往相应国家进行葡萄牙语预科学习，才能顺利通过入学考试。如果是申请硕士或博士课程，则熟练掌握英语即可顺利申请，但老师授课依然会使用葡萄牙语，因此可能会出现不太适应教学方式的情况，建议先把内容预习一遍，没有听懂的可以在下课后找同学讨论或者是咨询老师。

西班牙语非洲国家法学教育初探

ONDO ADA TRINIDAD NZANG *

内容提要 法学教育和法学研究是中非教育文化领域交流合作的重要组成部分。当前，中国与赤道几内亚间法律交流与合作关系日益密切，但法学教育合作也存在着高校建设差异、法学学科建设差异、教育模式差异等问题，因此关注赤道几内亚法学高等教育有一定的研究价值。赤道几内亚作为非洲唯一以西班牙语为官方语言的国家，其高等法学教育起步较晚，目前只有赤道几内亚国立大学和非裔美国人大学两所大学开展法学教育。但由于非裔美国人大学创办于2019年，对于法学教育还处于摸索阶段，因此，本文将以赤道几内亚国立大学的法学高等教育为例，从教育概况、入学资格、课程设置、教学方法以及师资力量等方面，对赤道几内亚法学教育进行整体介绍，从而补充和完善对非洲国家法学高等教育的研究。

关键词 赤道几内亚 法学教育 教育合作

一、赤道几内亚法学教育概况

赤道几内亚，全称为赤道几内亚共和国，毗邻几内亚湾水域，位于非洲中部。《赤道几内亚宪法》规定，赤道几内亚是一个独立、共和、统一、社会和民主的国家，为总统制共和国。

赤道几内亚是中部非洲经济与货币共同体（Comunidad Económicay Monetaria de áfrica Central 简称为 CEMAC）的成员国。该共同体包括六个国家：喀麦隆、加蓬、刚果（布）、中非共和国、赤道几内亚和乍得，除了赤

---

* ONDO ADA TRINIDAD NZANG（1993 – ），女，赤道几内亚人，湘潭大学法学院国际法学专业硕士研究生，研究方向为非洲法。

道几内亚使用西班牙语之外，其他五个国家使用法语，所以赤道几内亚的高等教育体系受到了法语国家的影响，尤其是在教育体系一体化趋势下。2005年2月11日在加蓬共和国利伯维尔发表的国家元首宣言称，将协调高等教育本科、硕士和博士学位制度的系统纳入国家教育系统，用法语学士（License）、硕士（Master）、博士（Doctorate）（缩写为LMD系统）来表示，旨在使其高等教育体系符合国际社会的标准，并使课程结构和内容符合普遍设计的参数。目前，由于在该系统下，获得硕士和博士学位时间较久，对赤道几内亚硕博招生并不有利，因此尚未使用。目前，赤道几内亚使用的高等教育系统主要是学士（Grado）、硕士（Maetria）和博士（Doctrado）系统（西班牙语缩写为GMD系统。

当前赤道几内亚国内授予法学学位的高等院校包括赤道几内亚国立大学（UNGE）和非裔美国人大学（AAUCA）。非裔美国人大学（AAUCA）是一所国际化的大学，于2019年8月15日落成，旨在发展赤道几内亚国内最高水平的科学和技术，促成全球化背景下加强南南合作的平台，但其法学高等教育目前仍处于摸索阶段，第一届法学本科生还未毕业。

赤道几内亚国立大学是在特奥多罗·奥比昂·恩圭马·姆巴索戈总统的倡议下，根据1995年1月6日的第12号法令创建的，旨在为赤道几内亚培养卓越人才，其教学活动与国家的发展始终保持高度协调，其使命是为人民和社会服务，并在学生和教师中宣扬爱国主义、纪律和相互尊重的理念，从而推动经济社会发展。UNGE是伊比利亚美洲国家教科文组织（OEI）构建的伊比利亚-美洲国际大学合作网络的一部分。UNGE与西班牙的国立远程教育大学、米格尔·埃尔南德斯大学、阿尔卡拉大学以及法国的波尔多大学签署了多项协议以促进其教育和文化的发展。

UNGE由两个校区组成，其中主校区位于马拉博，另一个校区位于巴塔。UNGE目前设有法学院、文学院、医学院、环境学院、教育学和教师培训学院、行政管理学院、农业、渔业、林业和石油技术学院、护理学院、技术工程学院。教学工作由276名赤道几内亚教师和49名外国教师负责。目前，赤道几内亚国立大学单独开设了法学院进行法学高等教育，但尚未招收法学研究生。

二、赤道几内亚法学专业的入学资格

(一) 法学学士的入学资格

赤道几内亚国立大学是一所公立高等教育机构。结束高中阶段的学习后，毕业生有权参加大学入学考试，即“selectividad”。如果想进入法学院，成绩需达到70分以上（包含70分）。与此同时，有意愿报考法学院的学生应提交入学申请表和学术表，由原籍中心提供的良好行为证明文件复印件、个人身份证件以及证件照。

(二) 国际学生的入学资格

国际学生在入学时应提供：

1. 护照。
2. 最高学历证明。
3. 成绩单。
4. 外国人体检表。

申请人应严格按照《外国人体检表》中要求的项目接受身体检查，体检表应使用西语或英语填写。内容不完整、未张贴本人照片或照片未加盖骑缝章、无医师和医院签字盖章的《外国人体检表》无效，体检结果有效期为5个月。

5. 无犯罪记录证明，申请人须提交其所在地公安机关出具的有效期内的无犯罪记录证明，有效期通常为开具之日起6个月内。

6. 经济条件证明（自费申请者需提供）。即提供足以保障申请人留学期间学习、生活、国际旅行等合理费用的存款证明。（存款数额应至少与一年学费金额持平）。

申请人应对其提交的材料的真实性和完整性负责。申请材料不实、缺漏者，学校概不受理。

三、赤道几内亚法学专业的课程设置

在赤道几内亚国立大学，本科生学制为四年，本科课程包括：

第一年

第一学期：民法概论和总则、属人法、罗马法、非洲法、宪法I、法学理论

第二学期：国家教会法、宪法II 、政治经济学和公共财政、法律哲学、

民法、义务和合同。

第二年

第一学期：民法 II、物权、宪法 III、国际公法和程序法

第二学期：共同体法、商法 I、行政法概论、刑法 I

第三年

第一学期：行政法、劳动法和社会保障法、金融和税法总则部分、刑法 II

第二学期：商法 II、程序法 II、国际私法、金融和税法分则部分

第四年

第四年也是最后一年，学生必须选择他们想要专攻的专业，无论是公法还是私法。选择私法专业的学生将会学习以下科目：

第一学期：金融市场合同、消费合同、社会保障法、房地产法和公司税收。

第二学期：关于家庭与继承的民法 III，专业实习和毕业论文。

公法专业的学生将进行以下科目的学习：

第一学期：城市规划法与环境、行政行为方式：就业、公共产品和服务、社会保障法、国际法和国际机构以及宪法正义。

第二学期：关于家庭与继承的民法 III，专业实习和毕业论文。

与中国的法律高等教育相比，赤道几内亚的法学课程中，设置了较为有特色的罗马法、非洲法和共同体法。中国法学教育更注重一般的通识课学习，但是赤道几内亚更加注重基础的罗马法教育、特色的非洲法教育以及共同体法教育。赤道几内亚是非洲商法协调组织（OHADA）的成员国之一，与其他十六个国家 一样属于大陆法系国家，适用统一立法，因此共同体法课程中会讲授《一般商法统一法》《商业公司与经济利益集团统一法》《担保统一法》《公路货物运输合同统一法》《破产法统一法》《债务追偿简易程序和执行措施统一法》《合作社统一法》《会计法统一法》《仲裁统一法》《调解统一法》这十部法律。

四、赤道几内亚法学教学和考试办法

（一）教学方法

教学方法主要包括理论课以及在学术导师监督下进行的研讨会和实践。课堂出勤是大学教育的基本要求。每堂课时长为 50 到 60 分钟。上课的第一

天，教师们会教授每个科目的指南，其中包括目标、主题、参考书目。在之后的课程中，基本模式为：教师预设主题，引导学生，解答学生疑问，规范考试时间。与此同时，课程是面对面的，分为三个时间段授课：上午、下午和晚上 。

（二）考试办法

大部分考试都在课堂上进行，实践除外。根据不同教师的安排，考试可以采取开放式或测试式的方式进行。在课堂展示方面，法律专业的学生将系统展示每个主题，这些展示通常是以小组或个人的形式展开。其他时候，教师就某一法律文本组成讨论小组，或对某一法律、法律戒律或构成犯罪的事实进行法律分析。

在赤道几内亚国立大学，对于学生的评估主要分为三部分，即考试 6 分，论文和演讲 3 分，出勤和积极参与 1 分。

五、赤道几内亚法学专业的师资力量

目前，赤道几内亚国立大学法学院共有 28 名教师，其中 4 人毕业于西班牙，1 人毕业于塞内加尔，除此以外全部毕业于赤道几内亚国立大学。

每位教师根据自己的专攻领域，分别教授劳动法、行政法、刑法、金融法、公司税法、消费者法、合同和金融市场、房地产法、社会保障法、国际私法、宪法、非洲法、商法、税法、社区法、国际公法、教会法、民法等课程。

专题二：中非合作研究

中非关系史三辨

洪永红*

内容提要 学界研究中非关系史，存在三大争论。经分析辨明：第一，尽管没有直接证据表明汉朝使节到过非洲，但张骞两次出使西域，首次实现了我国直接对外交往，确为古代中国打开了通往非洲的大门。第二，美国黑人保罗·罗伯逊作为非洲事务会议主席，是代表非洲人民祝贺中华人民共和国成立，可以视为中华人民共和国与非洲关系始于1949年的依据。中华人民共和国与非洲的关系首先从海外非洲人开始，再向非洲大陆挺进。第三，根据官方文件记载和当时的历史背景，毛泽东确实说过“是非洲黑人兄弟把我们抬进联合国”。但是在什么场合说？是说“非洲黑人兄弟”还是“非洲兄弟”抑或“非洲朋友”？对此尚待更多材料查证。目前使用最多的还是“非洲黑人兄弟”这一说法。

关键词 中非关系史　张骞出使西域　非洲事务会议　重返联合国

在学界研究中非关系史时，存在着三大争论。一是，古代中非关系始于何时？二是，中华人民共和国与非洲关系始于1949年的依据何在？三是，毛泽东是否说过“是非洲黑人兄弟把我们抬进联合国”？对此三问题，2021年6月，笔者在上海师范大学参加中国亚非学会和中国非洲研究院共同主办的“中非邦交65年：回顾与展望”学术研讨会上作了一个主题发言，引起与会者关注。其中第三个问题，笔者后来又应邀写了一篇短文章在郝睿团队（非洲研究小组）办的公众号上发表，引起更大的反响。现笔者将这三个问题重新整理发表，以期抛砖引玉，得到同仁指正。

* 洪永红，男，湖南攸县人，法学博士，湘潭大学法学院教授、博士生导师，湘潭大学中非经贸法律研究院院长。

一、古代中非关系始于何时？

一般认为中非关系始于公元前2世纪的张骞出使西域时期。据《史记》记载，西汉中国派遣使节到过“黎轩”。一些学者认为“黎轩”就是埃及的“亚历山大”。一些学者则反对这一说法，认为“黎轩”不是“亚历山大”，也就间接否认了中非关系始于公元前2世纪张骞出使西域。所以，中非关系始于何时，主要围绕《史记》所说的“黎轩”是不是埃及的“亚历山大”而展开。赞成“黎轩”就是“亚历山大”的学者主要有许永璋、张象、孙毓棠和范文澜等先生。

许永璋先生认为，“黎轩”为埃及亚历山大城的省略译音。《史记》中的记载，可以说是中国派遣使节到埃及的最早纪录。① 张象先生认为，公元前6世纪至公元前2世纪是间接的民间交往时期，是中非关系的黎明时代。公元前2世纪至公元6世纪是中非间由民间交往进入官方交往的时期。“黎轩”，据学者考证，是亚历山大城的音译。② 孙毓棠认为，“黎轩”是亚历山大城的音译。③ 范文澜先生也说“黎轩”即亚历山大，但没有说明原因，故不知何所据。

陈乐民先生撰文反对，他引用了诸多学者的观点，认为“黎轩”不是“亚历山大”。他在《西亚非洲》的文章列举的主要观点有：（1）黎轩即大秦。如《魏略》记载：“大秦国亦号犁靬（即黎轩）”；（2）夏德著的《中国与东罗马》一书认为黎轩约在今叙利亚、埃及之间；（3）张星烺认为，黎轩原音来自罗马之粤人读音；（4）杨宪益认为，黎轩是希腊之对音，当指黑海一带古希腊殖民地。并且，他进一步引用了方豪先生的观点。方豪认为，黎轩似含有三义：（1）指地中海东部，希腊殖民地之所在地；（2）指中亚和西亚，为希腊人足迹所到之地；（3）泛指罗马帝国。所以，他认为，大秦与黎轩均泛指西方，地域不定，远近难分，远则称欧洲，近可指印度及附近诸国。④

由此可见，不同学者对于古“黎轩”到底是现在的何处，莫衷一是，

---

① 许永璋：《古代中非关系史若干问题探讨》，《西亚非洲》1993年第5期。

② 张象：《古代中非关系研究中的几个问题》，《西亚非洲》1993年第5期。

③ 孙毓棠：《汉代的中国与埃及》，《中国史研究》1979年第2期。

④ 陈乐民：《古代中非关系史中的黎轩和已程不国究竟在哪里?》，《西亚非洲》1994年第1期。

观点纷呈。笔者认为，还是要回到原本去考察。《史记》是我国最早记载“黎轩”这一地名的。我们看看《史记》是如何解释的。《史书·大宛列传》明确记载：“黎轩，安息之北。”这一解释虽不精确，但对于“黎轩”是不是埃及的“亚历山大”这一问题，却得出了否定的答案。因为，古“安息”地理位置与今伊朗大致相当。从地理位置上说，埃及的“亚历山大”无论如何不可能位于“安息之北”，而是在“安息之南”。所以，主张“黎轩”是埃及“亚历山大”的观点，是很难站住脚的。但是不是由此否认中非关系始于西汉呢？笔者认为不能。张骞是我国古代第一个出访他国的“外交官”。他两次出使西域，开辟了陆上“丝绸之路”，首次实现了我国直接对外交往。虽然没有直接证据证明，汉朝使节到过非洲，但开启了中非关系之门。所以，我们说中非关系始于公元前 2 世纪的张骞出使西域并无不妥，但严格意义的表述应该是：“张骞出使西域，为古代中国打开了通往非洲的大门”。

二、中华人民共和国与中非关系始于 1949 年的依据何在？

中华人民共和国与非洲的关系始于何时？当然的回答是，始于 1949 年中华人民共和国的成立。但长期以来，在谈到中非关系的具体实例时，一下子就跳到 1955 年的亚非会议（万隆会议）。在那次会议上，周恩来总理亲自率团参加，提出了著名的“和平共处五项原则”，得到与会者的高度认可，后发展成为当代国家的基本原则。参加这次会议的非洲国家有埃及、埃塞俄比亚、黄金海岸（今加纳）、利比里亚、利比亚和苏丹六国。周总理与这些国家领导人面对面交流，加深了中非之间的了解，促进了中非友好关系的发展。1956 年，埃及与中华人民共和国正式建交，成为与中华人民共和国第一个建交的非洲国家。所以，万隆会议无疑是中非关系的里程碑。

但从 1949 年 10 月 1 日中华人民共和国成立，到 1955 年 4 月 18 日万隆会议的召开，在长达六年的时间里，中非之间有没有交往呢？笔者认真查阅了相关资料，结果发现有两书提到“（1949 年）10 月 16 日，非洲事务会议主席保罗·罗伯逊致电毛泽东主席，祝贺中华人民共和国诞生”，但未做任何说明。[1] 另外，《人民日报》和《光明日报》[2] 记载：1949 年 10 月 1 日，毛泽东主席在庆祝中华人民共和国中央人民政府成立典礼上宣读了政府公告。周恩来外长将公告具函送达各国政府。10 月 16 日，非洲事务会议主席保罗·罗伯逊致电祝贺中华人民共和国诞生。[3] 从此开启中非关系新篇章。

但是这里有一个问题：保罗·罗伯逊是美国黑人，他没有非洲的国籍，能说他是非洲人吗？这里我们要看保罗·罗伯逊是代表美国还是代表非洲人向中华人民共和国祝贺的，以及他是否有资格代表非洲人民祝贺。

保罗·罗伯逊的贺电全文为“中华人民共和国毛泽东主席：我们祝贺中华人民共和国的诞生，因为它是争取世界和平与人民自由的一个伟大力量。非洲事务会议主席保罗·罗伯逊”[4]。显然，保罗·罗伯逊给毛主席的贺电不是代表他的国籍国美国，也不纯粹是他个人的贺电，而是以“非洲事务会议主席”的身份的贺电，是代表“非洲事务会议”这一单位。那么，“非洲事务会议”是一个什么单位或组织呢？

保罗·罗伯逊是美国黑人奴隶的儿子，是一位“举世闻名的大歌唱家”[5]、民权运动领袖、保卫世界和平的坚强战士。抗日战争时期，他应宋庆龄之邀，担任保卫中国同盟荣誉会员，支持中国人民的抗战。[6] 曾获第三届“加强国际和平”斯大林国际和平奖。他所领导的非洲事务会议是美国黑人进步组织。该组织倡导泛非精神，不仅与非洲人民一起，而且与世界所有爱好和平、自由和平等的人民一起，反对殖民统治，反对帝国主义和资本主义。他的反帝反殖斗争遭到美国政府的长期迫害，美国政府曾没收其护照，不让他出境。

由此可见，保罗·罗伯逊向毛主席致电祝贺的行为不代表美国政府，而

---

① 丁伟，梁东主编：《回顾与展望 当前形势与政策解析》，电子科技大学出版社 2007 年版，第 165 页。李安山著：《非洲现代史》（下），华东师范大学出版社 2021 年版，第 1259 页的“非洲历史大事年表”。

② 《人民日报》1949 年 10 月 18 日和《光明日报》1949 年 10 月 17 日。

③ 《人民日报》1949 年 10 月 2 日的报道，其中一篇为毛泽东的《中华人民共和国中央人民政府公告》全文，另一篇标题为《外交部周恩来部长将毛主席公告送达各国政府，愿与各国建立正常外交关系》。

④ 详见《人民日报》1949 年 10 月 18 日和《光明日报》1949 年 10 月 17 日的报道。

⑤ 杨学纯：《伟大的歌手保罗·罗伯逊》，《世界知识》1953 年第 3 期。

⑥ 陈一鸣：《从纪念罗伯逊想到刘良模》，《世纪》2009 年第 4 期。

是代表非洲事务会议这一组织，代表非洲人民。那么，他作为美国黑人，是否有资格代表非洲人呢？其实，我们只要了解泛非主义的发展历史，就不难回答这个问题。泛非主义最早起源于19世纪末美国黑人后裔中，是一场黑色人种的思想启蒙运动，后来发展为争取非洲黑人民族独立的政治运动，直接推动了非洲统一组织和非洲联盟的成立。① 非洲联盟把非洲人分为六大区域，即除东部、西部、南部、北部和中部非洲五大区域外，还有一个“海外区域”。所谓“海外区域”就是指居住在非洲大陆以外的非洲人。换句话说，像保罗·罗伯逊等居住在非洲大陆以外的非洲黑人，无论其国籍如何，都是非洲人的一部分。从泛非主义的观点来看，他们本身就是非洲人。所以，保罗·罗伯逊及其非洲事务会议就能代表非洲祝贺中华人民共和国的诞生。中华人民共和国与非洲的关系首先从海外非洲人开始，再向非洲大陆挺进，现在已与54个非洲国家中的53个②非洲国家建立了正式的外交关系。

三、毛泽东是否说过“非洲黑人兄弟把我们抬进联合国”？

关于当代中非关系，在国内一直流传过这样的说法，说是1971年当我国得知联合国大会投票决定恢复中华人民共和国在联合国的合法席位时，毛泽东曾说“马上就组团去，这是非洲黑人兄弟把我们抬进去的，不去就脱离群众了”。这一说法一度十分流行。但熊向晖2000年在《百年潮》杂志撰文声明：毛泽东没有说过这句话。他的文章一石激起千层浪，引起国人极大争议。

当笔者2019年为河村非洲文化园设计“中非友谊博物馆”时，中国非洲史研究会李安山会长把熊向晖的文章发给笔者，供笔者参考。笔者认为，熊向晖一文只是否定了毛泽东在他参加的那次会议上说过这句话，并不能否定毛泽东在其他场合说过。笔者认为，毛泽东应该说过这句话，因为：一是从语言风格上来说，这句话极像毛泽东的语言风格，一般人是说不出来的；二是从当时的时代背景来说，如果是别人伪造毛泽东的话，那是反革命罪，公安机关必定追查和打击，也就不可能让这句话流传至今。后来笔者看了中央电视台的节目，说是周恩来向毛泽东汇报是否马上派代表团参加联合国第26届大会时，毛泽东当即表示：要去。为什么不去？是非洲黑人兄弟把我

① 舒运国：《泛非主义史1900—2002年》，商务印书馆2014年版，第1—20页。
② 目前，只有斯威士兰王国尚未与我国建交。

们抬进去的，不去就脱离群众了。于是，笔者把中央电视台的录像转发给李安山老师，以为佐证。

没想到笔者这次在亚非学会上的发言，引起有关专家的共鸣。中国社科院西亚非洲研究所所长李新烽研究员告诉笔者，他们几年前也曾查找过毛泽东是否说过这句话的资料，没有找到中央档案、正式中央文件之类，但安春英主任找到吴妙发所著的《走进联合国》（中共中央党校出版社 2000 年版）一书记载了这一事件：当恢复中华人民共和国在联合国合法席位的消息传至北京时，毛泽东说："是黑人兄弟把我们抬进去的，为什么不去？不去就脱离群众了。"

笔者又继续查找相关资料，结果发现 100 多部书都记载毛主席所说的这句话，例如刘烁、汪闲编的《中华人民共和国历史纪实：风云激荡（1969—1973）》（1994）、魏宏运的《国史纪事本末》（2003）、南开大学历史研究所编的《南开大学历史研究所建所 20 周年纪念文集》（1999）、宫力的《毛泽东外交风云录》（1996）、邓力群主编的《外交战略家毛泽东》（2003）、新华社国际新闻编辑部编的《走向世界：新华社国际报道 70 年（1931—2001）》（2001）和《二十世纪中国实录》编委会的《二十世纪中国实录》（1997）等。这些书有一个共同的特点，并没有说这句话是毛泽东在那次会议上说的，这与熊向晖的说法吻合。这些书记载，当周恩来总理向毛泽东汇报说准备暂时不派团参加联合国会议时，毛泽东才说"要去。为什么不去？这是非洲黑人兄弟把我们抬进去的，不去就脱离了群众"。

同时，另一位不愿透露姓名的非洲问题专家更倾力帮助笔者寻找相关资料。他帮笔者查到《毛泽东年谱》（第 6 卷）（中央文献出版社 2013 年）记载："毛泽东得知这个消息后说：主要是第三世界兄弟把我们抬进去的。" 2021 年 6 月 25 日，国务委员兼外长王毅出席"纪念新中国恢复联合国合法席位 50 周年"蓝厅论坛并发表主旨演讲。在这一论坛上，王毅说，毛泽东曾经讲过，是发展中国家把我们抬进联合国的。这一个"抬"字，生动反映了广大发展中国家同中国的深情厚谊。这两个文件是官方文件，完全可以证明我们被"抬进"联合国这一说法确实是毛泽东所言。

不同的是，《毛泽东年谱》、王毅都没有说我们被"非洲黑人兄弟"抬进去，而分别用的"第三世界"和"发展中国家"把我们"抬进"联合国。笔者认为，这不难理解。"非洲黑人兄弟"的概念是当时语境下的一种口语化的说法，"第三世界"或"发展中国家"是一种正式的官方说法，三者概念内涵大致相当，且一脉相承。但还有一些疑问没有弄清，如当时周恩来向毛泽东汇报是当面汇报还是电话汇报？周恩来是一人汇报，还是多人汇报？毛泽东是说“非洲黑人兄弟”还是“非洲兄弟”抑或“非洲朋友”？所有这些，由于各种不同资料都有不同的说法，还不能完全确认，尚待更多材料查证，但目前使用最多的还是“非洲黑人兄弟”这一说法。

至于有人通过分析第 26 届联大会议上各洲对恢复中华人民共和国合法席位的投票情况来说明不是“非洲黑人兄弟把我们抬进去的”，需要从更广阔的历史角度进行分析。他们认为，对恢复中华人民共和国在联合国合法席位的提案投赞成票的总票数为 76 票，其中非洲 26 票、欧洲 23 票、亚洲 19 票、美洲 8 票；投反对票的总票数为 35 票，其中非洲 15 票、欧洲 1 票、亚洲 4 票、美洲 13 票、大洋洲 2 票。由此他们认为从反对票来说，非洲的票数远超过欧洲，因而不应说是非洲的功劳。

但这种说法是站不住脚的。对此，吴妙发在《党史纵横》2006 年第 10 期发表的《非洲支持中国恢复在联合国合法权益斗争始末》一文做了很好的回答。该文认为，共同遭遇、相同目标和深厚情谊把中国同非洲紧紧地联结在一起，并在联合国内逐步形成一股以非洲国家为主的支持中华人民共和国恢复在联合国合法权益的强大力量，并同反对恢复中华人民共和国在联合国合法权益的美国等国展开了较量，双方周旋达 10 年之久。

在 1971 年联合国大会上最终表决时，联合国面对三个关于“中华人民共和国在联合国代表权”的提案。第一个是关于恢复中华人民共和国在联合国的一切合法权利，并立即把蒋介石集团的代表从联合国一切机构中驱逐出去的提案，提案国为阿尔巴尼亚、阿尔及利亚、缅甸、斯里兰卡、古巴、赤道几内亚、几内亚、伊拉克、马里、毛里塔尼亚、尼泊尔、巴基斯坦、也门民主人民共和国、刚果人民共和国、罗马尼亚、塞拉利昂、索马里、苏丹、叙利亚、坦桑尼亚、阿拉伯也门共和国、南斯拉夫和赞比亚 23 个国家，其中 11 个是非洲国家，人们简称为“两阿提案”。第二个是由美国、日本等 22 国提出的“重要问题”提案，提出要从联合国取消“中华民国的代表权”的任何提议都是属于《联合国宪章》第 18 条中所规定的重要问题，需经联大三分之二的多数成员国通过，人们简称为“22 国提案”。第三个提案是由美国、日本等 19 国提出的所谓“双重代表权案”，即接纳中华人民共和国的代表入联合国，但“确认中华民国继续拥有代表权”，人们简称为“19 国提案”。

在1971年第26届联合国大会上，由于非洲等提案国的坚决态度和睿智策略，首先从程序上否定了“22国提案”，为中华人民共和国恢复在联合国一切合法权益道路上扫清了重大障碍。在最终表决“两阿提案”之前，美国代表团又要求从“两阿提案”中删掉关于立即驱逐蒋介石集团代表出联合国的内容，遭到非洲等许多代表团的反对而未得逞。随即表决“两阿提案”，最后大会以76票赞成、35票反对、17票弃权予以通过。由于“两阿提案”获得通过，美国、日本等19国的双重代表权提案成为一项废案，被大会自动否决。

美国主要媒体《纽约日报》《华盛顿邮报》《华尔街日报》等以“非洲国家支持红色中国加入联合国的决议获得通过”“非洲国家同红色中国站在一起”“红色中国跨进了联合国大门”的通栏标题报道了这一消息。所以，我们不否认欧洲等一些西方国家对恢复中华人民共和国在联合国合法席位的最终支持，但我们永远不能否认或忘记、贬低“非洲黑人兄弟把我们抬进联合国”的功劳！

21 世纪中国企业对非经贸投资的国际法保障*

李伯军**

内容提要 进入 21 世纪以来，受“中非合作论坛”集体对话机制、“一带一路”倡议、中非“十大合作计划”、“构建中非命运共同体”倡议、非盟《阿布贾条约》经济一体化愿景、“非盟《2063 年议程》”等机制的有力推动，中非经济关系驶入了快车道。由此，中国企业开展对非经贸投资活动迎来了前所未有的重大历史机遇。然而，与此同时，中国企业在进军非洲大陆市场的过程中也正遭遇各类风险和挑战。如若不能有效应对和化解，这将严重制约和阻碍中国企业对非开展经贸投资活动的深入发展。对于中资企业而言，非洲大陆各国的经贸投资环境虽然既有政府造就的“硬环境”，也有地方养成的“软环境”，但从根本上来讲，还是前者造就的风险居多。因此，中非政府从国际法律层面进行合作是中国企业为应对各类风险和挑战值得依赖的一种有效方式或路径。因此，对于有关中国企业开展对非经贸投资活动的问题，中非双方需要共同予以积极推动构建双边范围内、区域范围内以及全球范围内的全方位国际法律制度框架。

关键词 中非经贸投资关系 国际法 中非合作

---

* 该文系作者于 2020 年 10 月 31 日在云南大学非洲研究中心举办的 2020 年“中非合作论坛框架下的中非关系及其相关法律问题”研讨会上所作的报告，在此基础上对原报告内容进行修改、删减、补充和完善，也系国家社科基金重大课题“非洲国家与地区法律文本的翻译、研究和数据库建设”（项目编号：20&ZD181）的阶段性成果。

** 李伯军，男，汉族，湖南益阳市人，现为湘潭大学特聘教授、湘潭大学中非经贸法律研究院研究员；广西师范大学法学院国际法学教授、博士生导师。

引　言

如果我们运用简单的两分法，一国的投资环境大体上可以划分为主要由政府提供或造就的“硬环境”，这主要包括一国有关政局稳定、法律意识、执法水平、治安状况、基础设施、市场开放等；相应的“软环境”主要包括居民素质、社会风气、风土人情、文化习俗、语言环境等。毫无疑问，一国企业能否以及在多大程度上开展对外经贸投资活动主要取决于其本国政府制定的对外开放政策及对外经济合作关系的开展这个“硬环境”。一般而言，改善这种“硬环境”的强有力方式之一就是政府制定的具有强制力的法律规则。然而，作为跨国经营投资者或商人，仅仅依赖东道国的单边国内法是不足以保护其合法权益的。国际法作为主要调整主权国家间关系的一种法律制度，最起码是两个及两个以上国家基于协商、谈判、合作、协调和妥协的双边国际关系下的共识性产物。有鉴于此，中非之间构建这种基于经贸投资合作的国际法律框架是中国企业进军非洲大陆市场拥有一个良好“硬环境”的必然要求。

大体上，中国企业对非开展经贸投资活动的活跃与否主要与中非双边政经关系的发展阶段密切相关。自中华人民共和国成立以来，中国企业走进非洲开展经贸投资活动经历了一个从无到有、从少到多、由弱变强的发展过程。特别是，自进入21世纪以来，在“中非合作论坛”集体对话机制、“一带一路”倡议、中非“十大合作计划”、“构建中非命运共同体”倡议以及“非盟《2063年议程》”等机制的大力推动下，中国企业，无论是国有企业，还是民营企业，正以前所未有的规模和力度开拓和深耕非洲市场，所涉猎的行业和领域也开始覆盖非洲大陆几乎所有的产业门类。然而，在深入非洲大陆市场的过程中，中国企业日益发现，虽然自身所面临的机遇越来越多，但同时面临的各类风险和挑战也在不断增加。显而易见，为了应对和化解这些风险和挑战，中国企业自身的成长及经验的积累虽然不可或缺，但更为重要的是，还离不开中非双边政府层面所构建和提供的有关国际法的强有力保障。

一、中国企业进军非洲市场所面临的法律风险

众所周知，自20世纪90年代我国实施“走出去”战略以来，我国企业就开始大规模在海外开拓市场，由之前的资本净流入国发展成为资本输出

国。不过，在很长一段时间内，我国走出去的企业盈利的并不占多数。对此，我们可以来看看有关机构发布的一些关于我国企业海外经营状况的统计数据。根据中国贸促会经济信息部2009年4月21日在第三届中国企业跨国投资研讨会上发布《中国企业对外投资现状及意向调查报告》时指出，迄今为止中国企业海外投资是1/3成功，1/3失败，1/3不赔不赚。① 甚至，还有更为激进的观点认为，“中国企业在海外投资总体来讲是不成功的。中国有2万多家企业在海外投资，90%以上是亏损的。”② 当然，随着中国企业在海外经营时间的增加，其跨国经营的经验和能力也在增加，因而其营收收入也开始增长。据国资委研究中心、商务部研究院联合发布的《中国企业海外可持续发展报告2015》统计显示，中国企业反映其海外经营业绩基本良好，超过半数的企业实现盈利，24%的企业基本持平，而其余24%的企业目前暂时处于亏损状态。③ 中国企业对外投资经营水平不断提高，2017年，70%以上的境外投资企业实现盈利或盈亏平衡。④ 然而，到了2020年，由于受全球新冠肺炎疫情国际大环境的影响，许多国家和地区的消费、生产和供应链受到影响，海外中国企业的收益又开始下降。中国社会科学院世界经济与政治研究所发布的《中国海外投资国家风险评级报告（2020）》显示，随着中美贸易摩擦进一步加剧和新冠肺炎疫情的全球大流行，致使全球范围内的投资环境恶化，中国企业海外投资风险继续攀升，收益下降。⑤ 由此可见，尽管各个部门统计的数据有些出入和差别，但从整体上来看符合我国企业海外的实际营收状况。那么，到底是什么原因导致我国企业在海外盈利状况不佳呢？客观而言，这里面的原因是多方面的，也非常复杂。这其中

---

① 文婧，何蓓，谢婧怡，段帅：《中国企业海外投资1/3成功1/3失败1/3不赔不赚》，资料来源于：https://business.sohu.com/20090423/n263575932.shtml。

② 付碧莲：《中国有2万多家企业在海外投资90%以上亏损》，《国际金融报》2015年02月09日。

③ 联合国开发计划署驻华代表处、商务部国际贸易经济合作研究院、国务院国有资产监督管理委员会研究中心编撰：《中国企业海外可持续发展报告2015》，资料来源于：https://www.cn.undp.org/content/china/zh/home/library/south-south-cooperation/2015-report-on-the-sustainable-development-of-chinese-enterprise.html。

④ 钱颜：《创新投资方式，合力拓展海外市场》，《中国贸易报》2018年09月18日，第007版。

⑤ 这方面的详细论述可参见张明，王碧珺等著：《中国海外投资国家风险评级报告（2020）》，中国社会科学出版社2020年版。

既与有关企业自身经营管理有关，也与企业自身的投资决策有关，还与企业自身开拓海外市场的经验有关，但这些其实基本上都是企业自身成长的问题。实际上，一国企业进行跨国经营是否盈利可能更多的与当地国家、区域以及整个国际经贸投资环境或面临的诸多风险密切相关。相对于其他地区，非洲大陆整体的投资环境并不是很好，这就是为什么西方国家的许多企业曾经长期不看好非洲大陆市场的主要原因。不过，进入21世纪以来，相对于其他区域市场，非洲大陆具有极其丰富的自然资源、投资的高回报率以及市场的巨大潜力等优势。加之，国际经济竞争的日趋激烈，在中国的引领下，国际资本开始重新青睐非洲。美国、欧盟、日本、韩国等国开始纷纷调整原有的对非洲经贸投资政策，出台了大量的倾斜非洲市场的政策、法律、法规等，以扩大对非洲新兴市场的准入力度和广度。总之，近年来，是中国而不是西方重新盘活或激活了非洲经济与外部世界经济的紧密联系。[①] 因此，我国企业在进军非洲大陆市场时必须进行先期市场调研以防范各类经贸投资活动中所面临的各类风险，尤其是其中的各类政治风险、法律风险和经营风险等，本文仅探讨其主要法律风险。

所谓法律风险，一般就是指一国投资者在进入东道国市场之时由于法律意识淡漠、不了解当地法律状况，或者进入东道国市场之后在企业的运营过程中没有切实遵守其当地的有关法律政策，或者遭遇东道国法律制度不健全、司法不公以及执法不力或执行困难，等等，所有这些因素所引发的一系列风险。因此，对于投资者而言，东道国的法律环境状况是其最终作出投资决策的关键因素。正如葡萄牙学者 Augusto Teixeira Garcia 所指出的，如果法律体制非常烦琐，含混不清，相互矛盾，而又没有有效的法律执行机制，那么，这将直接阻碍投资者作出投资决定。事实上，如果投资者必须遵循的法律规则是不确定的，那么，没有哪一项因素会比这一点更能阻碍投资决定的作出。因此，特定国家的法律体制的可预见性和透明度，被视为作出投资决定时需要考虑的最重要因素。[②] 然而，恰恰在这个问题上，非洲大陆的法律在全世界所有区域范围里可以说是最为复杂的。“非洲现行法律的外在表现

---

① 李伯军：《非洲商法协调组织与中非经济关系》，载胡平仁主编：《湘江法律评论》（2011年第10卷），湘潭大学出版社2011年版。

② （葡）Augusto Teixeira Garcia 著，肖伟志译：《法律协调与经济发展：以非洲为背景的分析》，载（意）沙尔瓦托·曼库索，洪永红主编：《中国对非投资法律环境研究》，湘潭大学出版社2009年版，第130页。

形式十分驳杂。在非洲本土既有大陆法系的成文法，又有英美法系的判例法。还有非洲早已有之的习惯法、伊斯兰法、宗教法和印度法等。非洲大陆长期受欧洲殖民者统治，非洲国家独立后，除废止了原宗主国关于殖民统治方面的法律外，其他则大都承继了原宗主国的法律。”① 显而易见，非洲大陆各国极其烦琐而复杂的庞杂法律体系无疑是令人望而生畏的。对于任何中国企业而言，无论进入非洲大陆哪一国市场，都会在投资项目申请、审批、落地和实施的过程中触发与企业经营相关的合同履行、企业用工、环境保护、外汇汇兑、征税纳税、行业准入、法律执行、当地成分等一系列的诸多不合法、不合规引发的法律风险。

在早期，中资企业进入非洲大陆时，非洲当地的用工门槛很低，劳动力价格低廉。另外，中资企业的劳动用工许多都是从国内以劳务输出的方式自带过去的。因此，中资企业在非洲大陆早些年的用工问题一直都不存在什么大的问题。然而，近些年来，由于受西方国家保护人权与劳工权利观念的影响，为了解决其国内老百姓的就业问题，非洲国家开始不断完善其劳动雇佣法律制度，当地工会力量不断壮大，员工维权意识也不断增强，外资企业的用工门槛不断提高，使得近年来中资企业在非洲大陆遭遇的法律风险突出集中在企业用工问题上。许多非洲国家的劳动法虽然都对有关企业用工的工资福利待遇、劳动合同订立、最低工资标准以及劳动工作时间等问题作出了一定的规定，但和中国劳动法立法的旨趣差别在于：中国劳动法的立法重心在“劳动者 - 用人单位”关系上，而许多非洲国家劳动法的立法重心却在“劳动工会 - 用人单位 - 其他组织”集体关系上，而将劳资双方关系的处理放到了独立于“劳动法”的“雇佣法”上。也就是说，“劳动法指的是处理工会和雇主及其组织之间关系的法律，对应的是我国劳动法中的集体劳动关系法，雇佣法指的是处理劳动者个体和雇主之间关系的法律，对应的是我国劳动法中的个别劳动关系法。”② 在这方面，南非是一个典型的代表。所以，在南非，企业劳动者的权益特别受到政府各级部门的重视和保护。2013 年 11 月 1 日，南非公共企业部副部长马格瓦尼斯赫（Bulelani Magwanishe）在接受中国环球网记者专访时强调指出，投资当地的公司需符合南非的几个要

---

① 洪永红：《非洲法律现代化》，《西亚非洲》1998 年第 1 期。

② 穆随心：《南非中资企业劳动法律风险防范与化解——以南非集体劳动关系的法律规制为中心》，《陕西师范大学学报（哲学社会科学版）》2019 年第 5 期。

求："一是必须转让技术，二是必须雇用南非公民，三是实现本地化，以让南非能够从中受益。我们只选择遵守这些规定的公司。"① 还有，有的非洲国家甚至对于某些特定行业的外资企业雇用本地员工的比例要求甚至高达90%多，而外籍员工允许雇用的数量比例极低。例如，依据刚果（金）劳动法及相关法律规定，一些特定项目的企业外籍员工雇用比例数只允许2%。并且，只要拟雇用的外籍员工在该国工作时间超过半年，就必须要与其所雇企业签订劳动合同后向刚果（金）劳动部门申请获得劳动许可权，然后向该国移民当局申请工作签证，才能最终在当地合法就业。对此，有学者指出，现阶段中国企业面临的很多问题，也是自身投机取巧造成的。以工作签证为例，有些是为了节约企业成本而没有给员工申请工作签，钻了法律的空子。还有一些企业带着盲目的自信，在没有弄清楚当地实际状况的情况下，把在中国行之有效的方法和营商模式带到这边，没有依据地方法律和政策进行相应的调整，造成因违约而赔款的后果。② 例如，肯尼亚政府为了打击本国日益猖獗的外来非法移民行为，2018 年 9 月 5 日，该国警方在开展的一次清查非法外籍务工人员的行动中，带走数名持有合法证件的中国记者和中资机构人员。虽然后来该事件中有关中资机构人员经中国驻肯尼亚使馆向肯尼亚高层提出交涉后已被全部释放，但也给中资企业的合法用工问题敲响了警钟。在雇员劳动时长方面，越来越多的非洲国家开始重视保护劳工权益。莫桑比克、南非和毛里求斯的劳动法均规定，企业雇员每周工作时长不得超过 45—48 小时，每天工作时间不得超过 8—9 小时。相对于西方同行，虽然中国商人和投资者特别擅长在危机中去做社会公关，但在企业自身形象的塑造和媒体宣传方面很不在行，尤其缺乏应有的法律意识和法治观念。当我们的企业在经营过程中遇到了各类具体问题或被侵权时，我们企业第一时间往往想到的不是依据当地法律法规进行积极应对和维权，而往往是求助驻当地的使领馆或当地政府官员，这对我们应对各类法律风险显然是远远不够的。对此，有学者指出，中国企业如果不遵守当地劳动法律，对目标企业人员随意调整、裁减，就有可能违反当地劳动法律，导致工会抗议、罢工甚至

---

① 朱晓磊：《南非鼓励中国企业投资：扎根南非需满足三个条件》，资料来源于：https：//finance. huanqiu. com/article/9CaKrnJD0rl。

② 魏传光，金翼安：《非洲市场的风险展望及政策建议》，资料来源于：https：//www. chinca. org/IEAService/info/19061916105611。

政府处罚或诉讼。此外，还有企业环保不力的处罚风险等。非洲整体教育水平落后，雇用到企业需要的人才非常困难。同时，非洲本地雇员普遍劳动法律意识较强，对不合规的做法几乎零容忍，很多中国企业因为非洲本地员工的举报不得不承担巨额罚款。劳动法律风险已成为中国企业海外投资特别是收购、并购后遭遇的典型法律风险。①

中国电建国际参与工程建设的“肯尼亚燃煤厂项目业主阿姆电力有限公司”和“肯尼亚国家环境管理局”被肯尼亚非营利组织“卡迪巴协会”（Katiba Institute）告上法庭，自此诉讼未断。2019 年 6 月 26 日，肯尼亚国家环境法庭（National Environmental Tribunal，NET）下令暂停项目，并撤销其环境影响评估许可。至此，这个位于肯尼亚拉穆（Lamu）地区的 1050MW 燃煤电厂建设项目被搁置，项目业主需要在 30 天内作出决定是否上诉，若不上诉则需要决定如何处置这个项目。

二、构建中国企业对非经贸投资的国际法框架

实际上，企业在跨国经营的过程中所遇到的各类风险，无论是商业风险还是非商业风险都带有很大的不确定性和不可预见性，要想有效应对，无论如何，最终都需要从法律层面予以落实。这是因为，相对于其他社会规范，法律规范在调整社会关系上具有可预见性、确定性、强制性、一致性、透明性、普遍性和稳定性等诸多优良特点。也就是说，从长远来看，法律规则将是现代企业应对各类风险和挑战的“压舱石”。不过，对于从事跨国经贸投资的跨国企业而言，仅仅依赖母国法律或东道国的法律还不足以应对各类风险以及保护自身的合法权益。因此，从根本上讲，跨国公司在开展跨国经营的过程中所拟依赖的法律保障最终都离不开有关国家和政府部门的强力介入和合作。因此，对于将要或已经进入非洲大陆市场的中国企业而言，想要有效应对和化解上述各类风险和挑战，并能长期扎根非洲，深耕非洲市场，除了企业强化自身各方面在市场经营决策、运营和管理以及法律意识和法律维权（如强化企业自身的法律顾问团队）的能力，还特别需要中非双方在政府层面不断进行沟通、协商及合作，构建中国企业对非经贸投资的国际法框架，为中非双方企业打造应对各类风险和挑战的“四梁八柱”。具体而言，

① 姜业宏：《投资非洲绕不开 OHADA 法》，《中国贸易报》2017 年 03 月 16 日，第 06 版。

我们可以从以下三个方面进行着力和构建。

（一）推动中非之间有关双边经贸投资协定的签订

20 世纪 90 年代以前，中非之间的法律合作主要体现在双边协议上，具体涉及四个方面：一是建立外交关系的联合公报；二是中国向非洲国家派遣医疗队的议定书；三是经贸合作协定；四是文教科技合作协定。20 世纪 90 年代之后，中非法律合作有了新的发展，双方开始签订带有明显法律合作特征的协定。例如，中国与埃及、毛里求斯等国签订的关于对所得避免双重征税和防止偷漏税的协定，中国与南非、尼日利亚和苏丹等国签订的关于相互鼓励和保护投资的协定，中国与突尼斯等国签订的关于民事和商事司法协助的条约，中国与埃及等国签订的关于民事、商事和刑事司法协助协定等。①

在国际双边投资的实践中，曾经出现了三种类型的双边投资协定：一个是通过订立双边友好通商航海条约约定投资保护条款；一个是载有代位求偿权的“双边投资保证协定”，也就是当东道国发生有关战乱等政治风险导致投资者权益受损后，依据此类投资协定的规定，投资者的母国在向投保的海外投资者理赔后，享有向东道国政府索赔的代位权；还有一个就是最为流行的“双边促进与保护投资协定”。自 1989 年中国与加纳订立第一个双边投资保护协定以来至今，中国与非洲国家订立的有关双边投资协定基本上都是第三类投资协定，即“双边促进与保护投资协定”。关于中非之间订立的双边投资协定的订立情况具体如下表 1 所示：

表 1　中国同非洲国家签订的双边投资保护条约②

序号	国家	签署日期	生效日期
1	阿尔及利亚	1996 年 10 月 17 日	2003 年 1 月 28 日
2	贝宁	2004 年 2 月 18 日	未生效
3	博茨瓦纳	2000 年 6 月 12 日	未生效
4	佛得角	1998 年 4 月 21 日	2001 年 10 月 1 日
5	乍得	2010 年 4 月 26 日	未生效
6	刚果（布）	2000 年 3 月 20 日	2015 年 7 月 1 日

① 洪永红：《中非法律合作今昔》，《人民日报》2006 年 6 月 23 日，第 7 版。

② 朱伟东，王琼，王婷著：《中非双边法制合作》，中国社会科学出版社 2019 年版，第 32—33 页。

续表

序号	国家	签署日期	生效日期
7	刚果（金）	2011 年 8 月 11 日	未生效
8	科特迪瓦	2002 年 9 月 23 日	未生效
9	吉布提	2003 年 8 月 18 日	未生效
10	埃及	1994 年 4 月 21 日	1996 年 4 月 1 日
11	赤道几内亚	2005 年 10 月 20 日	2006 年 11 月 15 日
12	埃塞俄比亚	1998 年 5 月 11 日	2000 年 5 月 1 日
13	加蓬	1997 年 5 月 9 日	2009 年 2 月 16 日
14	加纳	1989 年 10 月 12 日	1990 年 11 月 22 日
15	几内亚	2005 年 11 月 18 日	未生效
16	肯尼亚	2001 年 7 月 16 日	未生效
17	利比亚	2010 年 8 月 4 日	未生效
18	马达加斯加	2005 年 11 月 21 日	2007 年 7 月 1 日
19	马里	2009 年 2 月 12 日	2009 年 7 月 16 日
20	毛里求斯	1996 年 5 月 4 日	1997 年 6 月 8 日
21	摩洛哥	1995 年 3 月 27 日	1999 年 11 月 27 日
22	莫桑比克	2001 年 7 月 10 日	未生效
23	纳米比亚	2005 年 11 月 17 日	未生效
24	尼日利亚	2001 年 8 月 27 日	2010 年 2 月 18 日
25	塞舌尔	2007 年 2 月 10 日	未生效
26	塞拉利昂	2001 年 5 月 16 日	未生效
27	南非	1997 年 12 月 30 日	1998 年 4 月 1 日
28	苏丹	1997 年 5 月 30 日	1998 年 7 月 1 日
29	突尼斯	2004 年 6 月 21 日	2006 年 7 月 1 日
30	乌干达	2004 年 5 月 27 日	未生效
31	赞比亚	1996 年 6 月 21 日	未生效
32	津巴布韦	1996 年 5 月 21 日	1998 年 3 月 1 日
33	坦桑尼亚	2013 年 3 月 24 日	2014 年 4 月 17 日
34	喀麦隆	1997 年 9 月 10 日	未生效

由表 1 可知，中非双方签订的有关投资保护协定总数虽然达到了 34 个，

但生效的只有18个，未生效的为16个，这说明中非之间的双边投资保护协定的国际法保障水平还有进一步提升的空间。作为中国企业一方，在涉足非洲大陆市场之前应该主动事先了解和熟悉非洲国家的法律，而且还必须时刻追踪非洲国家的立法最新动态。据不完全统计，自2000年来，有30多个非洲国家制定或修改了单行的投资法律。这些投资立法大都规定了各类不同的投资激励措施，或设立了一站式投资法律服务中心，大大提升了相关国家的营商环境，吸引了更多投资，促进了当地经济发展。① 为了吸引更多中国企业前来投资，多个非洲国家纷纷表示，将出台政策创造更好的投资环境，这也将给中非之间在未来订立更多的双边投资保护协定打下良好的国内立法基础。例如，2019年，在首届中国－非洲经贸博览会上，佛得角副总理科雷亚表示，为共同建设佛得角圣文森特海洋经济区，佛得角将进一步改善营商环境，提高基础设施质量，努力为外资流入创造有利条件；安哥拉农林部国务秘书表示，安哥拉已经出台新版《投资法》，旨在营造良好的投资环境；贝宁投资署长表示，贝宁政府已经邀请中方专家设计本国改革计划，正与中国投资者协商签署园区投资建设协议，贝宁还修订了《公司法》《投资法》和税收制度等，为园区建设和企业投资提供法律保障。② 肯尼亚司法部法律顾问伊丽莎白·穆措里说，在过去的三年里，肯尼亚政府就进行过许多这样的尝试。比如，简化公司开办手续，从一个月缩短到一个星期甚至一天。如果外国投资者在肯尼亚遇到商业纠纷，有很多渠道可以解决，可以到普通法庭寻求解决，但实际操作上，等待开庭的时间较长；其次，还可以提交商业案件法庭审理；再次，可以到肯尼亚国际仲裁法院寻求帮助，那里的案件处理效率很高，建议中国公司在仲裁法庭解决商业纠纷；此外还有调解机构。③ 2017年，埃及颁布新的投资法，针对不同类型的外资规定了不同的投资激励措施，包括一般激励措施、专项激励措施和附加便利措施。根据新投资法，不同的投资项目或针对不同地区的投资，投资者可以享受免除印花税、关税减免、应税净利润中核减相应投资成本等各种优惠待遇。法律还明

① 徐惠喜：《非洲大陆变身“投资的热土”》，《经济日报》2018年09月03日，第02版。

② 周明阳：《首届中国－非洲经贸博览会成果丰硕——中非经贸合作迈向高质量发展》，http：//www. gov. cn/xinwen/2019－07/09/content_ 5407514. htm。

③ 杨梦蝶，谢意：《让中非法律交流为经贸合作保驾护航》，资料来源于：http：//news. cri. cn/20161021/859169e0－d421－4551－c4b4－fb6816e457b7. html。

确规定，埃及投资和自由区总局及其分支机构设立“投资服务中心”，为投资者提供与投资相关的各类便利化服务。①

一般来说，在中非双边订立的投资保护协定里都载有有关促进保护投资条款、东道国给予外来投资者的公平待遇条款、国有化征收规制条款、合法投资收益转移条款以及有关投资争议解决条款等。如上所述，考虑到非洲大陆许多国家因政局不稳而有可能触发内战的战乱风险，为了保护中资企业在非投资的各项合法权益，中国政府在与非洲有关国家订立双边投资保护协定时可尝试写入有关“免责条款或保证条款”。例如，中国作为基建大国，在国际工程承包基建领域竞争力优势非常明显，但在投资非洲大陆国家的基建项目时，由于大多数基建项目施工工期很长，这就导致不确定性的风险因素增加。因为非洲许多国家因实施西方影响下的多党轮换制，执政党和反对党或在野党的角色可能随时互换，这很有可能导致中企承担的一个基建投资项目因新旧政府更替发生战乱而利益受损或出现新政府干预项目的重大政治风险问题。在这种情况下，中方企业虽然可以通过与西方同行企业联合投标承建，或者吸引当地有资质的本土基建企业，组成联合项目工程组，合理分散预期可能发生的诸多风险，但此举并不能从根本上解决此类不可预见的政治风险。因此，一个可能的办法是由中国政府事先通过与有关非洲国家进行双边投资协定的修订谈判，将因可能出现的战乱免除自身违约责任的免责事由条款写进双边投资保护协定之中。另外，针对可能出现的国有化征收风险，还可考虑在协定中原则上约定禁止国有化征收及有关例外的救济条款。最后，中国政府和中国企业无论是实施“走出去”战略，还是践行“一带一路”倡议，都应该尽快改变以往在海外单纯通过经贸投资“单兵突进”的做法，在应对非洲大陆日益复杂的政经交错的安全局势，目前，不但要签署中非双边经贸投资协定保护中国商人和投资者的利益，同时在充分尊重所在国主权和不干涉所在国内政的基础上，也要积极推动和非洲有关国家签署双边安全合作协定的进程，这其实是西方发达国家经略海外市场的通行做法。所幸的是，中国政府开始意识到了这个问题的重要性，并迈出历史性的一步。例如，2021 年在所罗门群岛发生骚乱事件中资企业利益受损后，2022 年 4 月 19 日，中国和所罗门群岛正式签署《中所双边安全合作框架协议》。

---

① 徐惠喜：《非洲大陆变身“投资的热土”》，《经济日报》2018 年 09 月 03 日，第 02 版。

考虑到非洲国家的现实情况，仲裁应是解决中非经贸投资纠纷的最佳选择。①“在确定投资可以获得某双边投资协定的保护之后，中国企业还应进一步考虑该协定是否允许国际投资仲裁、对提起投资仲裁是否有其他限制。如果协定不允许国际投资仲裁或存在较多限制，则将极大程度限制中国企业通过投资仲裁维护其权利的可能性。”② 一般而言，就投资争议解决条款而言，其所设定的投资争端解决程序主要包括两大类：一类是投资协定缔约双方对协定本身产生的争议所规定的程序，此类争议一般由缔约双方通过外交途径协商解决。如无法解决，可进一步由双方提交专设临时仲裁庭解决。对于投资者与缔约一方之间产生的投资争议，在争议双方协商无果的情况下，既可以诉诸投资东道国有管辖权的法院解决，也可提交国际专设仲裁庭，还可提交给基于1965年《关于解决国家和他国国民间投资争端的公约》专门成立的解决国家与他国国民间投资争议的“解决投资争端国际中心”（ICSID）通过仲裁方式解决。例如，2011年《中华人民共和国政府和刚果民主共和国政府关于促进和保护投资的协定》第11条（缔约双方间争议解决）规定：“一、缔约双方对本协定的解释或适用所产生的任何争议，应尽可能通过外交途径协商解决。二、如果该争议6个月内未能友好解决，根据缔约任何一方的要求，将争议提交专设仲裁庭解决。”该协定第12条（投资者与缔约一方争议解决）规定：“一、缔约一方投资者与缔约另一方之间有关缔约另一方领土内的投资的任何法律争议，应尽可能由争议双方当事人通过协商友好解决。二、对于缔约一方投资者主张缔约另一方违反本协定第2条至第9条或第13条第2款项下的义务而产生的争议，如果自争议一方提出协商解决之日起6个月内，争议未能通过协商解决，则投资者可选择将由于该违反行为而蒙受损失或损害的诉求提交：（一）缔约另一方有管辖权的法院；（二）依据1965年3月18日在华盛顿签署的《关于解决国家和他国国民之间投资争端公约》设立的‘解决投资争端国际中心’；（三）依据联合国国际贸易法委员会仲裁规则设立的专设仲裁庭。”③

---

① 朱伟东著：《非洲涉外民商事纠纷的多元化解决机制研究》，湘潭大学出版社2013年版，第386—395页。

② 《解决中非投资争端要优选仲裁》，资料来源于：http：//www.zh－hz.com/news.html？aid＝1090342。

③ 2011年《中华人民共和国政府和刚果民主共和国政府关于促进和保护投资的协定》，资料来源于：http：//images.mofcom.gov.cn/tfs/201910/20191031150608768.pdf。

在前述 18 个生效的中非双边投资条约中，中国与摩洛哥、加蓬、突尼斯、赤道几内亚、马达加斯加、马里、坦桑尼亚和刚果共和国 8 个非洲国家之间的双边投资条约规定，缔约一方投资者与缔约另一方之间发生的投资争议可提交给投资争端国际中心解决。大部分签订生效的双边投资协定距今已有二十余年，很多条文都已经过时，并不利于如今的投资。中国政府应该推动这些投资协定的修改，并且，考虑充分发挥仲裁在解决中非投资争端中的作用，鉴于中国仅与埃及、摩洛哥、阿尔及利亚和突尼斯北非 4 国签订民商事司法协助条约，投资者选择在东道国诉讼有诸多不便，唯有大力促进中非商事仲裁制度的建设，才能为我国投资者提供更为公平、有效的投资争端解决途径。①

除了在投资领域，中非双方订立的其他有关双边经济协定也有了一定的发展。例如，在中非双边普通的贸易协定这个领域，虽然中国目前已经与非洲大陆 50 多个国家和地区建立了双边贸易关系，并与 40 多个非洲国家订立双边贸易协定，与 30 多个非洲国家建立了双边经贸混联委员会机制，但在自由贸易协定的签署方面还是显得比较滞后。直到 2019 年 10 月 17 日，中国和毛里求斯两国政府在北京签署了《中华人民共和国政府和毛里求斯共和国政府自由贸易协定》，实现了与非洲国家商签自贸协定“零的突破”。从内容上来看，该自贸协定涵盖了中国与毛里求斯货物贸易、服务贸易、投资、经济合作等领域。② 不过，考虑到签订自贸协定的规格要高于一般的双边贸易协定，可以预见，中国未来与非洲国家签署双边自贸协定的进展不会太大，但与埃塞俄比亚、南非、尼日利亚等非洲区域经济大国订立双边自贸协定的可能性还是很大。

另外，在避免双重征税领域，对于在非洲大陆从事经贸投资活动的中国企业而言，基于属人管辖的要求，作为征税国的中国政府可以根据税收居所联系对在非洲作为纳税人的中国企业来自境内、境外的全部所得和财产价值予以征税；而按照属地管辖的要求，非洲有关国家也可以同时对作为纳税人的中国企业在其国境内的所得或财产价值主张行使征税权。如此一来，在非

① 陈志敏：《论中国企业在非洲投资争端的解决——以津巴布韦“钻石矿国有化”案为视角》，《法制与社会》2018 年第 26 期。

② 2017 年 12 月，中国与毛里求斯自贸协定谈判正式开始启动，中国与毛里求斯双方经过四轮谈判，最终于 2018 年 9 月 2 日正式结束谈判。

洲的中国企业很有可能因为中非按照各自纳税人居住国原则和所得来源地原则进行征税产生冲突而导致其同时遭受中国政府和非洲有关国家政府的双重征税。显然，这种可能的中非双重征税现象加重了作为纳税人的中国企业之经济负担，不利于中非之间资金、技术和人员的正常流动。为解决双重征税问题，按照国际惯例，中非一般都会通过谈判同其他国家签订避免双重征税协定。截至目前，中国已同15个非洲国家签订避免双重征税协定，这15个非洲国家分别是肯尼亚、津巴布韦、博茨瓦纳、乌干达、赞比亚、埃塞俄比亚、阿尔及利亚、摩洛哥、突尼斯、尼日利亚、南非、塞舌尔、埃及、苏丹和毛里求斯，其中，中国同肯尼亚、博茨瓦纳和乌干达签订的避免双重征税协定尚未生效。①

还有，在中国企业开展对非经贸投资的过程中，可能会产生大量有关中非民商事的纠纷。然而，这些涉外的民商事纠纷，单纯依赖中国或非洲国家都无法解决，它也需要中非双方进行双边的民商事司法协助。在中非民商事司法协助领域，中非之间仅仅同摩洛哥、阿尔及利亚、突尼斯和埃塞俄比亚4个国家签署了双边的民商事司法协助条约。一些与中国有频繁民商事往来且拥有较多中国移民的非洲国家还没有同中国签署此类条约，如南非、苏丹、尼日利亚、安哥拉、几内亚、加纳、赞比亚、坦桑尼亚、埃塞俄比亚、博茨瓦纳、津巴布韦、乌干达、肯尼亚等国。除此之外，多数情况主要依据的是我国《民事诉讼法》中规定的互惠原则”，而该原则缺乏具体的标准指引，在实践中还可能构成我国和非洲国家之间判决的承认与执行的障碍，这一点对中非合作，尤其是民商事领域日益频繁的合作交流构成阻滞。② 因此，在中国与那些没有与之订立双边民商事司法协助的国家之间依据传统的互惠原则来解决外国法院判决的承认与执行问题依然存在很多弊端，这主要是因为互惠机制这一原则本身缺乏确定性及模糊性，中非之间并没有就此形成固定的标准。目前，在实践中，所谓的互惠原则主要包括法律互惠（各自国内立法对等互惠）、事实互惠、推定互惠。因而，越来越多国家的法院日益倾向于采取更为灵活的做法。有些案件，特别是那些被申请承认和执行的外国法院判决，往往当事人是内国人或被执行的财产位于内国境内或关涉

---

① 国家税务总局网站：http：//www. chinataxgov. cn/n810341/n810770/index. html。

② 陈文婧：《法律为中非合作保驾护航》，《学习时报》2018年9月24日，第003版。

内国利益，如果一味强调要以互惠为条件才予以承认和执行外国法院的判决势必会损害其自身利益。例如，在 2015 年湘潭市中级人民法院受理的当事人申请承认和执行非洲国家乍得商事法庭作出的判决一案中，湘潭市中级人民法院审查后以中国和乍得不存在有关判决承认和执行的民商事司法协助条约以及不存在互惠关系为由，拒绝承认和执行乍得法院作出的判决。这种情况可能使得当事人不得不在国内法院重新提起诉讼，这会造成当事人时间、金钱和精力的浪费。如果中国和乍得存在双边民商事司法协助条约，就不会存在判决承认和执行的障碍。①

最后，在中非双边经贸投资领域，出现了越来越多的有关跨国诈骗、走私、偷逃税款等犯罪行为，这不但严重侵害了中非各国的经济利益，也对市场的正常交易秩序产生了很大的危害和冲击。有鉴于此，中非之间也开始意识到进行双边刑事司法协助合作以打击此类跨国犯罪问题的重要性。阿姆·阿鲁马·穆克塔指出，中非双方应该进行司法合作来遏制在双边贸易中出现的犯罪问题，司法合作有三个层面，其中包括增强相关国家司法部、执法机构和移民局在领事案件的合作。不但要就打击危害两国关系的犯罪行为进行司法合作，还应就打击个人和有组织犯罪开展双方司法合作。如果双方保持这样的合作，双边关系的发展不仅仅会带动双方经济发展，而且，还会促进世界和平，这是值得包括发展中国家和发达国家在内的所有国家效仿的。②以刑事司法协助为例，随着中非之间经济、政治、文化等方面的交往以及人员的流动的增加，跨区域的犯罪也不可避免的随之增加，惩治犯罪需要中非之间的联动合作。因此，注重刑事司法方面的实质性交流与合作，在经验交流、情报分享、线索核查、执法合作等领域开展务实合作，促进中非之间刑事司法协助的实心化发展，为中非之间的交流与合作提供保障。目前，中国仅与纳米比亚、阿尔及利亚、突尼斯、南非和埃及等少数几个非洲国家签署刑事司法协助条约，也分别与突尼斯、南非、莱索托、纳米比亚、安哥拉、阿尔及利亚等少数几个非洲国家缔结了双边引渡条约，但并不足以为目前中非合作交流提供有效全面的保障。例如：我国与埃塞俄比亚、肯尼亚等国并

---

① 朱伟东，王琼，王婷著：《中非双边法制合作》，中国社会科学出版社 2019 年版，第 65—66 页。

② （马里）阿姆·阿鲁马·穆克塔：《中国与非洲国家的法律合作》，载中国法学会编：《第二届中非合作论坛——法律论坛论文集（2010 年）》，2013 年 3 月 15 日，第 83—89 页。

未签署此类协议，但与之经贸商业来往密切，刑事案件并不鲜见。2016 年在肯尼亚发生的跨境电信诈骗案等都凸显了中国与非洲国家之间签订双边或者多边刑事司法协助条约的必要性。①

（二）构筑中国与非洲次区域性或区域性自贸区国际法律制度

为了弥补中非双边经贸投资领域国际法律制度框架的短板，积极构筑中国与非洲区域性或次区域性自贸区国际法律制度不失为一个好的路径。在这方面，中非政府间的合作可在以下三个层面进行推动：

1. 推动非洲次区域性经济一体化过程中的法律协调化或统一化进程

从目前来看，在这个层面的法律协调化或统一化进程所取得的成绩无疑是最令人鼓舞的。

应注意避免对经济一体化过程采用一种纯粹的经济或社会政治的方法或分析，因为容易忽略这样一个重要的事实：跨境经济活动的障碍不仅仅是经济的或社会 - 政治方面的，而且有时还是法律方面的。国内及国际法限制着人员、货物、服务及资本的流通。这些限制可能是出于经济和社会 - 政治方面的考虑，但它是通过法律手段实现此类限制的。如果将法律视为一体化的手段，对这种经济一体化的理解就应立即把法律置于一体化过程中的突出地位。② 众所周知，非洲法律所体现出来的多样性特征主要体现为三个方面：一是单个国家内部法律的多样性。二是非洲国家之间法律的多样性。三是非洲国家和其他大陆国家之间法律的多样性。③ 事实上，一方面，非洲法律呈现的多样化特征是产生一个一体化经济空间的障碍；另一方面，这种多样性的结果往往伴随着法律与司法的不安全性、无形损耗以及可适用法律的无效性，而且，这也极大地挫伤了私人投资者在这个区域进行投资的信心。④ 毫无疑问的是，非洲大陆如此复杂多样的法律制度对于众多外来商人和投资者

---

① 陈文婧：《法律为中非合作保驾护航》，《学习时报》2018 年 9 月 24 日，第 003 版。

② （加纳）理查德·弗林蓬·奥蓬（Richard、Frimpong Oppong），朱伟东译：《非洲经济一体化的法律问题》，社会科学文献出版社 2018 年版，第 9 页。

③ See Gbenga Bamodu, "Transnational Law, Unification and Harmonization of International Commercial Laws in Africa", in Jounal of African Law, Vol. 38, No. 2, 1994, pp. 125 – 143。

④ （尼日尔）阿卢塞尼·穆鲁著，李伯军译：《理解非洲商法协调组织》（Alhousseini MOULOUL, Comprendre l' Organization pour l' Harmonisation en Afrique du Droit des Affaires, O. H. A. D. A.）（第 2 版），湘潭大学出版社 2017 年版，第 3 页。

无疑是一个巨大的挑战。我们可以想象一下，当一个中国企业来到非洲某一个国家如莫桑比克进行经商或投资时，如若遇到了与当地国家同行或当地国家邻国的同行的经济纠纷时，这其中所关涉的法律关系、法律冲突、管辖法院、法律适用以及判决执行等一系列的不确定性因素，这其中还未考虑有关国家文化背景的差异、思维习惯的不同、语言表达的差别等其他非法律因素，所有这些因素增加了中国商人与有关当事人巨大的交易成本。然而，我们假设在中国商人进入莫桑比克这个国家市场之前，莫桑比克就已经与周边邻国建立了有关协调彼此国家经贸投资法律制度的区域性国际组织，该国际组织一旦在商事投资领域制定了有关统一或协调成员国法律的协调法或统一法，那中国商人面临的法律风险无疑就要小很多了。因此，正如尼日尔学者阿卢塞尼·穆鲁博士所指出的，当前的一个发展趋势是，各国经济发展的国际化以及法律的协调化演变成为一种迫切需要，因为法律的一次很好的协调化能有利于开展各种贸易和自由竞争，恢复人们对市场经济发展的信心，以及着手进行经济一体化。① 概括而言，对国际民商法进行统一化和协调化的传统手段主要包括有：（1）通过国际条约进行统一与协调；（2）通过制定统一法、示范法引导各国民商立法采用统一的标准；（3）通过形成国际惯例使商法规范获得国际统一；（4）通过法院判例和仲裁裁决实现国际商法的统一与协调；（5）通过适用一般法律原则实现国际民商法的统一与协调；（6）通过各国国内民商法立法的趋同化来达到国际民商法的统一与协调。② 在这方面，非洲大陆主要依赖通过区域性组织指定统一法的方式来达到法律的协调化和统一化，这或许是非洲国家的一个创举或特色。在非洲大陆，据粗略统计，目前存在有大大小小的各类区域性国际组织和次区域性国际组织近300个左右，其中全非性的区域性国际组织主要包括有非洲联盟、萨赫勒－撒哈拉国家共同体、非洲经济共同体、非洲经济委员会、非洲开发银行、非洲知识产权组织、非洲商法协调组织等，而次区域性国际组织则主要包括有东非共同体、大湖国家经济共同体、西非国家经济共同体、西非经济和货

① （尼日尔）阿卢塞尼·穆鲁著，李伯军译：《理解非洲商法协调组织》（Alhousseini MOULOUL, Comprendre l' Organization pour l' Harmonisation en Afrique du Droit des Affaires, O. H. A. D. A.）（第2版），湘潭大学出版社2017年版，第12页。

② 朱伟东著：《非洲商法协调组织》，社会科学文献出版社2018年版，第41页。

币联盟、南部非洲发展共同体、东南非共同市场、中部非洲国家经济共同体等。① 在非洲大陆，这些种类繁多的国际组织的基本使命除了是为促进非洲大陆区域经济一体化进程之外，还有一个职能就是对非洲大陆各国复杂迥异的法律进行协调和统一化。当然，表现最为突出的非洲区域性组织就是非洲商法协调组织。截至目前，非洲商法协调组织已经通过了10部统一法，详见表2。

表2　非洲商法协调组织制定的统一法②

序号	统一法名称	通过时间	生效时间	修订通过时间/修订生效时间
1	《一般商法统一法》	1997年4月17日	1998年1月1号	2010年12月15日/2011年3月15日
2	《商业公司和经济利益集团统一法》	1997年4月17日	1998年1月1号	2014年1月30日
3	《担保统一法》	1997年4月17日	1998年1月1号	2010年12月15日/2011年3月15日
4	《债务追偿简易程序和执行措施统一法》	1998年4月10日	1998年8月31日	
5	《债务清偿集体程序破产统一法》	1998年4月10日	1999年1月1日	2015年9月10日/2015年12月24日
6	《仲裁统一法》	1999年6月11日	1999年8月14日	2017年11月23日/2018年3月15日

① 关于这方面的研究可详见李伯军著：《当代非洲国际组织》，浙江人民出版社2013年版。

② 该表格系作者依据OHADA官网有关发布的信息制作而成。

续表

序号	统一法名称	通过时间	生效时间	修订通过时间/修订生效时间
7	《会计统一法》	2000年3月24日	（单独账目法）2001年1月1日/（统一或混合账目法）2002年1月1日	2017年1月26日/（单独账目）2018年1月1日；（统一或混合账目）2019年1月1日
8	《公路货物运输合同统一法》	2003年3月22日	2004年1月1日	
9	《合作社统一法》	2010年12月5日	2011年5月15日	
10	《调解统一法》	2017年11月23日	2018年3月15日	

1993年《非洲商法协调条约》第10条规定："各种统一法可以直接在成员国国内予以强制适用，而可以不管其是否与现在或将来的成员国国内法相冲突。"显然，OHADA《非洲商法协调条约》的这一条款是OHADA在国际立法领域的一个创举，并对国际法规则的制定产生了深远的影响。就国际法而言，不论是国际条约，还是国际习惯，其在某一个主权国家国内适用时一般并不会直接予以适用，只有在少数情况下可以予以直接适用，且不存在强制性适用问题。在国际法上，依据国家主权平等原则，各国要充分尊重彼此的自身政治意愿。而且，对于成员国更具冲击力的问题是，即便OHADA所制定的各种统一法现在或将来与其成员国的国内法相冲突，也依然可以直接予以强制适用，这在国际立法领域无疑是非常超前的一个发展。毫无疑问的是，《非洲商法协调条约》第10条的规定无疑引发了OHADA成员国因适用统一法而对其国家立法主权与司法主权受到削弱的担心。为此，OHADA的司法机构——司法与仲裁共同法院（CCJA）于2001年4月30日应科特迪瓦的请求发布了第001/2001/EP的咨询意见，以此来安抚或打消成员国的疑虑或担心。按照通常意义上的理解，《非洲商法协调条约》第10条的本意只是说，OHADA统一法仅仅排除与其规定相左的任何OHADA成员国

的有关国内立法或规章之规定，不与OHADA统一法规定相冲突的国内立法或规章依然可以适用。因此，正如喀麦隆布埃阿大学玛莎博士所指出的，OHADA统一法涉及与商法有关的普遍原则和一般原则：《非洲商法协调条约》允许适用与统一法不相冲突的国内法，对于《非洲商法协调条约》第2条没有涵盖的领域，以及该条约明确排除在外的领域特别是刑事制裁和刑事处罚的施行，国内法继续适用。在统一法的规定是选择性的而非强制性的情况下，该条约还允许适用国内法的规定。①

由于OHADA旨在创设一个安全稳定的立法和司法环境，它已对非洲发展产生了战略性影响。OHADA所带来的益处就是帮助推动该地区的经济发展。该地区涉及几类商业合同（商事买卖、商事租赁、担保合同等）的规则得到协调。民事程序在很多方面（如仲裁法以及判决执行措施等）也得到协调。法律规则的协调无疑会提高OHADA成员国法院系统的可信赖度。② 因此，对于中国企业来说，了解并熟悉OHADA统一法还是远远不够的，还必须积极利用OHADA的有关争议解决程序机制。③ 特别是，OHADA内部的司法与仲裁共同法院既具有司法诉讼的职能，又具有仲裁公断的职能，这是我国企业需要特别重视的一个维权工具。例如，在司法诉讼方面，OHADA司法与仲裁共同法院可受理依据《非洲商法统一条约》第14条所规定的所有关涉OHADA统一法调整的所有商事事项有关争议的法律问题。不过，它只能作为最高上诉机构行使管辖权。相反，依据《非洲商法统一条约》第13条，涉及统一法实施的任何争议，应在各成员国国内法院的一审和普通上诉程序中处理。这样，司法与仲裁共同法院仅有权审理针对成员国上诉法院判决提起的上诉，或针对成员国低级法院作出的、但不得提起普通上诉的判决提起的上诉。这就意味着，对于涉及非洲商法协调组织立法的争议，国内最高法院的管辖权被司法与仲裁共同法院的管辖权取代，但国内

---

① （美）克莱尔·莫尔·迪克森（Claire Moore Dickerson）编：《非洲统一商法：普通法视角中的OHADA》，中国政法大学出版社2014年版，第71页。

② （美）克莱尔·莫尔·迪克森（Claire Moore Dickerson）编：《非洲统一商法：普通法视角中的OHADA》，中国政法大学出版社2014年版，第60页。

③ 非洲商法协调组织亚洲区主席、澳门大学法学院的Salvatore Mancuso教授就在澳门注册成立了澳门中国商法协调组织俱乐部（Club OHADA Chine - Macau），该俱乐部还与湘潭大学非洲经贸法律研究院建立了长期的合作关系。显然，这对于OHADA统一法及其有关争议解决机制在中国的普及有着非常重要的意义。

法院仍然保留了一审和普通上诉的管辖权，且对于并不涉及非洲商法协调组织立法的事项，国内法院仍然具有最高管辖权。因此，如果当事人在国内最高法院提起诉讼，在争议标的属司法与仲裁共同法院的管辖范围的情况下，国内最高法院必须对案件拒绝行使管辖权，指示当事人到司法与仲裁共同法院提起诉讼，即使被告没有对它的管辖权提出异议。再如，在选择仲裁解决有关争议方面，中国企业一般都会选择资质较好的西方国际仲裁机构去进行仲裁，但一般成本较高。近些年来，在中非合作论坛机制的大力推动下，中国企业开拓非洲市场的热情不减，直接利用当地的仲裁机构或中非联合创立的仲裁中心①进行仲裁不失为一个更优选择。另外，2009年第四届中非合作论坛部长级会议上通过的《沙姆沙伊赫行动计划》特别鼓励中非企业在解决有关合同纠纷时，积极利用各国和地区性仲裁机构，这就是OHADA司法与仲裁共同法院以及其他非洲区域性国际商事仲裁中心近些年来不断兴起的一个大的背景。另外，2010年《中华人民共和国涉外民事关系法律适用法》第41条也明确规定："当事人可以协议选择合同适用的法律。当事人没有选择的，适用履行义务最能体现该合同特征的一方当事人经常居所地法律或者其他与该合同有最密切联系的法律。"有鉴于此，中国企业可积极利用OHADA框架下的两个仲裁机制：一个是基于OHADA框架内1999年《仲裁统一法》所规定的临时仲裁机制。依据该《仲裁统一法》第1条的规定，该法可适用于仲裁地位于OHADA某一成员国国内的所有有关仲裁。该条款虽然主要针对的是发生在某一成员国国内的所有临时性仲裁，但对于当事人约定的机构仲裁，且仲裁庭所在地位于某一成员国境内，该《仲裁统一法》依然可适用，尽管其适用范围仅仅只是一种查漏补缺的补充性适用。而且，依据该《仲裁统一法》第2条的规定，该法所规定的仲裁事项并不一般限于商事领域，它涵盖所有除公权力机构介入事项外的事项，且提交仲裁的主体是开放的，并不限于商事主体，还包括国家等公权力机构。另一个是基于OHADA框架内的《国际商法统一条约》第21条以及《司法与仲裁共同法

① 在这方面的一个突出发展事例是，2015年6月，上海国际仲裁中心、南部非洲仲裁基金会、南部非洲仲裁员协会、非洲替代性争议解决中心四方签署合作协议，创建中非联合争议解决机制，分别组建中非联合仲裁上海中心与中非联合仲裁约翰内斯堡中心。此后，中非联合仲裁北京中心、内罗毕中心、深圳中心相继揭牌，五大中心共同致力于为中非国际商事争端方提供专业高效的仲裁和调解等法律服务。这些中非联合仲裁中心的建立标志着中非之间民商事争议解决机制的资源整合。

院（CCJA）的仲裁规则》第2条的规定交由CCJA进行的机构仲裁机制。“当合同的当事一方（不管是自然人或者法人，也不管是属于公法人还是私法人）在非洲商法协调组织的一个成员国境内有住所或者有惯常性居所的时候，或者当合同应该全部或者部分将在一个成员国境内予以执行的时候，合同订立各方能够通过一个仲裁协议或者一个仲裁条款来决定将与上述合同执行有关的纠纷在司法与仲裁共同法院框架内诉诸仲裁程序，虽然该法院并不直接受理有关仲裁，只是履行有关指定或者核准仲裁员或者对仲裁裁决进行做出评估等行政管理职能。在这种情况下，即便一诉讼请求已经诉诸到了另一个法院。”①

2. 推动非洲区域性经济一体化过程中的法律协调化或统一化进程

在全非性区域范围内，非洲经济一体化过程中的法律协调化和统一化进程主要有两个引人注目的发展：一个是“非洲三方自由贸易区”（TFTA）的成立与启动，另一个是非洲大陆自贸区的诞生与启动。

所谓的“非洲三方自由贸易区”（TFTA）具体是指非洲大陆的三个次区域性经济组织——东南非共同市场（COMESA）、南部非洲发展共同体（SADC）、东非共同体（EAC）共同筹建的超越次区域性范围的非洲区域性自贸区，这显然是非洲大陆区域经济一体化的一个重要发展。“非洲三方自由贸易区”（TFTA）法律一体化发展的主要方式是东部和南部非洲共同市场（COMESA），东非共同体（EAC）和南部非洲发展共同体（SADC）之间为实现商品和服务及相关领域贸易自由化而达成的合作协议，这是非洲区域一体化程度较高、进展较快的协议。三方于2011年开始TFTA谈判，2015年6月10日在埃及发表《沙姆沙伊赫宣言》（简称《宣言》），要加速三方自贸区（TFTA）建设进程。截至2020年2月，已有28个国家加入TIFA，8个国家批准，离14个国家生效的门槛要求相差不远。TFTA涵盖非洲26个国家，人口占非洲总人口57%，GDP占非洲经济总量58%。迄今，TFTA已初步完成货物贸易自由化谈判，就争端解决、海关程序、贸易壁垒及卫生植物检疫等内容达成共识，并已启动服务贸易、知识产权保护、跨境

① （尼日尔）阿卢塞尼·穆鲁著，李伯军译：《理解非洲商法协调组织》，湘潭大学出版社2017年版，第49页。

投资等谈判，目前仅有少量关税减让及原产地规则等问题尚未解决。①

近年来，非洲大陆自由贸易区②的诞生是非洲大陆经济一体化最显著的一个发展。非洲大陆自由贸易区的全称是“非洲联盟非洲大陆自由贸易区”（AFCFTA），它的诞生是基于 2019 年 5 月 30 日《非洲大陆自由贸易区协定》的生效。非洲大陆自由贸易区原定于 2020 年 7 月 1 日正式启动，因新冠肺炎疫情而最终推迟到 2021 年 1 月 1 日正式启动。非洲大陆自贸区的正式启动正式宣告该自贸区成为目前全球最大的自由贸易区，其规模覆盖 54 国以及 12 亿人口。《非洲大陆自贸区协定》是一个框架协议，其内容涵盖货物贸易、服务贸易、投资、知识产权、竞争政策和争端解决。每一个领域的内容都由相应的议定书调整，而每一议定书又含有不同的附件或附录，它们都成为自贸区框架协议的组成部分。因此，协定主要包括有《货物贸易议定书》及其附件、《服务贸易议定书》及其附件以及《关于争端解决的规制和程序议定书》及其附件等一系列国际协议文书。③ 根据《非洲大陆自贸区协定》的安排，协议的实施分为两个阶段：第一阶段仅就货物贸易和服务贸易作出安排，第二阶段开展有关投资、竞争和知识产权议定书的谈判。根据非盟在 2020 年 2 月 9 日召开的第 33 届首脑会议的安排，在完成第一阶段的谈判工作的所有事项后，非洲大陆自贸区需要马上转入第二阶段的谈判

---

① 参见中国商务部网站：《非洲大陆自贸区历史、现状和未来系列之十四——非洲三方自贸区建设进展情况》，资料来源于：http：//www. mofcom. gov. cn/article/i/jyjl/k/202009/20200903003339. shtml。

② 建立非洲自由贸易区是非洲统一组织为了推动非洲大陆经济一体化进程基于 1980 年《拉各斯行动计划》以及 1991 签署并于 1994 年生效的《建立非洲经济共同体条约》（即《阿布贾条约》）所确立的第四阶段经济一体化目标愿景下的产物。2012 年，非洲联盟第 18 届元首和政府首脑会议通过了关于计划于 2018 年建立非洲大陆自由贸易区的决议。2015 年，第 25 届非洲联盟国家元首和政府首脑会议正式开始启动有关建立非洲大陆自由贸易区的谈判。经过三年时间的艰苦谈判，2018 年 3 月 21 日，在卢旺达首都基加利召开的非盟特别首脑峰会上，由 44 个非洲国家签署了《非洲大陆自由贸易区协定》，旨在促进非洲国家间的自由贸易，打破非洲各国的地区贸易壁垒。2019 年 4 月 29 日，非洲联盟第 22 份批准《非洲大陆自由贸易区协定》的文件交存非盟委员会，符合该协定第 23 条所规定的最低批准国数目生效条件，并于 2019 年 5 月 30 日生效。目前，加入该协定的非洲国家已经达到 54 个，批准该协议的国家已经达到 25 个。在非洲 55 个国家中，只有厄立特里亚仍然没有加入协议。

③ 朱伟东，王琼，史晓曦编译：《非洲大陆自由贸易区法律文件汇编》，社会科学文献出版社 2020 年版，第 4 页。

工作，即完成有关竞争、投资、知识产权政策的谈判工作，这一工作应在2020年12月完成。在第二阶段工作完成后，非洲大陆自贸区会马上开展第三阶段的谈判工作，即缔结一项《非洲大陆自贸区电子商务议定书》，使非洲在电子商务交易的数据和产品等电子商务的所有方面拥有充分权力，并促进在国家、区域和大陆各级建立非洲拥有的电子商务平台。新冠肺炎疫情暴发后，非洲经济严重受挫，各国意识到粮食安全与电子商务和数字经济都是未来非洲发展和复苏的重要议题。因此，第三阶段工作将讨论电子商务和粮食安全问题。①

一般而言，区域一体化在经济层面的一体化必然呼唤或导致其在法律层面的一体化的推进。唯有如此，区域经济一体化才能最终得以有序、持续和健康的发展。近些年来，非洲一些次区域性经济组织在经济一体化的过程中已经或将继续制定有关统一适用的区域性投资法律，从而实现非洲次区域范围内有关投资法律的一体化。比如，南部非洲发展共同体制定了《金融和投资议定书》，东南非共同市场制定了《东南非共同市场共同投资区域投资协议》，西非国家经济共同体制定了《共同体共同投资规则补充法案》等。就此而言，我们完全可以期待，"非洲三方自由贸易区"（TFTA）和非洲大陆自由贸易区（AFCFTA）的正式启动也将在非洲大陆区域范围内进一步催生大量的国际经贸投资条约、统一法或协调法。

3. 推动构建中非区域性经贸投资法律框架

显而易见，推动构建中非区域性经贸投资法律框架离不开中国与非洲大陆众多区域性或次区域性国际组织的紧密政治合作和发展。2021年中国国务院新闻办公室发布的《新时代的中非合作》就明确指出，中国积极发展同非盟及非洲次区域组织合作。2012年1月，中国援建的非盟会议中心项目建成并投入使用，这是继坦赞铁路之后中国在非最大援助项目。2014年中国设立驻非盟使团，标志中国与非盟关系发展进入新阶段。中国重视并坚定支持非盟在推进非洲联合自强和一体化进程中发挥领导作用、在维护非洲和平安全中发挥主导作用、在地区和国际事务中发挥更大作用，支持非盟通过《2063议程》及实施第一个十年规划。中国以观察员身份多次应邀出席西非国家经济共同体（西共体）、南部非洲发展共同体（南共体）、东非共

① 朱伟东，王琼，史晓曦编译：《非洲大陆自由贸易区法律文件汇编》，社会科学文献出版社2020年版，第4—5页。

同体（东共体）、东非政府间发展组织（伊加特）、中部非洲国家经济共同体（中共体）等次区域组织峰会等重要活动，并向西共体、南共体、东共体派驻大使。① 因此，中国与非洲区域性或次区域性国际组织在政治层面的合作必将带来双方在经济层面的合作。例如，2015 年，中国政府发表的《中国对非洲政策文件》明确提出："支持非洲自贸区建设和一体化进程，积极探讨与非洲国家和区域组织建立制度性贸易安排。"中国与非洲区域性或次区域性国际组织之间的有关经贸投资制度的构建并没有实质性的突破与发展，因为这在很大程度上主要还取决于非洲大陆自身在区域自贸区一体化建设进程及发展程度。

在这方面，唯一的一个亮点是"中非合作论坛"集体对话机制的发展所引发的法律合作层面的推进。自 2000 年中非合作论坛开始举办以来，中非经贸合作更是进入了飞速发展的阶段，2015 年 12 月底，在中非合作论坛约翰内斯堡峰会上，习近平主席代表中国政府宣布了"中非十大合作计划"，宣布中非双方将在工业化、农业现代化、基础设施建设、金融、绿色发展等十个领域加强合作。这一计划意味着，中非全面战略合作伙伴关系比将在新的历史起点上实现新的腾飞，同时也对中非双方经贸法律政策以及民族文化等方面的交流合作提出了更高的要求。中非合作论坛成立于 2000 年，10 年来，论坛一直发挥着引领和推动中非关系发展的重要作用，已经成为中国同非洲国家开展集体对话、交流治国理政经验、增进相互信任、进行务实合作的重要平台和有效机制。虽然历次中非合作论坛都对中非双边的法律合作进行了规定和强调，但并不够细化和深入。为此，2009 年 11 月 9 日，在埃及沙姆沙伊赫举行的中非合作论坛第四届部长级会议上通过的《中非合作论坛—沙姆沙伊赫行动计划（2010—2012 年）》中明确指出，注意到中非法律交流的重要性，决定适时举办"中非合作论坛 - 法律论坛"。据此，2009 年 12 月 20 日，秉承"平等、合作、发展、共赢"的理念，中国法学会在埃及开罗召开了首届"中非合作论坛—法律论坛"，构建了中非法学法

① 中华人民共和国国务院新闻办公室：《新时代的中非合作（2021 年 11 月）》，资料来源于：http：//www. gov. cn/zhengce/2021 - 11/26/content_ 5653540. htm。

律界交流与合作的长效平台。① 从此，“中非合作论坛—法律论坛”成为中非合作论坛的重要组成部分，也成为推动中非法律合作的重要合作机制。不过，中非在法律合作层面也还只是停留在论坛对话机制阶段，距离真正意义上的落地实施阶段也还有一段不小的差距和困难。

（三）强化中非之间在全球范围内经贸投资的国际多边法律制度

从缔约主体所分布的地区来看，国际条约可以分为双边条约、区域性多边条约、全球性的多边条约三大类别。如上所述，虽然以上中非双边经贸投资类条约和中非区域范围内的多边条约是中国企业开展对非经贸投资活动最直接和最重要的国际法依据和保障，但是，全球范围的规制经贸投资活动的多边条约对于调整中非经贸投资关系同样重要。在这方面，主要包括有以下三类重要的经贸投资类多边条约：

一是《多边投资担保机构公约》。该公约第3条明确规定促进资本流向发展中国家，对投资的有关战争与内乱险、征收险、违约险、货币汇兑险等非商业性风险予以担保。到目前为止，为了改善其国内投资环境而加大吸引外资的力度，几乎所有的非洲国家都已经加入了《多边投资担保机构公约》。基于该公约成立的多边投资担保机构可以为许多中资企业针对非洲国家的基础设施项目以及能源类项目的投资提供担保。依据该公约的规定，多边投资担保机构在拟向投资者予以担保的非商业风险获得东道国同意后，与投资者订立担保合同，一旦所担保的风险真正发生，那么，投资者应在切实遵守东道国的法律而寻求当地救济以及最大限度减少可能发生的损失的基础上，可以向多边投资担保机构索赔。多边投资担保机构一经向作为投保人的投资者支付或同意支付赔偿，即代位取得投保人对东道国或其他债务人所拥有的有关承保投资的各种权利或索赔权。因此，如前所述，考虑到非洲国家

---

① 2012年12月7日，“中非合作论坛－法律论坛指导委员会”第一次会议在毛里求斯路易港召开。会议审议并通过了由中国法学会起草的《中非合作论坛－法律论坛指导委员会章程》，标志着指导委员会正式成立。指导委员会的成立以及章程的通过，是继2010年8月，中非合作论坛－法律论坛中方协调委员会成立以来，论坛体制机制建设方面取得的又一突破性成果，为论坛增添了新的动力与活力，为推动中非法律交流向更高层次、更广领域发展奠定了坚实的基础，在中非法律合作史上具有里程碑意义。中非合作论坛－法律论坛是中国法学会倡议发起的五大区域法律论坛中起步较晚，但起点最高、最具官方色彩、发展较快的论坛。参见《中非合作论坛—法律论坛指导委员会章程》，资料来源于：http：//www.mzyfz.com/html/1766/2013－11－29/content－920421.html。

多发政治风险，因而该公约无疑是中国企业借以规避此类风险的重要工具。

二是《解决国家与他国国民间投资争端公约》(《华盛顿公约》ICSID)。在投资争议解决方面，目前，大多数非洲国家都是《华盛顿公约》的成员国，中国也是该公约的成员国。“中国自 1993 年起成为《华盛顿公约》成员国，但由于当时中国主要是一个资本输入国，因此对 ICSID 的管辖权持比较谨慎的态度，当时中国与许多发达国家签订的双边投资保护条约只是规定将产生于征收补偿款的争议提交 ICSID 解决，而其他有关投资的争议都应在投资东道国法院解决。1997 年在亚洲金融危机后，为了扩大出口，中国开始实施‘走出去’战略，鼓励中国企业进行海外投资。在此情况下，为了保护中国的海外投资，中国政府同其他国家签订的双边投资保护条约开始对 ICSID 的管辖权采取一种放松的态度，规定所有投资争议均可提交 ICSID 通过仲裁方式解决。”① 但这并非意味着中非之间的投资争议就可通过该公约规定的仲裁机制进行。首先，在中非之间已生效的 18 个双边投资条约中，仅有 9 个规定了可以将投资者与东道国政府之间的一起投资争议或征收补偿额争议提交给根据该公约设立的国际中心解决。而目前，中国对非投资基本遍及所有非洲国家和地区，利用这一公约解决机制显然不能满足实际需要。其次，许多非洲国家在实践中已认识到《华盛顿公约》的投资争议仲裁解决机制对非洲十分不利。例如，仲裁庭的仲裁员基本来自西方发达国家，仲裁程序基本是在欧美等国家进行的，非洲的法律文化和传统没有在仲裁程序中得到应有的重视等。因此，一些非洲国家开始对《华盛顿公约》的投资争议仲裁解决机制产生抵制情绪，如南非、埃及等，这就为中非之间利用这一多边机制解决投资争议带来潜在的障碍。②

三是世贸组织协定及其各类多边贸易体制。目前，中国与非洲国家开展双边贸易的国际规则除了依据双边签订的贸易协定机制以及非洲区域范围内的贸易多边机制之外，主要就是中非双方共同参与的 WTO 多边国际贸易体制。需要承认的是，中国与非洲国家同属于发展中成员方，在 WTO 多边国际贸易体制框架内都是属于“后来者”，都属于国际贸易规则的弱势一方。

---

① 朱伟东:《中非双边投资条约存在的问题及完善》，载《非洲研究》2015 年第 1 期，第 153 页。

② 朱伟东:《中非产能合作的法制化途径分析》，载潘良，甘振军主编:《中非教育交流与产能合作的现状和前景——“中非教育交流与产能合作国际研讨会”论文集》，上海社会科学院出版社 2018 年版，第 178—186 页。

中国曾经在恢复在关贸总协定的复关谈判旷日持久，直到2001年才正式加入世界贸易组织，属于典型的“迟到者”，但对于充分利用现有WTO多边国际贸易体制的态度非常积极，并且成效显著。非洲各国情况有所不同，虽然和中国同属发展中成员方，但相对于中国，非洲对于世界贸易多边体制的兴趣并不大。例如，在GATT/WTO争端解决机制的利用方面，非洲国家一直充当的是非常冷淡的“沉默者”的角色：一方面，多年来很少有非洲籍国家的专家积极参与到WTO专家组及上诉机构中来；另一方面，很少有非洲国家参与到WTO这个争端解决机制中去，其中只有南非、埃及以及毛里求斯等少数几个非洲国家参与进来。事实上，非洲国家普遍缺乏参与WTO争端解决机制的兴趣主要源于WTO争端解决机制的成本过于昂贵以及该机制缺乏针对非洲成员方利益和诉求的应有关切。尽管如此，随着加入WTO多边贸易体制的非洲国家数量越来越多以及中非经贸投资关系的进一步发展，特别是在中非合作论坛集体对话机制的推动下，我们完全有理由相信，中非利用WTO多边国际贸易体制以及在该体制内的合作都只会加强而非削弱。正如美国学者翁·基达尼（Won Kidane）所指出的，中国和大部分非洲国家受WTO《有关争端解决规则和程序的谅解》的约束。因此，从正式的角度来看，WTO争端解决机制对中非都是可资利用的。从非正式的角度来看，中非双方在一些宣言、谅解备忘录和行动计划里面，已经支持将仲裁作为他们争端解决的优先选择。①

对于中国企业而言，有关国际民商事及贸易方面的国际硬法公约以及国际软法规则或示范法规则都是在开展对非经贸投资活动中不可或缺的重要交易工具。例如，国际商会（ICC）推出的《国际贸易术语解释通则》《托收统一规则》《联合运输单证统一规则》《跟单信用证统一惯例》等，这些软法性质的国际商事经贸惯例对于中非企业都有着非常重要的参考价值，虽然这些国际商事或贸易规则虽然大多都非强制性的，但实际上已为世界各国普遍接受和认可。此外，国际统一私法协会（UNIDROIT）制定并被其成员外交大会采纳的有关国际贸易方面的公约及惯例包括有1964年《关于国际货物销售合同成立的统一法公约》、1964年《关于国际货物销售的统一法公约》、1970年《旅游合同国际公约》、1973年《国际票据格式统一法公约》、

① （美）翁·基达尼（Won Kidane）著，朱伟东译：《中非争议解决：仲裁的法律、经济和文化分析》，中国社会科学出版社2017年版，第117页。

1983 年《国际货物销售代理公约》、1988 年《融资租赁公约》、1988 年《国际保付代理公约》、1994 年《国际商事合同通则》等。联合国国际贸易法委员会（UNCITRAL）也参与起草了 1978 年《汉堡规则》、1991 年《联合国国际贸易运输港站经营人赔偿责任公约》、1985 年《UNCITRAL 国际商业仲裁示范法》《UNCITRAL 仲裁规则》以及《UNCITRAL 调解规则》等。当然，海牙国际私法会议（HCCH）也制定并通过了诸多有关国际民事和商事领域的法律适用、国际民事诉讼程序及司法合作等国际公约，诸如《承认与执行外国民商事判决公约》《关于向国外送达民事或商事司法文书和司法外文书公约》《国际司法救助公约》《跨国收养方面保护儿童及合作公约》《关于从国外调取民事或商事证据的公约》《国际诱拐儿童民事方面公约》《外国公文书取消认证公约》等。

结　论

自中华人民共和国成立以来，中非政治友好合作关系一直是中非关系中的基石。特别是进入新时代后，随着中非合作论坛集体对话机制的启动和实施，中非政治友好合作关系不断得到巩固和深入发展。一方面，中非政治友好合作关系的深入发展直接推动了中非经济合作关系的飞速发展。另一方面，在经济全球化的背景下，中非经济合作大环境的不断优化是 21 世纪中国企业开展对非经贸投资活动的不竭动力。2021 年 11 月 26 日，中国国务院新闻办公室发表的《新时代的中非合作》白皮书中指出，中非双方将以高质量共建“一带一路”为抓手，进一步推动共建“一带一路”合作倡议同非盟《2063 年议程》、联合国 2030 年可持续发展议程以及非洲各国发展战略深度对接，深化中非各领域务实合作，把“一带一路”建设成为中非之间的和平之路、繁荣之路、开放之路、绿色之路、创新之路和文明之路，共筑“新时代中非命运共同体”。[①] 2021 年 11 月 26 日，我国外交部非洲司司长吴鹏在国新办举行的《新时代的中非合作》白皮书新闻发布会上指出，截至目前，53 个同中国建交的非洲国家中，有 52 国以及非盟委员会已经同中国签署共建“一带一路”的合作文件，非洲成为参与“一带一路”合作

① 中华人民共和国国务院新闻办公室：《新时代的中非合作（2021 年 11 月）》，资料来源于：https：//www. fmprc. gov. cn/ziliao _ 674904/tytj _ 674911/zcwj _ 674915/202111/t20211126_ 10453869. shtml。

最重要的方向之一，我们几乎在非洲实现了“一带一路”合作的全覆盖。① 从现代经济学的角度而言，国家为了确保市场运行的有序性、稳定性和安全性，必然会依赖法治手段强化其对各市场交易主体行为的规制和监管。因此，现代市场经济的本质在某种意义上必然是一种法治经济。中非之间经济关系的快速发展必将进一步推动中非双方在法律层面的合作与发展。在这样的大背景下，我们有理由相信，中非在政府间合作层面为21世纪中国企业开展对非经贸投资活动搭建重要的国际法保障机制还有很大的发展空间。

---

① 中国外交部：《“一带一路”合作在非洲基本实现全覆盖》，资料来源于：http：//www. uobr. org/news/show. php？itemid =450。

中非绿色金融合作：意义、基础与机制*

方桂荣　李月霞　宋群力**

内容提要　中非十大合作计划、八大行动均明确提出要加强中非绿色领域合作，这是落实双方可持续发展战略的重要举措。金融作为现代经济的核心，可以通过对社会资源的有效配置来引导社会资金流向绿色产业，以此助力中非双方可持续发展目标的实现。绿色金融合作机制的构建，旨在为中非绿色领域合作搭建便捷高效的金融服务桥梁，是中非命运共同体在环保领域的重要体现，具有塑造中国投资的良好国家形象、培育负责任跨国投资金融机构、助力非洲实现绿色发展愿景和保证中非合作顺畅进行等现实意义。目前，中非绿色金融合作已经具备发展理念上的有力支撑和实践经验上的初步铺垫，未来在汲取双边、多边绿色金融国际合作经验的基础上，可以从协调性、市场化、预防性三个维度着力构建中非绿色金融合作机制。

关键词　中非合作　绿色金融　可持续发展　金融合作

引　言

绿色发展将是今后中非合作越来越重要的领域和方向。① 非洲国家大多

---

*　基金项目：2020 年国家社科基金重大项目“非洲国家和地区法律文本的翻译、研究与数据库建设”（项目编号：20&ZD181）

**　方桂荣，女，山东寿光人，浙江师范大学法政学院副教授，硕士生导师，博士，研究方向为经济法、非洲法；李月霞，女，河南周口人，浙江师范大学法政学院法学硕士研究生，研究方向为经济法；宋群力，男，浙江杭州人，浙江师范大学法政学院法学硕士研究生，研究方向为经济法。

①　陈阿龙：《非洲探索绿色发展路径的动因及优势》，《中国社会科学报》2021 年 3 月 8 日，第 7 版。

面临着落实联合国《2030年可持续发展议程》的紧迫任务，而我国在党的十八届三中全会上就明确将“绿色发展”作为五大发展理念之一，以引导实现经济、社会与环境的协调可持续发展。① 中国将这一发展经验与要求，直接应用于与非洲合作的各个领域，希望非洲国家不要走“先发展、后治理”的高成本老路。2015年12月4日，在中非合作论坛约翰内斯堡峰会上，习近平主席宣布的“中非十大合作计划”中就包含了“绿色发展合作计划”。然而，资金缺乏是非洲国家实现绿色发展目标的最大挑战。现有的研究数据表明，中国作为强大的资金来源国之一，对非洲国家绿色发展目标的实现发挥着极为重要的支持作用。② 中非绿色发展合作的持续推进，离不开绿色金融的大力发展。为此，生态环境部2017年5月发布的《“一带一路”生态环境合作规划》，明确提出了要大力推动中外绿色资金融通的任务要求。中国对非洲国家绿色发展领域的投融资，既要确保巨额资金的高效融通，又要防止“洗绿”风险的泛滥③，这就要求中非双方加强绿色金融合作，构建科学合理的发展机制，以有效激励与约束中非绿色投融资行为，真正服务助推“一带一路”绿色发展目标的实现。

一、中非绿色金融合作的现实意义

与传统金融不同，绿色金融以环境保护为基本出发点，将环境因素纳入投融资决策的全过程，以此保证中国对非投融资的绿色化以及所投项目的环保化，这对中非双方各自的可持续发展和彼此之间合作的推进具有多方面的积极意义。

（一）塑造中国投资的良好国家形象

正面的品牌形象代表着强大的国家软实力，可以减轻中国企业“走出去”的外界阻力和消解其他国家鼓吹的“中国威胁论”偏见④，提升中国

---

① 竺效，丁霖：《绿色发展理念与环境立法创新》，《法制与社会发展》2016年第2期。

② 叶芳：《中国对非直接投资对非洲国家实现2030可持续发展目标的影响》，《中国人口·资源与环境》2021年第4期。

③ 方桂荣：《论绿色金融监管的立法发展与制度构建》，《经贸法律评论》2020年第6期。

④ 郭毅：《国家形象对外传播中的概念混淆与实践误区》，《对外传播》2020年第3期。

在全球化背景下拓展国际市场、海外投资、海外移民和国际旅游等方面的竞争力。①“中国投资”与“中国制造”一样，都在很大程度上彰显着国家形象。鉴于巴黎协定和联合国可持续发展目标的要求，“一带一路”倡议下中国投资的绿色化具有重要意义，有利于树立环保健康的民族形象，使国家获得良好的国际声誉和更高的国际地位。近些年，中国对外投资持续快速增长，对全球环保与健康的福利增进贡献了巨大力量。但因为在矿产资源、基础设施、森林、农业等投资领域造成的生态环境破坏，也遭遇了国际社会的不良曝光和东道国的不满。世界银行、国际货币基金组织等国际金融机构经过调查分析提出，中资银行发放贷款时采用较低的环保标准，使其较西方竞争对手表现出明显优势。这一“优势”并非褒扬，相反却是以中立口吻表达的批评与谴责。根据2019—2020年非洲民意调查机构“非洲晴雨表”对中国形象的调查资料显示，过去五年时间里，非洲人对中国形象的认可度处于下降态势。② 因而加强中非绿色金融合作，密切跟踪彼此间的绿色金融发展态势，实时监测国际社会引导的舆情，及时纠正中方绿色金融服务弊病，积累绿色金融发展的制度经验，有利于提升中国在国际绿色发展和绿色金融领域的话语权。

（二）培育负责任的跨国投资机构

在投资活动中贯彻环境保护理念，培育负责任跨国投资机构。当前，为积极落实中非十大合作计划和八大行动，中国金融机构正加大对非洲的投资力度。但由于我国对外投资主要集中在能源、矿产等容易对环境造成影响的产业，因而在对非投资的过程中也产生了一系列的问题。如在主要由中国工商银行提供信贷融资服务建造的拉穆煤电站投资活动中，由于该项目未充分考虑电站对当地环境和居民生活的影响，没有充分地进行环境和社会风险评估，导致该项目受到肯尼亚环保组织的广泛关注，并发起了诉讼。最终法院认为该项目未尽到环境和社会的影响评估，撤销了项目许可证，认为需要重

① 关锋：《新中国成立以来我国国家形象建构》，《北京行政学院学报》2020年第2期。

② Josephine Appiah－Nyamekye Sanny and Edem Selormey，“Africans regard China’s influence as significant and positive，but slipping”，Afrobarometer Dispatch No. 407，November 17，2020。

新进行环境影响评估才能恢复电站的建设。① 个别中国金融机构欠缺责任意识的投资行为不仅会给投资银行带来负面影响，同时以牺牲环境为代价攫取经济利益也不符合我国金融机构长远发展目标。加强中非绿色金融合作，确保中国金融机构将环境保护理念贯彻到经营决策当中，严格要求中国金融机构在非洲开展投融资活动之前进行相应环境影响评价，做好项目的环境风险防范措施，通过对金融机构投资活动加以限制，确保投融资活动不会造成环境污染，做到负责任投资。②

（三）助力非洲绿色发展愿景

非洲作为发展中国家最集中的大陆，非洲各国在努力实现现代化的同时，也寄希望实现经济发展与环境保护的和谐共生。③ 2015 年非洲联盟在埃塞俄比亚首都亚的斯亚贝巴召开峰会并通过了作为“非洲愿景和行动计划”的《2063 年议程》，该份文件对非洲的日后发展提出了七大愿景，其中第一大愿景就是希望非洲能够实现包容性增长和可持续发展。绿色经济作为绿色发展的基础，在传统高消耗、高污染的粗放型发展模式难以为继的情况下，发展绿色经济就成为非洲各国破解环境资源瓶颈的必然选择。非洲各国通过引入绿色投资，引导资金流向，避免支持传统粗放型产业，转而将资金用于支持绿色环保产业发展，防止因为投资活动对非洲的环境造成污染。④ 对此，在中国发改委等部门联合发布的《推动共建丝绸之路经济带和 21 世纪海上丝绸之路的愿景与行动》中就指出，要强化基础设施绿色低碳化建设和运营管理，在投资活动中需要突出生态文明理念，加强在生态环境等领域的合作。中非双方通过深化绿色金融合作，中国向非洲各国分享绿色发展理念与实践，以此在资本供给端实现对绿色资本流向的有效引导⑤，最终助力实现非洲绿色健康发展愿景。

---

① 王晓军：《工商银行撤资，肯尼亚拉穆火电项目遭遇釜底抽薪》，资料来源于：https：//mbd. baidu. com/ma/s/wDawhnvv。

② 刘冰玉：《中国金融机构对非洲绿色信贷的发展、困境及应对》，《商业研究》2020 年第 10 期。

③ 于宏源：《浅析非洲的安全纽带威胁与中非合作》，《西亚非洲》2013 年第 6 期。

④ 李强，吴汉汶：《绿色卢旺达：历程、动因与经验》，《区域与全球发展》2021 年第 4 期。

⑤ 兰洋：《资本逻辑与中国绿色发展道路》，《求索》2017 年第 2 期。

（四）保证中非合作的顺畅持续推进

环境保护作为中非合作过程中所必须重视的问题之一①，中非通过绿色金融合作，可以消除非洲国家对投资项目污染环境的顾虑，确保双方合作的顺畅推进。当前，非洲国家正面临严峻的环境问题，环境问题愈发受到非洲国家的重视，非洲对外绿色壁垒和环境约束逐渐增强。因非洲应对环境问题的这一变化，对于一些环保意识仍不强烈的中国企业，难免会遭遇投资总量控制、投资许可限制甚至项目暂停的困境。② 为促进中非投资活动的顺利进行，需要清理可能会造成双方合作壁垒的影响因素，打消非洲国家对于环境问题的顾虑。而中非加强绿色金融合作，是保证投融资资本绿色化这一本源性的努力方向。③ 中非通过开展绿色金融合作，积极向东道国民众披露有关投资项目的环境影响情况，听取当地居民、环保组织的生态环保诉求，以此消除当地群众对投资项目的担心，获得当地群众对项目的支持。同时，绿色金融合作机制有利于信息共享，解决投资者信息不对称问题。由于投资者不能准确掌握东道国的环境风险问题，从而可能会阻碍投资者的投资行为。环境信息披露机制作为绿色金融合作重要组成部分，可以让投资企业及时准确掌握东道国生态环境等情况，解决信息不对称问题，为中国企业在非洲投资提供信心支持。

二、中非绿色金融合作的学理阐释

加强中非绿色金融合作不仅具有重要的现实意义，在学理上也具备强有力的理论支撑，阐释了中非绿色金融合作的时代性追求、责任性强化、主体性扩展等内在特征。

（一）中非命运共同体的应有之义

中非已经成为休戚与共的命运共同体。2013 年习近平主席在首次非洲出访中提出了中非命运共同体概念，其后，在 2018 年举行的中非合作论坛北京峰会上，习近平主席发表了题为《携手共命运 同心促发展》的主旨讲话，对中非命运共同体这一理念进行了深入阐释。中非命运共同体作为新时

---

① 周玉渊：《中非合作论坛 15 年：成就、挑战与展望》，《西亚非洲》2016 年第 1 期。

② 《中石油乍得项目因环保问题被叫停》，资料来源于：http：//news. sohu. com/20130815/n384199633. shtml。

③ 韩红梅：《金融服务助力中非产能合作》，《中国金融》2019 年第 12 期。

代背景下中非双方关系的真实写照，命运共同体理念对中非双方合作提出了多方面要求，其中就包括要求打造“和谐共生”的中非命运共同体。① 在此要求下，中国将重点加强与非洲环境保护领域的交流，在合作中积极践行绿色、低碳、循环、可持续的发展模式，加强生态环保流域交流合作。

中非绿色金融合作是中非和谐共生命运共同体应有之义。绿色发展是实现和谐共生中非命运共同体关键所在，也是中非双方合作未来发展趋势。② 绿色发展作为打造中非和谐共生命运共同体的重要举措，需要各方面的支持，具体到金融领域，就要求中非开展绿色金融合作。金融机构对生态环境最大的影响不是他们自身的生态足迹，而是在金融资源配置中的战略角色。金融作为现代经济的核心，可以通过其独特的杠杆作用和资源配置功能引导社会资金的流向，从而影响宏观调控政策的实施成效。③ 中非双方通过开展绿色金融合作，推进绿色金融体系的发展，通过金融手段优化社会资源配置，以有限的资本撬动更多的民间资本进入非洲绿色领域产业，培育新型环保产业和推动传统产业升级，解决绿色产业融资难的问题，助力实现中非和谐共生命运共同体。

（二）企业社会责任的内在要求

企业社会责任要求金融机构在日常经营活动中尽可能合理利用资源，减少对环境的破坏。④ 企业社会责任（CSR）最早由谢尔顿（Oliver Sheldon）提出，其内涵包括经济、环境和人权等多个方面。其中，环境责任要求企业在日常生产经营过程中，必须兼顾环境保护需要，以此促进经济、社会和自然的可持续发展。⑤ 金融机构作为市场主体的一员，在企业环境社会责任全球化运动中也不能置身事外⑥，须将绿色理念贯彻到自身经营决策当中，以

---

① 吴传华：《中非命运共同体：历史地位、典范作用与世界意义》，《西亚非洲》2020年第2期。

② 李霞，卢笛音，陈雅翔：《共筑绿色发展和谐共生的中非命运共同体》，《中国环境报》2018年9月7日，第3版。

③ 王兆星：《实施绿色金融战略促进绿色发展》，《人民日报》2012年5月15日，第6版。

④ 吴翊民：《企业社会责任与环境信息披露研究》，《上海经济研究》2009年第1期。

⑤ 郜金泰：《企业社会责任运动现状、内涵及功能分析》，《河北法学》2010年第1期。

⑥ 肖宏：《商业银行何以承担环境责任》，《环境责任》2007年第7期。

此落实企业环境责任要求。

中国金融机构企业环境责任的履行需要依托中非之间的绿色金融合作。相比一般生产企业而言，金融机构通过自身日常生产经营所减少的污染排放对整个社会而言微乎其微，但是金融机构所掌握的庞大社会资金调控会直接影响相关企业的经营政策，因而金融机构环境责任的履行更多是通过绿色信贷、绿色债券、绿色项目的股权融资等方式来实现。但金融机构绿色投融资业务的开展是建立在充分获取相关企业、项目环境信息的基础之上，因此获取相关企业、项目的环境信息就成为中国金融机构履行环境责任的前提。① 在中非双方绿色金融合作框架下，中国金融机构与东道国环保部门等相关机构之间建立信息联通机制，使得中国金融机构在开展业务活动时可以获取相关企业、项目的环境信息，避免将资金投入可能具有环境危害性的项目当中，以此实现自身的环境责任履行。

（三）相关者利益的本源关切

利益相关者理论认为企业是由相关利益共同者所组成并存在于一定的社会关系当中，企业的行为将对所有的利益相关者产生影响。企业的目标不应当仅仅是为追求股东利润最大化，而是为所有的利益相关者创造价值。② 企业利益相关者主要包括可能影响企业行为的主体或者可能会受到企业行为影响的主体。对于金融机构而言，金融机构的利益相关者除了股东之外，还应当包括企业和社会群体。③

根据利益相关者理论要求，金融机构应当确保其经营活动不会对企业和社会群体造成影响。对于金融机构而言，提供信贷融资的行为可能会对企业的生产行为产生影响，一旦因为没有履行相应的环境审查义务，使得资金流入到具有环境危害的项目当中，就可能会导致环境污染的发生，影响利益相关者利益。④ 为避免金融机构对利益相关者产生影响，世界各国政府开始规

---

① 余利丰，邓宣凯：《金融机构承担环境责任的内在逻辑与实施路径》，《商学研究》2020 年第 3 期。

② 齐建国，陈新力，张芳：《论生态文明建设下的生产者责任延伸》，《经济纵横》2016 年第 12 期。

③ 何德旭，张雪兰：《利益相关者治理与银行业的社会责任》，《金融研究》2009 年第 8 期。

④ 刘志云：《新发展理念与中国金融机构社会责任立法的互动》，《现代法学》2019 年第 2 期。

制金融机构的行为。[①] 例如，美国 1980 年通过的《超级基金法案》规定，在生产企业造成环境污染时，要求为生产企业提供融资服务的商业银行承担环境责任。一些非洲国家中，如南非，也规定金融机构应当对企业造成的环境损害承担责任。在中国金融机构对非洲投资愈加频繁的当下，中非之间如果没有一个具体明确的绿色金融合作方案，对于个别中国金融机构而言，其不负责任的投资行为就会导致在非洲国家的利益相关者利益遭受损失。为避免这一现象的发生，中非双方势必需要构建绿色金融合作机制，通过制定具体规则促进和规范中国金融机构在非洲国家的投资，加强对在非洲国家投资项目的环境风险防控，实现企业利益相关者共赢。

三、中非绿色金融合作的实践观照

中非绿色金融合作贵在实践，不仅为开拓进取准备基础条件，也为经验积累提供探索场域，逐渐将绿色金融理念深深植入中非合作的各个领域，让可持续发展和环境保护成为中非合作的新亮点，让绿色金融成为中非金融合作的新增长点。[②] 当前，中非之间的常规合作，为双方开展绿色金融合作达成了思想共识、架设了沟通平台，而初步的专项合作则有力证实了双方开展绿色金融合作的可操作性。

（一）中非绿色金融合作的共识达成

中非各方先后认识到发展绿色金融对于推进可持续发展的现实意义。中国早在 1995 年中国人民银行发布的《关于贯彻信贷政策与加强环境保护工作有关问题的通知》中，就提出金融部门需要将经济发展与生态环境保护相结合，促进二者协调发展，此后在《中国银监会关于印发绿色信贷指引的通知》等多个文件中也都要求发展绿色金融。非洲国家同样也着手发展绿色金融。在 2012 年举行的非洲环境部长第 14 次会议上，讨论了关于推动包容性绿色经济可持续发展议题，希望通过建立协调机制支持成员推动绿色经济。在 2016 年举行的第 22 届联合国气候变化大会会议上，非洲资本市场监管机构和交易所作出了“促进非洲绿色资本市场”的“马拉喀什誓言”，旨在通过在非洲建立绿色资本市场以促进可持续发展。

---

① 魏庆坡：《商业银行信贷法律规制的困境及其破解》，《法商研究》2021 年第 4 期。

② 万喆：《金融助推中非合作新高度》，《中国金融》2018 年第 17 期。

作为对未来绿色金融发展的规划，中非双方相继展开绿色金融的顶层设计。在2016年中国人民银行等多部门联合印发的《关于构建绿色金融体系的指导意见》文件中，就提出要大力发展各类绿色金融工具。国家绿色金融框架的发布和实施有助于提高投资者对绿色金融的认识，并支持相关主体进入市场。① 这标志着我国完整的绿色金融政策体系已经初步建立，在顶层设计层面为绿色金融发展奠定了坚实基础。对于非洲国家而言，尼日利亚在2018年12月制定了尼日利亚可持续金融路线图，为国家可持续金融奠定了坚实的基础。摩洛哥金融部门在2016年举办的第22届联合国气候变化大会会议上，提出金融业与可持续发展协调路线图，确保金融部门与可持续发展目标和气候变化承诺保持一致。2018年，毛里求斯制定了绿色金融路线图，次年，埃及金融监管机构发布了第一份年度可持续性报告，报告制定了路线图，要求引入经济、环境和社会责任政策。西非中央市场管理局同样也正在拟定绿色和社会债券框架。中非国家层面的发展规划设计为绿色金融市场建构提供了必要的政策指引。

此外，中非双方也陆续推出绿色金融产品发行细则。如在绿色债券方面，中国国家发展改革委办公厅于2015年发布了《绿色债券发行指引》，旨在鼓励绿色债券的发行。中国证监会于2017年印发了《关于支持绿色债券发展的指导意见》，要求引导证券市场进一步服务绿色产业健康发展。摩洛哥资本市场管理局（AMMC）在国际金融公司（IFC）的支持下于2016年11月发布了《绿色债券指南》，旨在促进在摩洛哥金融场所出现的绿色债券市场发展。2019年2月，肯尼亚资本市场管理局发布了绿色债券发行指南，以此指导国内绿色债券的发行。2018年6月，在证券交易所（FMDQ）、气候债券倡议（CBI）和非洲金融部门（FSD Africa）合作下，尼日利亚绿色债券市场发展计划（NGBMD）正式启动，旨在支持尼日利亚绿色债券市场发展。非洲国家首先启用了绿色债券产品，今后将逐步启用绿色信贷、绿色基金、绿色保险等金融产品，届时中非合作空间将更为宽广。

---

① Sustainable Banking Network (SBN), "Creating Green Bond Markets—Insights, Innovations, and Tools from Emerging Markets", available at https://openknowledge.worldbank.org/bitstream/handle/10986/30940/131405 - WP - SBN - Creating - Green - Bond - Markets - Report - 2018 - PUBLIC.pdf? sequence = 1&isAllowed = y, last visit: 4/3/2022.

（二）中非绿色金融合作的平台借助

中非合作论坛机制以及多项多边和双边合作文件的签署将中非合作从项目式的行动逐渐发展成为规范的制度化和可持续的中非合作发展战略。中非既有合作机制为双方开展绿色金融合作提供了良好沟通平台。当前，中非之间建立或共同加入了多个合作机制。中国与非洲的合作关系自20世纪90年代起进入快速发展阶段，并于2000年正式成立了中非合作论坛。中非合作论坛作为中非双方开展对话、进行合作的重要平台，标志着中非关系开始由政治主导型或经济主导型向政治、经济、社会、文化等全方位务实、理性合作关系的转变。① 中非之间不仅建立了合作机制，同时也共同加入了国际多边合作机制。“一带一路”作为中国为推动经济全球化深入发展而提出的国际区域经济合作新模式，截至2020年1月底，中国已同44个非洲国家签署了“一带一路”合作文件。

为促进资金融通，中非之间有关金融机构合作机制和融资平台也陆续建立。在金融合作机制方面，2018年9月5日，中非开发性金融论坛暨中非金融合作银行联合体在北京召开，中国国家开发银行等17家成员行在会上签署了《中非金融合作银联体成立协议》，标志着中国与非洲首个多边金融合作机制成立。中非银联体的成立，将密切加强中非金融同业之间信息交流与人员往来，搭建适应中非双方需要的投融资服务机制。2014年由中国推动成立了金砖国家新开发银行，新开发银行作为由包括南非在内的金砖国家成立的多边合作机制，旨在便利金砖国家间的相互结算和贷款业务，也将在中非金融合作中发挥重要作用。在融资平台方面，绿丝路基金、中非产能合作基金、中非发展基金、非洲共同增长基金等融资平台也相继设立。中非双方合作从综合性的中非合作论坛开始向更深层次的金融领域合作发展，这意味着中非之间的合作越来越紧密。但无论是中非合作论坛还是中非银联体，中非现有的合作机制都为双方开展金融合作提供了良好政策沟通平台，双方绿色金融合作可以依托于现有合作基础上进一步展开。

（三）中非绿色金融合作的专项探索

其一，积极开展绿色金融经验交流。2016年举行的G20峰会上，在中国的倡议下，中国与南非等G20集团成员国首次讨论了绿色金融议题，并

① 张忠祥，陶陶：《中非合作论坛20年：回顾与展望》，《西亚非洲》2020年第6期。

成立了绿色金融研究小组。2018 年 11 月，由清华大学国家金融研究院金融与发展研究中心等多个机构共同举办了“可持续金融政策框架国际研讨会”，会议吸引了来自包括非洲一些国家在内的 38 个国家的代表参加，会议上讨论了发展绿色金融产品等议题。在 2019 年 6 月召开的“构建非洲绿色金融体系”国际研讨会上，来自中国和非洲各国的专家分享了发展绿色金融的知识和经验，确定了在非洲发展绿色金融所面临的障碍，并讨论了对当地绿色分类、政策鼓励、环境信息披露和能力建设的需求。但是，中非之间关于绿色金融合作的沟通交流尚处于学术性研讨阶段，未来需要主管机构和部门加强专门性、实操性对接，建立起富有实效性的协调机制。

其二，积极推动绿色金融产品跨境发行。基于绿色信贷对于促进中资企业参与海外投资与建设具有重要意义，中国银行于 2016 年会同国内五家银行组成银团，为非洲某国家的水电站建设提供 40 余亿美元的融资支持。① 基于绿色债券的跨境发行可以实现绿色资本跨境融通，中非双方积极推动跨境发行绿色债券。自 2015 年金凤科技发行首单中资境外绿色债券以来，我国境外绿债市场保持稳定增长，发行主体包括政策性银行、商业银行、非金融企业等多个类型②，所融资本用于中非绿色合作项目。而一些非洲国家，如南非、尼日利亚、摩洛哥、肯尼亚和加纳等，已在发行绿色主权债券、推动绿色投资方面做出了一些尝试。如南非约翰内斯堡证交所（JSE）按照国际最佳实践制定了绿色债券上市要求，全球最大的绿色债券上市平台尼日利亚证券交易所与卢森堡证券交易所签署了谅解备忘录。虽然我国金融机构可以为非洲绿色项目提供融资服务支持，但未来仍需要解决中非绿色项目信息共享和绿色标准对接的问题。

其三，积极开展环境风险防范合作。2017 年 12 月，由中国等 8 个国家央行和监管机构联合发起成立的“央行与监管机构绿色金融合作网络”（NGFS），该论坛从最初的 8 个成员国家发展到现今包括摩洛哥等非洲国家在内的 36 个国家。作为一个以央行为监管机构的绿色金融网络，成员国金融机构可以分享与交流在开展环境风险分析方面的经验。该组织发布的

① 王光明：《中国银行“绿色金融”助力海外项目可持续发展》，《国际工程与劳务》2017 年第 4 期。

② 廖子怡，云祉婷：《2019 年中资主体境外发行绿色债券情况分析》，资料来源于：http：//iigf. cufe. edu. cn/info/1012/1065. htm。

2020年报告显示，目前环境风险分析在金融业的推广应用方面仍面临诸多阻碍，监管机构、金融机构、国际组织、第三方供应商等各界组织应加强合作，协力提升环境风险防范能力。①

四、中非绿色金融合作的机制构建

当前中非之间已经初步具备开展绿色金融合作的基础条件，但要保证合作的顺利进行，尚需配套系列专门性机制，其中协调性、市场化和防御性机制在当前阶段是尤为重要的。

(一) 中非绿色金融协调机制

中非统一绿色金融标准体系是双方开展绿色金融合作的重要前提。对绿色项目的不同认定直接关乎相关政策的设计和金融机构的经营决策。以绿色债券为例，当前国际上有关绿色债券的界定存在不同的标准，有国际资本市场协会出台的绿色债券原则、气候债券组织制定的气候债券标准，世界银行标准等，中国国内也存在着中国金融学会绿色金融专业委员会制定的《绿色债券支持项目目录》和国家发改委出台的《绿色债券发行指引》两种标准。中非之间不同的认定标准无疑会影响绿色金融合作的顺利开展，建议参与绿色投融资的中非国家及相关机构牵头，根据联合国“2030可持续发展目标”及“巴黎协定”，在充分吸收国际原则、标准的基础上，研究制定中非绿色投融资原则和环境风险管理指引②，逐步实现在统一的绿色金融标准体系下推进中非绿色金融合作。

在中非绿色金融协调机制框架设计方面，可以由中非银联体负责组织规划中非绿色金融协调机制。具体而言，中非银联体可以借鉴花旗银行下设的环境和社会风险政策审查委员会、汇丰银行和瑞惠实业银行的可持续发展部、兴业银行的可持续中心机构相关经验，设立绿色金融事业部，负责统一协调中非绿色金融发展事项。该部门通过与中国进出口银行、非洲开发银行、非洲金融公司、亚投行等金融机构绿色金融业务部门进行对接，在中非各自既有的一些绿色金融准则下，共同协商制定中非绿色金融实施规则。

---

① NGFS, “Overview of Environmental Risk Analysis by Financial Institutions”, available at https: //www. ngfs. net/sites/default/files/medias/documents/overview of environmental risk analysis by financial institutions. pdf, last visit: 3/2/2022。

② 中国工商银行与清华大学“绿色带路”项目联合课题组:《推动绿色“一带一路”发展的绿色金融政策研究》,《金融论坛》2019年第6期。

在绿色信贷政策方面，可以由中非绿色金融事业部会同中国进出口银行负责制定绿色信贷实施准则，为双方金融机构开展绿色信贷设定统一认定标准、资金使用规则和市场退出机制等。以资金使用规则为例，可以依据项目对环境的影响不同，将信贷项目分为鼓励类、允许类和限制类三种。金融机构通过审慎性调查，限制对不符合环境要求的项目提供融资。具体而言，对于鼓励类信贷，由于其符合环境保护要求，金融机构可以提供优惠贷款利率，开辟绿色金融快速审批通道；而对于允许类信贷而言，由于其可能对环境造成轻微影响，因而在正常信贷流程下，还需要对信贷项目提交环境整改方案；而针对可能造成重大环境影响的限制类信贷，则应采取不予信贷的措施，以此事先规避造成环境污染。

在绿色金融优惠政策方面，可以由中非绿色金融管理部门和非洲开发银行牵头，鼓励中非各国共同参与制定域内绿色金融优惠政策。由于绿色产业往往存在投资金额大、回报周期长的特点，因而势必需要通过优惠政策手段来引导相关主体积极践行绿色发展理念。① 中非双方不仅需要对本国区域内的绿色金融活动给予支持，还需要对跨境绿色金融投资活动给予相应项目融资、税收等方面的支持。在中非统一绿色金融标准基础上，辅之以优惠激励政策，为中非双方绿色金融活动开展提供便利，鼓励更多投资者加入跨境绿色投资活动。

（二）中非绿色金融市场合作机制

市场作为发展绿色金融不可或缺的要素②，中非绿色金融合作的落实离不开市场合作机制。当前，由于中非绿色金融起步较晚，尤其是非洲国家还存在着绿色金融基础设施薄弱、产品类型单一等问题，这将限制中非之间绿色金融发展。因此，中非绿色金融合作体系的构建，亟须完善配套市场合作机制。

首先，中非之间需要加强绿色金融基础设施建设。中非绿色金融政策的落实需要依托双方金融机构，因此中非之间可以通过互设金融机构分支机构的方式加强双方之间的业务往来，完善中非金融机构在境外的金融服务网

① 胡梅梅，邓超，唐莹：《绿色金融支持“两型”产业发展研究》，《经济地理》2014 年第 11 期。

② 赵以邗：《绿色金融的中国实践：意义、现状与问题》，《武汉金融》2018 年第 2 期。

络。针对绿色金融服务有别于传统金融服务的特点，中非金融机构可以针对绿色金融业务设立专门事业部，从组织结构、信息披露等方面提升开展绿色金融业务能力，以此为市场主体提供绿色金融咨询、融资等专门服务。此外，还应当扩大中非双边本币跨境结算渠道，进一步推进人民币离岸市场的发展，以此形成中非有效绿色金融纽带。

其次，中非之间需要完善绿色金融相关服务机构建设，绿色金融业务需要以配套的绿色金融服务作为支撑。借助绿色金融服务对金融机构而言，能够降低获取企业、项目环境信息成本，有效甄别是否属于绿色项目；对企业而言，能够及时、准确向金融机构提供自身环境信息，获取资金。因而，应当加快培育和发展第三方认证机构、环境风险评估机构等专业性中介服务机构，同时引导专业服务机构（信用评级、资产评估等服务公司）开展绿色金融相关业务。以第三方独立审查机制为例，第三方独立审查机制正在成为绿色信贷、绿色债券标准的普遍做法，经验丰富的外部审查可以规避项目的“绿色清洗”风险，并为投资者收益提供保证。例如借助绿色债券的第三方认证机构，可以对绿色债券的募集资金用途、项目运作等进行专业评估认证，确保募集资金真正投入到绿色项目当中，很大程度上提高了绿色债券的公信力。① 而通过环境风险评价制度，在当前中非金融机构尚不具备绿色金融风险审查能力情况下，可以帮助金融机构准确识别和评估相关项目的环境风险，以此作为是否提供融资的重要依据。

再次，中非之间需要加强绿色金融产品研发创新。一个成熟的绿色金融体系应当包含多样化的绿色金融工具，需将金融创新与发展绿色金融有机结合起来。② 当前市场中存在的绿色金融产品往往是面向于大型项目，存在较高的资金要求，缺乏多样化设计。而中非双方绿色金融的发展离不开双方民间资本的参与，因而需要创新设计面向社会不同群体的多元化绿色金融产品，弥补金融产品单一化的缺陷，引导一些具有环保意识的消费者参与进来。此外，由于绿色项目相比传统项目而言，往往更加依赖于长期融资，因

① 王遥，曹畅：《中国绿色债券第三方认证的现状与前景》，《环境保护》2016 年第 44 期。

② 喻奇：《“一带一路”战略下的绿色金融体系如何构建》，《时代金融》2016 年第 3 期。

而绿色项目面临的期限错配问题也更加严重。① 通过绿色金融产品创新的方式可以应对期限错配所带来的挑战，通过积极开发如绿色债券、以未来绿色项目收益为抵押的信贷业务等创新绿色金融产品为绿色产业发展提供灵活多样的融资渠道。

（三）中非绿色金融风险防范机制

中非绿色金融合作的可持续发展，需要以绿色金融风险防范机制作保障。由于绿色产业属于依赖资金和技术密集型产业，这就使得为其提供融资服务的金融机构不仅需要具备开展绿色金融业务能力，同时也需要具备风险评估能力。这可以从信息共享、风险监控和风险防范三个方面着手解决。

首先，准确的环境信息对于金融机构将环境因素纳入风险评估和投融资决策而言至关重要，可以由中非银联体下设的绿色金融事业部联合中非双方相关部门共同建立一个信息共享平台。由于金融风险的发生往往是由多种因素所共同导致②，而不同部门的数据管理呈割据状态（例如环境保护部门的数据尚未与金融机构共享），因而需构建一个跨部门信息共享机制，以此推进环保信息共享，加强不同部门之间的统筹合作。具体而言，中非信息共享平台的搭建需要有双方金融机构、环境部门、司法部门和第三方中介服务机构参与。其中，金融机构负责上传绿色金融产品认证标准企业项目融资等信息；环境部门负责上传东道国的政策标准、相关企业环境违法违规记录以及污染物是否达标排放等信息；司法部门负责上传与环境、金融有关的法律法规；第三方中介服务机构则负责提供绿色信用评级、环境风险评估等信息。健全的环境信息披露有助于引导更多的资金进入绿色产业，提升市场透明度。中非绿色金融事业部通过将上述信息进行汇总处理，使得相关金融机构在从事信贷融资活动时可以及时了解东道国环境保护的行业标准以及违法违规处置等情况，充分评估项目的环境风险，以此避免绿色金融风险发生。

其次，通过与国际金融机构积极开展合作交流，提升绿色金融风险监管能力。中非金融机构通过与国际金融机构开展环境风险经验交流，有针对性地吸收先进风险管控经验，大力开展研究环境因素对金融风险的量化评估方

---

① 王康仕，孙旭然，王凤荣：《绿色金融发展、债务期限结构与绿色企业投资》，《金融论坛》2019 年第 7 期。

② 张凌，倪国爱：《经济增速下行条件下金融风险预警与金融稳定性研究》，《理论探讨》2016 年第 1 期。

法，提高自身应对环境因素对金融风险的处理能力。在绿色信贷领域，如可以借鉴花旗银行的环境与社会风险管理体系（ESRM），将信贷流程分为环境风险评估、内部控制系统和风险预警机制三个阶段。在环境风险评估阶段，中非金融机构根据项目环境与社会风险的不同，可以将绿色信贷业务分为三种类型，对于不同类型的信贷业务采用不同的审批程序。在内部控制系统方面，对信贷业务可以由业务经理和内控经理分别进行评估，业务经理仅对项目盈利信息进行分析；而内控经理则对环境风险进行分析。而在风险预警机制方面，可以增加环境因素占整个风险预警体系中比重。① 此外，英国渣打银行的风险管理矩阵、日本瑞惠银行的环境检查清单等也都有借鉴意义。

在中非绿色金融风险防范方面，可以从国家和金融机构两个层面着手解决。② 在国家层面，中非之间可以通过签署绿色金融合作协议，以此确保中非绿色金融政策的统一性和稳定性；还可以通过进一步深化双方之间的货币互换合作，将绿色金融风险纳入中非双方之间的货币互换协议当中，以此防止汇率风险对中非绿色金融开展造成影响。在金融机构层面，则可以从风险补偿机制路径防范绿色金融风险。中非金融机构通过共同设立绿色项目风险补偿基金，以抵御绿色金融风险。同时，加强双方之间的保险机构合作，积极引导和鼓励双方之间的保险机构积极加入中非绿色金融建设中，充分发挥保险行业的补偿作用。

结　语

生态环境质量和可持续发展是影响中非命运共同体构建的重要因素。在当前中非双方都面临严峻环境压力的背景下，寻求经济发展和环境保护共赢的平衡点是中非合作的努力方向。“中国愿同非洲一道，倡导绿色、低碳、循环、可持续的发展方式，共同保护青山绿水和万物生灵”绿色金融是实现中非可持续发展的重要抓手，也是构建和谐共生的中非命运共同体所必需的金融工具。未来，中非双方应继续保持关于发展绿色金融的基本共识，积

① 马秋君，刘文娟：《基于绿色信贷的我国商业银行环境风险管理体系研究》，《中国人口·资源与环境》2013 年第 S2 期。

② 安同信，侯效敏，杨杨：《中国绿色金融发展的理论内涵与实现路径研究》，《东岳论丛》2017 年第 6 期。

极发挥彼此之间现有合作机制的作用，同时尝试从金融协调机制、市场合作机制和风险预警、防范机制三个维度来构建新的绿色金融合作机制体系，将有望早日实现推进双方投融资绿色化和高效化的目标。

中非共建“一带一路”的历史进程与阶段特征*

张小虎　李明明**

内容提要　“一带一路”倡议提出已近十年，其间非洲始终积极参与共建“一带一路”，从倡议在非洲的先行先试，到正式纳入建设框架，再到倡议与非洲发展战略的积极对接，在各阶段的中非合作实践中展现出鲜明的特征。当前，中非共建“一带一路”已进入高质量发展阶段，53个同中国建交的非洲国家中，有52国以及非盟委员会已经同中国签署了共建“一带一路”的合作文件，非洲成了参与“一带一路”合作最重要的方向之一。

关键词　中非合作　“一带一路”倡议　历史进程　阶段特征

引　言

2013年9月和10月，习近平主席在访问中亚和东南亚国家期间，先后提出了建设“丝绸之路经济带”和“21世纪海上丝绸之路”的倡议，2013年成为“一带一路”倡议正式提出的一年。① 由此，“丝绸之路经济带”涵盖了东南亚和东北亚经济的整合，并最终融合通向欧洲，形成欧亚大陆经济整合的大趋势。“21世纪海上丝绸之路经济带”从海上联通欧亚非三个大陆

* 基金项目：2019年湖南省哲学社会科学基金项目“湖南－非洲经贸合作的法律风险防控研究”（项目编号：19YBA318）。

** 张小虎，男，湖南衡阳人，法学博士，湘潭大学法学院副教授、博士生导师，国际交流学院副院长，中国－非洲经贸法律研究院副院长。李明明，湖南祁阳人，湘潭大学法学院法学硕士研究生，研究方向为法律史。

① 赵晨光，《从先行先试到战略对接：论“一带一路”在非洲的推进》，《国际论坛》2017年第19期。

和丝绸之路经济带形成一个海上、陆地的闭环。① 随后，经过两年的酝酿规划，2015 年 3 月 28 日，国家发展改革委、外交部、商务部联合发布了《推动共建“丝绸之路经济带”和“21 世纪海上丝绸之路”的愿景与行动》。②至此，“一带一路”倡议由初期规划正式转向全面推进阶段，建设目标蓝图更加清晰。在此过程中，非洲作为古代海上丝绸之路的终点，在“一带一路”倡议中的定位也逐渐明确。

一、2013—2015 年：中非合作即将纳入“一带一路”倡议的先行阶段

作为“一带一路”倡议的初期规划阶段，该时期并未出台明确的非洲参与“一带一路”建设方案，也未将中非合作纳入倡议的具体内容之中。2015 年 3 月，中国政府发布《推动“共建丝绸之路经济带”和“21 世纪海上丝绸之路”的愿景与行动》文件，标志着“一带一路”倡议的全面推进，而作为古代丝绸之路终点的非洲并未在这份标志性文件中得到明确的定位。但是，相比“一带一路”倡议，中非合作的基本框架已在 2000 年开始的中非合作论坛上逐步形成。同时 2013 年以来，习近平主席先后提出了中非关系的“真、实、亲、诚”方针、“正确义利观”原则、“中非命运共同体”等宗旨；李克强总理参与推动了中非合作“461”框架、非洲“三网一化”建设；《中非合作论坛—北京行动计划（2013—2015 年）》也为下一阶段中非合作指明了方向。至此，我国已经制定了较为清晰的中非合作发展规划，这些规划与“一带一路”倡议的基本宗旨和目标有着极强的一致性，也为倡议在非洲的落地推进积累了前期经验。据此，学界通说认为本阶段“可以看作中非共建‘一带一路’的‘先行试验’”。

第一，2013 年习近平主席阐述新形势下“真、实、亲、诚”的中非关系理念，并接连提出了“正确义利观”原则、“中非命运共同体”宗旨等指导思想，这些理论构筑了新时期中非合作的根基，为非洲参与“一带一路”提供了根本指导思想。2013 年 3 月，习近平主席在坦桑尼亚访问时发表了题为《永远做可靠朋友和真诚伙伴》的演讲，全面阐述了新时期中非共谋

---

① 王义桅：《中欧在海上丝绸之路合作的分析》，《国际援助》2015 年第 2 期。

② 甄文东：《“一带一路”背景下中国农业国际话语权提升的能力分析》，《农业经济》2020 年第 2 期。

和平、同促发展的政策主张，强调中国真、实、亲、诚对待非洲。[①] 重视中非传统友好关系并尊重非洲国家主权尊严，始终守信重义落实对非援助，以“真”对待非洲朋友；把中非自身发展紧密结合，积极扩大并落实各项投融资合作和人文交流，以“实”开展中非合作；不断加强中非人民之间的情感交流，培养中非有志青年永葆活力，以“亲”加强中非友好；坚定支持非洲联合自强，推动非洲和平发展，秉承相互尊重合作共赢的精神，以“诚”解决合作问题。因此，“真、实、亲、诚”的交往原则为新时期中非关系指明了方向，促使中非合作迎来了历史最佳时期。“新形势下，中非关系的重要性不是降低了而是提高了，双方共同利益不是减少了而是增多了，中方发展对非关系的力度不会削弱、只会加强。”同时，“真、实、亲、诚”的四字箴言也成为中非合作与非洲参与“一带一路”建设的基石。

第二，2014 年李克强总理提出中非合作“461”框架，打造中非关系升级版，为非洲参与“一带一路”提供了政策支持和宏观目标。2014 年 5 月，李克强总理访问了埃塞俄比亚、非盟总部、尼日利亚、安哥拉、肯尼亚，并参加了尼日利亚首都阿布贾举行的第 24 届世界经济论坛非洲峰会全会。[②] 其间，李克强总理尤为强调“互利共赢”的中非合作理念，认为非洲振兴的关键在发展工业，支持合适的中国劳动密集型产业优先向非洲转移。随后全面提出了“461”中非合作框架，即“四项原则、六大工程、一个论坛”合作框架，在坚持平等相待、团结互信、包容发展、创新合作四项原则的基础上，推进产业合作、金融合作、减贫合作、生态环保合作、人文交流合作、和平安全合作六大工程，完善中非合作论坛这一重要平台。还推出包含高速铁路、高速公路和区域航空三大网络的中非合作具体内容，打造中非合作升级版，携手共创中非关系发展更加美好的未来。该框架解决了未来中非合作以及非洲经济发展的路径问题，确立了以投资合作为重点的发展方向，与传统的对非贸易和工程承包形成三头并进的局面。通过投资，将给非洲民众带去资金、技术、管理、经验、税收和就业，增强非洲自我发展能力，实现非洲国家工业化。同时，“461”中非合作框架将民生关怀贯穿始终。中方与非盟发表《加强中非减贫合作纲要》，承诺加强中非卫生医疗与农业合作。可见，“461”中非合作框架既是习近平主席 2013 年提出中国对非政策

① 李新烽：《中非友谊的基石：真、实、亲、诚》，《求是》2013 年第 9 期。

② 张利娟：《中非经贸打造“升级版”》，《中国报道》2014 年第 6 期。

“真、实、亲、诚”四字箴言的具体落实，也是“一带一路”倡议有关政策沟通、设施联通、贸易畅通、资金融通、民心相通理念思想在中非合作升级版中的早期体现。

第三，2015 年签署《中非“三网一化”建设谅解备忘录》是“一带一路”倡议中设施联通的非洲先行试验版。2014 年 5 月，李克强总理访问非盟总部，提出中国将继续把基础设施建设放在对非合作的重要位置，与非洲合作打造高速铁路网络、高速公路网络和区域航空网络，并推动基础设施工业化，即在“三网一化”领域展开合作，中方愿为此提供金融、人员、技术支持。于是，2015 年 1 月中国与非盟签署共同推动非洲交通和基础设施“三网一化”的合作谅解备忘录。时任非盟委员会主席德拉米尼·祖玛和中国政府特使、外交部副部长张明在备忘录上签字。在中非共建“三网一化”合作方面，双方优势互补。基于双方传统友好合作和积极合作的意愿，非洲崛起将对基础设施和工业化有巨大需求；中国则在高速铁路、高速公路和航空工业，以及工业化发展方面有着足够的能力和丰富的经验技术。因此，“三网一化”合作的框架谅解备忘录高度契合双方现实发展需求，与“非洲 2063 年愿景”及其第一个十年发展计划高度一致，既是“一带一路”倡议有关基础设施互联互通在非洲的先行试验，也是中非发展战略的现实对接，更是中国梦与非洲梦的完美结合。

可见，在 2013 年至 2015 年之间，“一带一路”倡议的目标和规划逐渐清晰。与此同时，中非合作进入全面升级阶段，从 2013 年习近平主席提出中非关系“真、实、亲、诚”四字箴言的指导方针，为构建更加紧密的中非命运共同体作出指引，到 2014 年李克强总理提出中非合作“461”框架，将“四字箴言”指导方针具体化，为新时期中非友好合作明确了基本准则和具体措施，再是 2015 年中非“三网一化”建设谅解备忘录的签署，使有关部门、企业在对非投资合作项目上有了更加明确的内容指引和建设重点。至此，非洲在参与“一带一路”倡议第一阶段的进程中已经具备明确的指导思想、发展定位和主要目标。倡议涉及的政策沟通、设施联通、贸易畅通、资金融通、民心相通的思想理念，已经在新时期中非合作中逐渐显现，也为中非共建“一带一路”相关文件的颁布提供理论和实践支撑。虽然，非洲并未在本阶段被纳入“一带一路”倡议的文件中，但在实践上，得益于中非合作理论的“先行试验”及其与“非洲 2063 年愿景”的结合，并在“真、实、亲、诚”的中非关系真谛、中非合作“461”框架，及“三网一化”建设谅解备忘录的步步升华下，新时期中非关系得到全面发展，一系列项目的良好合作，为非洲参与“一带一路”奠定了基础。

于是，非盟第25届首脑会议上明确将中非合作重点放在促进非洲工业化、建立和完善卫生防疫体系，以及维护非洲和平安全三大领域，并由此带来了一系列合作成果。在东非，连接埃塞俄比亚首都亚的斯亚贝巴和东非最大港口吉布提港，全长752.7公里的“埃塞俄比亚－吉布提标准轨距铁路（亚吉铁路）”于2016年10月5日正式建成通车（货运业务），在2018年1月开始商业运营，它是非洲第一条全线采用中国电气化铁路标准施工的现代电气化铁路，既是中国第一条全产业链“走出去”的铁路，也是“三网一化”建设的首要成就之一；在肯尼亚，连接首都内罗毕至东部港口蒙巴萨，全长480公里的“蒙巴萨－内罗毕标轨铁路（蒙内铁路）”于2014年9月正式开工，在2017年5月提前半年正式完工，这条中国标准的标轨铁路，是肯尼亚独立以来的最大基础设施建设项目，也是肯尼亚实现2030年国家发展愿景的“旗舰工程”，同样是非洲“三网一化”合作的标志性工程；[①]此外，在埃塞俄比亚，由中国中铁公司承建、深圳地铁集团提供运营管理服务的亚的斯亚贝巴轻轨正式开通运营；在安哥拉，一条由中国公司施工的铁路项目在2015年初完工；在尼日利亚，2014年中国已经与该国企业就沿海铁路建设签署了有关文件。可见，在中非关系“真、实、亲、诚”理念和中非合作“461”框架下，“三网一化”建设作为“一带一路”倡议在非洲的“先行试验”，促使了中非产能合作的全面升级。越来越多的中国企业家在双方政策沟通和设施联通的政策支持下，赴非寻求合作。

综上可知，为解除工业化发展缓慢和基础设施落后的两大瓶颈，三网一化不仅满足了非洲的现实需求，其也为中非产能合作对接提供动力。“它有助于改善非洲基础设施建设落后状况；加快非洲工业化进程并改善其贸易结构，促进国际收支平衡；促进非洲人口就业；加速非洲国家产业资本积累；提升非洲各国技术水平。[②]据此，作为“一带一路”倡议在非洲开展基础设施互联互通建设的“先行试验”，在2015年非洲制定《2063年议程》及其

---

① 刘振营：《肯尼亚160t铁路救援起重机现场组装工法研究》，《机械工程师》2020年第4期。

② 黄梅波，张晓倩：《中非产能合作推动非洲“三网一化建设”》，《国际工程与劳务》2016年第4期。

第一个十年规划，全面开启工业化和现代化进程之际，中国政府提出助力非洲发展“三网一化”，可谓之“雪中送炭之举”。① 基于2013年至2015年中非合作在指导思想、具体目标、重点领域的突出表现，即使“一带一路”文件中未提及非洲，非洲各国的参与度和中非合作的契合度同样让国内外专家学者认识到“一带一路”与非洲具有天然的结合性。于是2015年3月，前世行副行长、北京大学林毅夫教授率先指出：“一带一路”需要加上“一洲”，因为在历史以及地缘上，“海上丝绸之路”本就包含非洲，而将基础设施建设作为重心的“一带一路”必将促进中国劳动密集型产业转移到非洲，发挥非洲劳动力资源优势，形成产业转移为主、基础设施建设为辅的两个支撑点，所以非洲是“一带一路”不可或缺的参与者。2015年5月，时任中国外交部非洲司司长林松添称，非洲是“海上丝绸之路”的延伸，把非洲纳入“一带一路”的宏伟构想当中，是“一带一路”倡议的重要方向，他认为“一带一路”未来肯定要延伸到非洲，但在还没有延伸到的时候，不能等待，而要破土动工。此外，首位中国政府非洲事务特别代表刘贵今大使也认为，中国在非洲已经做了本质上属于“一带一路”的事情。他将“三网一化”比作非洲版的“一带一路”，尽管非洲没有被正式纳入“一带一路”范围内，但已间接受益，甚至可以说非洲走在“一带一路”前面。而中国在“一带一路”官方文件中没有将非洲列入，是为了避免外界特别是阴谋论者关于地缘政治的疑虑和猜忌。②

二、2015—2018年：中非合作正式纳入“一带一路”建设框架的阶段

2015年12月至2018年8月，非洲参与“一带一路”倡议的意愿越来越强烈，中非产能合作顺利开展，更多基础设施建设和投资成果逐步落地，在“一带一路”建设框架中，中非合作的因素日益显著。2015年底，中国政府时隔九年，发布了第二份《中国对非洲政策文件》，全面阐述了新时代下对非洲政策的新理念、新主张、新举措。虽然仍未明确提及“一带一路”与中非合作的结合，但二者的关系在文件中逐渐明朗。终于，在2015年12月，《中非合作论坛约翰内斯堡峰会宣言》《中非合作论坛约翰内斯堡行动

① 江岸：《雪中送炭之举》，《人民日报》2015年12月4日，第22版。

② 刘贵今：《理性认识对中非关系的若干质疑》，《西亚非洲》2015年第1期。

计划（2016—2018年）》的颁布，成为中国第一份明确提及“一带一路”倡议的涉非官方文件。随后，在2017年5月，在首届“一带一路”国际合作高峰论坛召开前夕，中国政府向世界发布的《共建“一带一路”：理念、实践与中国的贡献》中再次明确地将非洲纳入“一带一路”倡议中进来。至此，鉴于中非合作的良好规划和现实成绩，以及非洲各国的积极参与，中非合作被正式纳入“一带一路”建设框架，合作进入全新阶段。

第一，2015年12月4日，在中非合作论坛约翰内斯堡峰会召开之际，中国政府发布了继2006年之后的第二份《中国对非洲政策文件》。虽然该文件未明文提及“一带一路”倡议与非洲间的发展结合，但依然具有重要的导向性意义。其不仅为非洲参加“一带一路”探索了合作方向，也为随后发布的首份明确将二者结合的官方文件的制定奠定了基础。文件旨在进一步明确中国致力于发展对非友好合作关系的坚定决心和良好意愿，全面阐述新形势下中国对非洲政策新理念、新主张、新举措，以指导今后一段时期中非各领域交流与合作。文件建立和发展了中非全面战略合作伙伴关系，巩固和夯实中非命运共同体，要求中非合作坚持正确义利观，践行“真、实、亲、诚”对非工作方针，明确了中国与非洲区域组织关系，以及中非合作论坛机制建设及其后续行动，提出了推动中非合作全面发展的七大方面具体内容。其中，助推非洲工业化和农业现代化，全面参与非洲基础设施建设并加强金融合作，促进中非贸易与投资便利化，深化资源能源合作、拓展海洋经济合作等内容，与“一带一路”所提倡的“五通”目标几乎完全吻合。同时，持续加强对非发展援助和能力建设，分享和推广减贫经验，加强科技合作与知识共享等，也是“一带一路”倡议“共商共建共享”原则的体现。因此，新的《中国对非洲政策文件》为中非合作正式对接“一带一路”做好了充分的准备。

第二，2015年《中非合作论坛约翰内斯堡峰会宣言》和《中非合作论坛－约翰内斯堡行动计划（2016—2018年）》成为我国首次在“一带一路”倡议中的涉非文件，至此非洲正式加入共建“一带一路”倡议的官方文件中来。2015年12月5日，中非合作论坛约翰内斯堡峰会暨第六届部长级会议在南非召开，会议形成了两份重要成果文件，即《中非合作论坛约翰内斯堡峰会宣言》和《中非合作论坛－约翰内斯堡行动计划（2016—2018年）》。《中非合作论坛约翰内斯堡峰会宣言》提及的“坚持弘义融利，促进共同发展”部分要求，积极探讨了中方建设“丝绸之路经济带”和“21世纪海上丝绸之路”倡议与非洲经济一体化和实现可持续发展的对接，为促进共同发展、实现共同梦想寻找更多机遇。《中非合作论坛－约翰内斯堡行动计划（2016—2018 年）》的“海洋经济”部分表明，非方欢迎中方推进“21 世纪海上丝绸之路”，并将非洲大陆包含在内，双方将推进蓝色经济互利合作。① 可见，两份成果文件系中国政府首次在涉非官方文件中提及“一带一路”倡议，虽然并未明确具体进程与合作方式，但第一次提出了“一带一路”倡议与非洲经济一体化和可持续发展的对接，并且在海洋经济合作中促进“21 世纪海上丝绸之路”在非洲的推进。综上，相比《中国对非洲政策文件》，这两份文件对“一带一路”倡议均有提及，将促进非洲参与共建“一带一路”上升至新台阶。

第三，2017 年《共建“一带一路”：理念、实践与中国的贡献》再次明确了非洲在“一带一路”倡议中的重要位置，并首次将中非合作纳入“一带一路”框架。2017 年 5 月，为了迎接首届“一带一路”国际合作高峰论坛，增进国际社会对共建“一带一路”倡议的深刻理解、展现“一带一路”建设的丰富成果、提升各国的战略互信与对话合作，中国推进“一带一路”建设工作领导小组办公室发布了《共建“一带一路”：理念、实践与中国的贡献》。文件鲜明地指出非洲是共建“一带一路”的关键伙伴。中非之间有着深厚的传统友谊，多边关系密切。非洲部分地区曾经是“海上丝绸之路”的重要区域，经济繁荣、社会安定、文化发达。长期以来，中国从非洲各国的根本利益出发，为非洲经济社会发展作出了积极贡献。共建“一带一路”倡议，为中非互利合作开辟了更为广阔的空间，并进一步将亚欧大陆和非洲紧紧联系在一起，促进亚、欧、非携手发展。文件还将前一阶段中形成了中非基础设施建设合作的重要成果纳入“一带一路”倡议中来，认为非洲第一条跨国电气化铁路——“埃塞俄比亚的斯亚贝巴－吉布提铁路”的建成通车是“一带一路”倡议在非洲推动项目建设的重要成果；认为长期派遣援外医疗队赴非洲开展医疗救助、向受到“厄尔尼诺”影响遭受严重旱灾的非洲国家提供紧急粮食援助等都是“一带一路”倡议下中国对非救灾、援助和减贫的重要体现。至此，中非合作正式被并入“一带一路”倡议之中，非洲也被认为是倡议推进的关键伙伴。

本阶段中，“一带一路”与中非合作具备了明确的官方文件表述，非洲

① 徐国庆：《中国对非援助再析》，《晋阳学刊》2020 年第 1 期。

国家更加积极地参与合作，通过与中国政府签署了大量的经贸合作协议，倡议逐步与非洲各国的具体发展战略相对接。例如，在2017年召开的首届“一带一路”国际合作高峰论坛上，肯尼亚、埃塞俄比亚政府与中国政府签署系列经贸合作协议，包括，《基础设施融资合作协议》《内陆集装箱港堆场项目贷款协议》《能源领域合作备忘录》……一份份文件展示了中非携手发展的决心。[①] 所以，与“一带一路”倡议规划初期非洲模糊的定位相比，2016年以来非洲在“一带一路”倡议的地位日益明确。[②] 各方对中非共建“一带一路”的思路与定位逐渐清晰。2016年8月，时任外交部非洲司司长林松添就指出，非洲是“一带一路”建设的重要方向和落脚点。[③] 2017年1月，外交部部长王毅在新年访非时表示，非洲大陆历史上就是古代海上丝绸之路的组成部分，是海上丝路向西到达的最远端和重要目的地。非洲各国愿意参与“一带一路”建设，我们当然表示欢迎，中国与非洲国家尤其是非洲东海岸国家就“一带一路”建设进行对接和探讨，取得了积极进展。最终，在2017年5月首届“一带一路”国际合作高峰论坛召开之际发布的《共建“一带一路”：理念、实践与中国的贡献》中进一步明确地指出了非洲是共建“一带一路”的关键伙伴。至此，从东非开始，非洲正式参与到“一带一路”倡议之中。

三、2018—2021年：中非共建“一带一路”与主要发展战略对接阶段

2018年8月，推进“一带一路”建设工作5周年座谈会召开是“一带一路”倡议推进过程中的关键会议，本次会议总结了倡议实施五年来的成绩，为下一阶段的发展制定了明确目标，由此“一带一路”正式进入绘制“工笔画”的新阶段。此后，非洲国家开始积极参与“一带一路”倡议，倡议也与非洲国家紧密对接。2018年9月，中非合作论坛北京峰会的召开及其两份重要文件的发布使得中非之间达成高度共识。此背景下，“一带一

---

① 王新萍，肖新新：《一带一路建设开辟中非合作新天地（共商共建共享·一带一路倡议五周年）》，《人民日报》2018年8月30日，第3版。

② 王学军：《非洲发展态势与中非共建“一带一路”》，《国际问题研究》2019年第2期。

③ 杨郁卉：《非洲是建设“一带一路”的重要方向和落脚点——访外交部非洲司司长林松添》，《天津日报》2016年8月29日，第9版。

路”倡议将与联合国2030年可持续发展议程、非盟《2063年议程》和非洲各国发展战略紧密对接，倡议的发展进入了同国别、区域和世界的全面结合阶段。在2019年4月第二届“一带一路”国际合作高峰论坛上，非洲被认为是“一带一路”建设的历史和自然延伸，是“一带一路”国际合作不可或缺的组成部分。在政策文件和合作实践的推动下，中非共建“一带一路”在本阶段中有了飞速发展，仅在中非合作论坛北京峰会期间，就有28个非洲国家签署了“一带一路”合作备忘录。截至2020年1月，共有44个非洲国家和非盟委员会加入了“一带一路”大家庭，占倡议合作备忘录签署国的30%，成为共建“一带一路”倡议中的中坚力量。①

第一，2018年8月27日，推进“一带一路”建设工作5周年座谈会召开，中非共建“一带一路”由此进入绘制“工笔画”的新阶段，将精确开展与每个非洲国家发展战略的精准对接。② 在本次座谈会上，习近平主席指出，经过夯基垒台、立柱架梁的5年，共建“一带一路”正在向落地生根、持久发展的阶段迈进。③ 我们要在保持健康良性发展势头的基础上，推动共建“一带一路”向高质量发展转变。④ 在“一带一路”倡议进入绘制“工笔画”阶段的前后，非洲国家积极参与，各国都尝试将本国的发展战略与中非共建“一带一路”相结合。一方面，对接“一带一路”倡议的非洲国家数量大幅增加。从2015年战略对接初期，仅有南非和埃及签署了“一带一路”合作框架文件；再到2018年将非洲纳入“一带一路”倡议以来，苏丹、马达加斯加、摩洛哥、突尼斯、利比亚、塞内加尔和卢旺达7个非洲国家签署了共建“一带一路”合作备忘录；⑤ 在中非合作论坛北京峰会期间，又有28个非洲国家签署了“一带一路”合作备忘录。目前，已经有44个国家与中国签署了合作备忘录，“一带一路”在非洲的朋友圈正逐步扩大。

① 沈晓雷：《论中非合作论坛的起源、发展与贡献》，《太平洋学报》2020年第3期。

② 贺文萍：《中非共建“一带一路”须进行精准对接》，《公共外交季刊》2018年第3期。

③ 李向阳：《“一带一路”的高质量发展与机制化建设》，《社会科学文摘》2020年第8期。

④ 贺文萍：《“一带一路”与中非合作：精准对接与高质量发展》，《当代世界》2019年第6期。

⑤ 姚桂梅：《中非共建“一带一路”：进展、风险与前景》，《当代世界》2018年第10期。

另一方面，在“一带一路”倡议与非洲各国发展战略对接以来，项目合作及其规模也在日益扩大。在非洲各国签署的“一带一路”合作框架下，截至中非合作论坛北京峰会召开前，中非双方已达成39个重大合作项目，涉及铁路、公路、港口和水电站等17类领域。论坛期间，中国同时又与埃及、南非、加纳、科特迪瓦签署了《关于推动产能合作重点项目的谅解备忘录》，共涉及42个产能合作重点项目。在未来三年将提供600亿美元的贷款和投资计划，其中很大一部分将用于解决非洲庞大的基础设施短板。从贸易、投资和工程承包来看，中非贸易额累计超过4000亿美元，中国连续九年成为非洲第一大贸易伙伴国；中国对非直接投资额累计超过80亿美元，非洲成为中国企业重要的新兴投资目的地；中国在非洲新签承包工程合同额累计超过2000亿美元，非洲稳居中国第二大海外承包工程市场。① 可见，在“一带一路”倡议与非洲各国发展战略对接以来，合作的体量与质量得到了迅速提升，合作项目发展迅速、规模与深度不断提升。

第二，2018年9月中非合作论坛北京峰会期间，通过了《关于构建更加紧密的中非命运共同体的北京宣言》和《中非合作论坛－北京行动计划(2019—2021年)》，首次将“一带一路”倡议同非洲各国发展、非盟、联合国的战略相对接，中非共建“一带一路”成为新时期中非合作的主旋律。一方面，《关于构建更加紧密的中非命运共同体的北京宣言》指出，应加强“一带一路”倡议同联合国2030年可持续发展议程、非盟《2063年议程》和非洲各国发展战略紧密对接，为中非合作共赢、共同发展注入新动力。另一方面，《中非合作论坛－北京行动计划（2019—2021年)》指出，中国是最大的发展中国家，正在致力于实现“两个一百年”奋斗目标，实现中华民族伟大复兴的中国梦，非洲是发展中国家最集中的大陆，正在全面推进落实非盟《2063年议程》，致力于建设一体化、繁荣、和平的非洲，双方发展理念相通，发展战略契合，发展优势互补。双方将以共建“一带一路”为契机，加强全方位、宽领域、深层次合作，实现合作共赢、共同发展。本次论坛强调，中非双方认为非洲是共建“一带一路”的重要伙伴，决心充分发挥中非合作论坛优势，支持中非共建“一带一路”。峰会的召开使得非洲国家正式加入了共建“一带一路”倡议，并首次于官方文件和宣言中明确

① 钟山：《携手开启新时代中非经贸合作新征程》，《人民日报》2018年8月31日，第10版。

提出具体规划和发展方向，也将倡议与非洲各国、非盟和联合国发展战略紧密对接，三者的有机结合将为中非产能合作发挥重要推动作用，其不仅为加强中非发展经验交流提供制度保障，也将有利于支持非洲国家实现 2030 年可持续发展目标和非盟《2063 年议程》。

自习近平主席在中非合作论坛北京峰会上提出将"一带一路"建设要同落实非盟《2063 年议程》、联合国 2030 年可持续发展议程以及非洲各国发展战略相互对接以来，"一带一路"倡议在非洲便进入了"工笔画"的绘制阶段。不论是官方文件还是合作实践，"一带一路"倡议都在积极对接非洲各国发展战略，对接非盟《2063 年议程》和联合国 2030 年可持续发展议程。同时，2019 年 7 月中国还启动了非洲"一带一路"倡议基金，将提供 10 亿美元资金为基础设施、高科技和电子商务项目提供融资。首先，在非洲国家层面的对接上，截至 2020 年 1 月，已有 44 个非洲国家和非盟委员会加入了"一带一路"大家庭，而在 2018 年 9 月之前，仅有 9 个非洲国家与中国签署了"一带一路"合作文件。① 目前，共建"一带一路"中的 30% 以上是非洲国家。在倡议的指引下，中非发展战略精准对接，通过产能合作发挥各自优势、弥补短板，有效促进了非洲的工业化和农业化，也促使非洲各国加速摆脱贫困，增强其可持续发展能力。其次，在非盟层面的对接上，《2063 年议程》更加注重与新兴发展中国家的合作，也更为强调"非洲人的愿景"。例如，2015 年中国与非盟签署有关"三网一化"的谅解备忘录，加快了非洲基础设施建设的发展；2018 年，非盟与中国签署了共建"一带一路"政府间谅解备忘录，有效促进了非洲一体化进程；而 2019 年非洲自贸区的建成将更加有利于双方在地区层面的合作。最后，在联合国层面的对接上，2015 年，联合国在可持续发展峰会上通过了 2030 年可持续发展议程，其间非洲国家多次表达诉求并对议程的制定发挥了积极作用，成为议程关注的重点地区。在这种导向下，"一带一路"倡议开始与非洲可持续发展的现实需求对接。2019 年，习近平主席在第二届"一带一路"国际合作高峰论坛上指出，要把支持联合国 2030 年可持续发展议程融入共建"一带一路""让各国都从中受益，实现共同发展"。可见，中非共建"一带一路"与联合国 2030 年可持续发展议程对接，是全球推进可持续发展进程的重要组成

---

① 李文刚：《中国－尼日利亚共建"一带一路"：优势、挑战及前景》，《当代世界》2020 年第 6 期。

部分，将为中非合作把握宏观方向、彰显世界意义。①

综上，在本阶段里，尤其是中非合作论坛北京峰会所通过的两份文件均提出，非洲是“一带一路”的历史和自然延伸、是重要参与方，中非双方一致同意将“一带一路”同联合国2030年可持续发展议程、非盟《2063年议程》和非洲各国发展战略紧密对接，加强“五通”，促进双方“一带一路”产能合作。相关宣言还指出，中非合作论坛是中非共建“一带一路”的主要平台。这不仅阐明了“一带一路”倡议对接非洲的战略层次，更明确了“一带一路”建设在非洲商讨推进的机制平台。中非合作论坛将在以往成功经验的基础上，承担起这一旨在构建中非命运共同体的重大使命。②至此，2019年驻非盟使团团长刘豫锡就中非共建“一带一路”发表署名文章中指出，非洲是“一带一路”建设的历史和自然延伸，也是“一带一路”国际合作不可或缺的组成部分。“一带一路”源自中国，由中非人民共商；“一带一路”凝聚众力，由中非人民共建；“一带一路”聚焦发展，由中非人民共享。③ 截至2019年底，中非合作在“一带一路”倡议文件中有了正式的发展规划与合作重点。倡议同非洲各国、非盟以及联合国的发展战略高度对接，在中非共建“一带一路”的历史进程中，大量的合作新领域、新行业开始飞速发展。

---

① 赵晨光：《中非共建“一带一路”：新阶段、新挑战与新路径》，《当代世界》2020年第5期。

② 王学军：《非洲发展态势与中非共建“一带一路”》，《国际问题研究》2019年第2期。

③ 刘豫锡：《中非共建一带一路前景广阔》，《国际商报》2019年4月25日，第B03版。

百年未有之大变局下对中非关系中西方因素思考*

王　婷　李沐晨**

内容提要　中非关系自20世纪50年代初始便一直稳步推进，堪称南南合作的楷模。但中非关系的发展受到诸多挑战，其中就有来自西方国家因素的干扰和影响。在百年未有之大变局下，非洲已步入“大国竞争”时代，中国与西方国家相继在非洲展开了一系列合作倡议，于非洲而言中国并非是有绝对优势的必选合作伙伴。在人类命运共同体的发展诉求之下，需要意识到多边合作才是国家和国际社会发展共赢的必然选择。因此，中国、非洲和西方国家只有开展多边合作才能实现利益目标，共建合作共赢的国际合作范式样本。

关键词　中非关系　大国竞争　合作共赢　人类命运共同体

引　言

无论对于中国还是非洲来说，中非关系都是一组重要的国际关系。对于中国来说，对非关系是中国全球外交布局中的“基础中的基础”；对于非洲来说，中非关系也是实现非洲国家自主可持续发展的一大助推力。中国十分重视对非关系，中非关系自20世纪50年代建立始，便一直稳步推进，堪称

---

* 基金项目：中央高校基本科研业务费专项资金项目“中国在非洲的海外形象传播体系构建研究”（项目编号：2022ZX010）。

** 王婷，女，海南海口人，法学博士，北京外国语大学非洲学院讲师，硕士生导师，北京外国语大学非洲学院非洲地区研究教研主任，主要研究方向为非洲国际法、大国对非关系；李沐晨，山东青岛人，北京外国语大学非洲学院硕士研究生。

南南合作的楷模。然而中非关系的发展持续面临诸多挑战，如今实现共建合作共赢、互利互惠的中非命运共同体是中非双方秉持友好合作意愿，坚持不懈努力的必然结果。在百年未有之大变局的今天，国际形势继续发生着深刻而复杂的变化，世界多极化、经济全球化深入发展，文化多样化、社会信息化持续推进，国际格局和国际秩序加速调整演变，世界局势呈现出不确定、不稳定的发展趋势。① 在此国际环境之下我们若想稳步推进中非关系，就必然要意识到中非之间的关系不仅仅局限于中非双方，还要具有全球视野，意识到在当今这个时代中非关系日益处于世界洪流之中，而目前西方在国际上仍有着较强的规则主导权，所以中国应重视西方国家这一第三方因素对中非关系的影响。

一、西方因素对中非关系的消极影响

首先，体现在偏“西化”的非洲对中国的认识、对中非关系的了解不够全面和深刻。在传统方面，由于受西方殖民历史的影响，非洲与西方（比如英国、法国）之间存在一种特殊的联系，无论是语言、法律、政体等，还是侨民、移民这些西方殖民遗留的产物，都使得西方国家与非洲国家之间有着中国所不具有的联系，双方在合作交流时也有着中国所不具备的“固有”优势。直至现在法国、英国等西方国家仍然试图通过各种政治、经济和文化方面的联系将这种历史遗留下的特殊关系维系下来。② 在意识形态方面，非洲的意识形态和价值观也深受西方影响，更为认同西方的民主、人权思想。相比于西方国家，非洲民众往往对中国的文化、观念等缺乏了解，对中非间的共同之处缺乏进一步的认知。实际上，中国和非洲在传统观念以及习俗上有着许多共通之处，比如中国和非洲人民都重视家族理念、遵从长者文化、倡导尊老爱幼、以和为贵等。另外，在西方因素的影响下，有部分特别重视民主和人权的非洲民众对中国持批判态度，他们对中国的政体、道路、政策等存在误解，这导致他们眼中的中国形象并不积极且不正面。虽然中国在非洲的基础设施建设、投资等经济领域发展迅速且广受非洲民众好

① 王毅廖，卓娴：《湖南文化创意产业园区发展分析与建设路径》，《经济地理》2019 年第 2 期。

② 罗建波：《中国与西方国家的对非洲外交：在分歧中寻求共识与合作》，《世界经济与政治》2009 年第 4 期。

评，但受到上述诸多因素的影响，中国在非有关社会生活工作以及文化宣传政策相对而言往往成效不高。

在中非关系方面，习近平主席曾于2013年在坦桑尼亚发表演讲，将中非关系定义为有“共同的历史遭遇、共同的发展任务、共同的战略利益”的“命运共同体”。但很多非洲人并不清楚中非之间悠久而又深厚的友谊，对中非关系缺乏深刻了解。可以说中国对非洲的援助是中非友好关系能够缔结和维系的重要原因之一。但根据“非洲晴雨表”2019—2020年的报告，尽管近年来中国对非洲的投资和援助都在不断增加，平均却只有不到半数（48%）的受访者知道中国向本国提供了贷款或发展援助，此外，各个国家的民众对此了解程度也差距很大，比如肯尼亚有74%，而突尼斯却只有24%。与此同时，“新殖民主义论”“中国债务论”等层出不穷的西方话语的干扰和抹黑下，越来越多的非洲人开始怀疑中国援助和投资的初衷和目的，出现类似于中国在掠夺非洲资源、破坏当地环境、漠视非洲民众人权的论调，认为中非关系是不平等的且受单边利益驱使的单方获利行为。中国在非洲确实有发展利益诉求，这点不置可否，但中非关系的基础逻辑始终都是以平等互利、合作共赢为基本前提的平等关系，这点也是毋庸置疑的。因此，群众层面的工作仍需要继续推进和落实，需要加大中非友好关系在群众层面的宣传。

其次，非洲媒体在一定程度上较为依赖西方媒体，而西方媒体对中国的抹黑抨击不利于中非关系的进一步发展。西方在全球掌握着信息传播的话语权，其话语影响力在非洲也不容小觑。西方媒体在非的影响力之大，远超中国，非洲部分主流媒体对中非合作的报道把西方媒体作为第一手信息来源，这种情况对中非关系发展而言是不利的。由于少数非洲主流媒体倾向于“拷贝”西方媒体的话语，而西方为遏制中国发展长期在全世界范围对中国进行舆论攻击，例如西方媒体长期、大力抨击中非间关系，并质疑中国对非政策的出发点，“中国阴谋论”“新殖民主义论”的说法层出不穷。在这种西方媒体长期、垄断性意识形态化报道的情况下在一定程度上影响了非洲媒体以及民众对中国的正面看法。比如，西方媒体声称“虽然中国和其他非传统发展伙伴国提供的援助附加条件更少，但可能会使非洲国家陷入更深的债务陷阱”这一警示论调在非洲获得了一定效果，越来越多的非洲人表达出对“中国债务陷阱”的担忧。因此，西方媒体的行为十分不利于非洲民众正确认识中国企业和中国国家形象，阻碍中非民心相通，不利于中非友好关系的提质升级。

与此相对，中国媒体在非的发声力度十分受限。中国在非宣传工作一向是“短板”，渠道少、范围小、舆论环境差等因素导致宣传效果不佳。① 在此环境之下，中国在非媒体还要疲于应付、忙于解释西方媒体甚至是非洲媒体设置的中非关系议题，舆论引导力和国际话语权较弱，遑论设置议题引导西方媒体和非洲媒体。② 中国需要努力应对和减少西方抹黑中国的论调在非洲的负面影响，改变这种西方主导的在非舆论环境，正如埃塞俄比亚的斯亚贝巴大学和平安全研究所博士所罗门·哈森·特格涅表示，“由于语言限制和信息的不通畅，很多非洲媒体对中国有偏见，因为很多信息只能从西方媒体那儿获得，但是那些信息是扭曲的，因此中国媒体要对全世界发出自己的声音，让更多非洲人民对中国有更全面的了解。”③ 但是实施起来却是困难重重，若是采取的方式稍显强势，可能马上就会受到敌对中国的西方媒体的口诛笔伐以及各种抹黑言论，因此建议采取稍微迂回的方式，比如可以加强中国与非洲媒体之间的交流合作，帮助非洲媒体摆脱对西方媒体的依赖，使非洲能够从实际出发，以自己的视角对中国以及中非关系进行报道。

二、中国与西方在非展开的竞争

近年来中国与西方在非洲展开的竞争愈发激烈，中国作为非洲的合作伙伴选项之一，并不是不可替代，且没有绝对优势的存在。面对百年未有之大变局，随着世界格局的变化以及非洲在国际上作用的增强和地位的提高，西方国家愈发重视非洲：在美国方面，拜登上任不久便开始加强与非洲国家之间的互动，并在一些非洲关注的议题上修正之前特朗普的做法，奥巴马政府非洲顾问格兰特·哈里斯认为，如果特朗普代表“美非政策的破裂或中断”，拜登政府将“更多地与非洲伙伴接触”，其中共同应对气候变化成为

① 王婷：《新形势下提升对非经济外宣能力的策略分析》，《对外传播》2021 年第 10 期。

② 龙小农，吕梓源：《非洲社会化媒体发展及中国对非传播转型》，《国际传播》2018 年第 4 期。

③ 李新烽，李玉洁：《新面孔与新变革：中国媒体改变非洲传媒格局》，《湖南师范大学社会科学学报》2018 年第 3 期。

拜登非洲政策的亮点；① 在法国方面，法国一直将非洲视为自己的“后院”，十分重视对非关系，在其前殖民国家范围内法国具有极大的影响力，近年来又意图在维持非洲法语区联系的同时，强化与非洲英语区的关系，希望将自身的影响力扩散至非洲所有国家；在英国方面，英国同非洲的关系不如法国同非洲的关系那么密切，其重视程度也不如法国，但在近几年尤其是脱欧后，愈发注重关于非洲的事务，拓展和深化与非洲在各领域的合作符合英国脱欧后推出的“全球英国”这一外交理念；② 除以上所提到的西方国家以外，俄罗斯、德国、印度、日本等国也都不约而同地加紧与非洲的联系和合作。

由此可见，非洲进入了“大国竞争”角逐时代。不管是中国还是西方国家，对于非洲来说，只要是能够符合和满足非洲的需求的外国参与都是被欣然接受和欢迎的。尽管在过去的二十年里，中国和非洲之间的政治和经济关系发展迅速，贸易额从 2000 年的约 110 亿美元增加到 2018 年的 1850 亿美元，并且已然成为向非洲基础设施发展提供最多资金支持的国家，大多非洲人对中国与非洲经济合作和援助持积极态度，评价较为正面，但并不意味着中国已经取代西方国家占领对非合作的绝对舞台，美国仍然是最受非洲人欢迎的国家发展模式，不仅如此，在非洲“大国竞争”背景下，非洲人认为近年来中国在非洲的影响力呈下滑趋势，且对中国经济和政治影响的负面评价也在悄然增多，比如劣质产品问题、抢占当地人就业机会等。如何发挥中国优势、凸显中国特色是中国目前对非事务上迫切需要解答的问题。

三、中国与西方在非进行的合作

21 世纪的今天，世界进入大发展大变革大调整时期，世界各国前所未有的以更加紧密的姿态联系在一起，中非关系面对的是百年未有之大变局，牵一发而动全身的国家大环境。中国从未将非洲作为中国与西方国家博弈的一张牌，中非之间的合作并不针对第三方，当然也不针对任何西方国家，相反，中国认为中国与西方在非洲问题上存在着利益交汇与战略共识，有着巨

① 马汉智：《从特朗普到拜登：美国非洲政策的延续与变革》，《国际研究参考》2021 年第 8 期。

② 李靖堃：《“全球英国”理念下英国对非洲政策的调整》，《西亚非洲》第 2019 年第 2 期。

大的合作空间。此外，中西方在非洲进行合作可以很大程度地规避可能存在的恶性竞争，中西方良性合作符合各方的共同利益。① 因此，中国在三方合作理念基础上提出了第三方市场合作这一新型国际合作模式并应用于非洲大陆。

第三方市场合作脱胎于三方合作，主要是通过中国企业与发达国家跨国企业在发展中国家进行的合作，实现“一带一路”高质量发展。② 法国作为最早与中国一同提出第三方市场合作概念的国家，与中国进行的第三方市场合作主要是在非洲，中法双方目前在非合作的重心主要是基础设施领域，比如2018年法国道达尔集团与中国交通建设集团有限公司的合作；2019年中国建筑集团有限公司和法国爱集思集团的合作。《中法政府关于第三方市场合作的联合声明》强调，第三方市场合作的目的是发挥中国的中端制造能力，发挥法国的高端技术、先进理念等优势，为第三国提供高性价比的产品和服务，实现三方共赢。由此可以看出，在中、法第三方市场合作之中，整合了法国、中国的优势来满足非洲的发展需求，以此达到三方共赢的目的，法国提供先进技术、核心装备、先进理念和资金、经验，中国提供优势产能，而非洲则是提供潜在市场，通过这个方式实现法国先进技术与中国优势产能的差异化互补，满足非洲发展需求。③ 这种新型的国际经济合作模式的发展前景十分广阔，是对传统国际贸易形式的创新，可以最大程度地避免市场恶性竞争，整合各方优势，在良性合作的基础上实现各方利益的最大化。除了中国和发达国家获得所需要的市场、非洲加速经济转型之外，这种新型发展模式还有着更为深远的意义，非洲是当前全球问题表现最为突出的地区，是解决当前南北问题的关键所在。中国与西方国家采取何种姿态应对非洲的和平与发展问题，关系到世界能否更好地实现和谐与可持续发展④，而这种中国与西方在非洲展开第三方市场合作的模式为非洲问题的解决提供了

---

① 罗建波：《中国与西方国家的对非洲外交：在分歧中寻求共识与合作》，《世界经济与政治》2009年第4期。

② 张颖：《中国的国际经济合作新模式：第三方市场合作》，《现代国际关系》2020年第4期。

③ 张颖：《中国的国际经济合作新模式：第三方市场合作》，《现代国际关系》2020年第4期。

④ 罗建波：《中国与西方国家的对非洲外交：在分歧中寻求共识与合作》，《世界经济与政治》2009年第4期。

一种新的选项。

综上，在全球化不断深入、国际秩序加速调整演变、世界局势发展不确定的大背景下，在非洲拥有更多话语影响力的西方国家愈发重视非洲，西方国家比以往更能够影响到中非关系的发展走向，这在一定程度上对中国开展对非合作产生消极影响。但同时，除了大国间在非洲竞争之外，也许可以采取更加灵活的思维，努力协调各方进行合作，在推动非洲发展进程中实现多方利益的共赢。

中非网络空间治理比较研究*

张　彬　邓黎平**

内容提要　随着互联网及信息通信技术的蓬勃发展，网络空间已然成为与海洋、陆地、天空、外空并列的第五大疆域，也即国家安全第五域。非洲网络空间治理虽然起步晚，但其发展势头迅猛，具有广阔的前景。非洲地区因历史等因素，在网络空间治理上形成国家、次区域组织、非洲联盟、非政府组织四层治理体系。而中国网络空间治理法律体系相对完善，立法数量多，但位阶相对较低。中非之间在网络空间治理上的差异主要集中体现在网络空间立法理念、原则、治理能力建设、法律体系完善程度等方面。为深入推进中非友好合作共赢，中非双方应在网络空间治理上加强投入，构建网络空间命运共同体。

关键词　网络空间安全　网络空间治理中非合作　命运共同体

伴随互联网及信息通信技术的蓬勃发展，网络已然变成世界大多数国家发展社会经济的重要基础。网络空间具有两个方面的性质，即无国界性、全球性，故而可以说几乎所有国家或者地区的网络空间治理状况都息息相关。最近以来，全球网络空间安全的形势较为严峻，数据信息泄漏、网络攻击事件常有发生，网络恐怖主义抬头及蔓延、跨国网络犯罪频发，这些跨国网络空间安全问题若以传统国家治理模式来应对，治理效果无疑会十分有限。同时如何有效治理网络空间，确保网络空间安全，这已然成为全球各国关注的

---

* 基金项目：湖南省教育厅项目“党政机构合署合并改革背景下公民权利救济机制研究”（项目编号：18B051）。

** 张彬，女，湖北鄂州人，湘潭大学法学院讲师，硕士生导师，法学博士，主要研究方向：行政法、行政诉讼法、公益诉讼；邓黎平，男，四川南充人，湘潭大学法学院研究生，研究方向为立法法。

焦点。网络空间治理既需要建立国际规则，也需要各国积极建立有效合作机制。

2018 年 9 月习近平主席在中非合作论坛上指出要推动构建高水平中非命运共同体。2021 中非合作论坛为深化中非合作、构建新时代中非命运共同体，中非双方制定了《中非合作 2035 年愿景》，中非双方结为更紧密的共建“一带一路”伙伴，会不断加强在贸易投资、数字经济、产业发展等领域的合作。2015 年习近平主席在第二届世界互联网大会提出推动构建网络空间命运共同体。2021 年 8 月 24 日中非互联网发展与合作论坛中国提出中非携手构建网络命运共同体倡议，为全球互联网发展贡献中国智慧。因此，在此背景下研究中非网络空间治理，探寻中国与非盟国家建立网络空间治理合作路径是必要的。

一、非洲网络空间治理现状及其特点

一国或地区的网络空间治理状况在某种程度上与互联网发展水平具有密切联系。① 中国和非洲地区基于历史、地理、经济发展水平、文化等因素的不同，在互联网建设和推广、网络安全立法、网络治理结构等方面存在诸多不同，各具特色。

（一）非洲网络空间治理现状

1. 非洲网络建设现状

非洲国家经济落后、经济基础薄弱，非洲地区的信息通信与互联网行业的发展一直落后于其他国家或地区。数字基础设施是全球互联网经济的支柱，近年来，中国移动、谷歌等超大型企业都在陆地及海底光纤基础设施的扩展上持续增加投资规模，通过扩展海底电缆规模来增加非洲的连通性。根据 convergence partners 所言，现今连接非洲大西洋沿岸与欧洲和其他大陆的海底光缆有四条，连接非洲印度洋沿岸与亚洲其他地区的海底光缆有五条。截至 2021 年 10 月，非洲整体网民数量超过 5.8 亿，互联网普及率高达 33%，2020 年非洲互联网用户 5.56 亿，仅一年时间，非洲网民增长将近 3000 万，非洲已然成为全球互联网及移动用户增速最快的地区之一。由于非洲各国的人口、经济差距比较大，互联网发展水平有着较大的差异，故而不同非洲国家的互联网普及率差距较大。尼日利亚互联网网民规模已达一亿

① 肖莹莹，袁正清：《非洲网络安全治理初探》，《西亚非洲》2016 年第 3 期。

以上，互联网普及率约为51%。截至2021年底非洲部分国家互联网人数及普及率：埃及7566万（71.90%）、南非4119万（68.20%）、摩洛哥3159万（84.10%）、埃塞俄比亚2983万（25.00%）、阿尔及利亚2728万（60.60%）、肯尼亚2335万（42.00%）、加纳1699万（53.00%）、坦桑尼亚1560万（25.00%）。非洲互联网普及率国与国之间差距较大，仍然为全球最低水平。非洲互联网发展的另一特点就是非洲人上网的主要方式是移动终端，非洲大部分成年人接触到平板或电脑的机会很少，但是非洲主要国家手机普及率却高达80%以上。这种现象与非洲地区特殊的地理环境、电力供应系统、电脑价格贵、陆地光缆等众多因素有关。近年来，非洲各国不断加大ICT基础设施投资，网络基础设施不断完善，非洲的网络覆盖也得到了很好的改善。根据ITU所提供的数据，2021年非洲将近九成人口可以使用移动宽带网络，72%的人口生活在有3G、4G信号覆盖的范围内，statistic数据显示撒哈拉以南非洲地区平均下载速度为5.74Mbps。①

2. 非洲网络空间安全立法现状

非洲有关网络空间安全立法起步较晚，且各国发展差异较大，其中，南非和尼日利亚的网络空间安全立法较为完善。南非是非洲的第二大经济体，曾经是非洲第一大经济体，在国际事务中南非已被确定为一个中等强国，并保持显著的地区影响力。尼日利亚是非洲第一人口大国，总人口2.01亿，占非洲总人口的16%，同时也是非洲第一大经济体。作为非洲最发达的两个国家，在某种程度上，两个国家的网络空间立法会影响着其他非洲国家的立法，形成示范效应。南非在数据保护与网络安全方面的立法较为完善，南非共和国在2012年通过了一个网络空间安全的框架性法律文本，该文本指导了南非的网络空间治理，成为相关配套立法的法律依据。② 2013年《个人信息保护法》（POPIA）经南非总统签署发布，于2020年7月1日生效。该立法的目的在于促进公共及私人机构对处理个人信息的处理规则，同时规定了处理个人信息的最低要求，对个人或特殊个人信息下定义，并对各类机

① 传音开发者：《数字非洲2022：非洲移动网络覆盖近9成人口》，资料来源于：https：//mp. weixin. qq. com/s/Gm5iKyoBsCuo4XR_ nShUmQ。

② 毛良斌，周昊曦：《南非互联网发展与治理报告》，《汕头大学学报（人文社会科学版）》2017年第3期。

构对个人数据处理提出了合规的要求，从而建立起个人信息处理规则。①POPIA 使《南非宪法》（1996 年第 108 号法案）第 14 条中的隐私权生效并有适用路径。POPIA 涵盖在其业务活动中收集、存储、处理或传播个人信息的所有责任方。责任方对个人数据的行为应当遵循法律规定。信息监管机构（“IR”）负责教育、监督和执行合规、处理投诉、开展研究和促进跨境合作。IR 在整个南非拥有管辖权，它是独立的，只受宪法和法律的约束，IR 必须不偏不倚地履行职责和行使权力，不得有畏惧、偏袒或偏见。南非网络犯罪日益猖獗，故南非议会司法委员会正式通过了《网络犯罪和网络安全法案》。该法案自 2017 年首次提出，经过多次重大修改，该法案的目的就是让南非与其他国家的网络空间安全法律同步，以合作共同打击网络犯罪。南非曾与中国进行多次国际合作，汲取了中国经验，在数据保护、数字政府、网络基础设施建设等方面与中国积极开展双边合作。② 非洲第一大经济体尼日利亚也制定了网络空间安全战略，尼日利亚在网络犯罪立法方面比较缓慢，虽然在《2013 恐怖主义（预防）（修订）法》规定，如果任何人通过互联网或电子手段向任何恐怖组织请求或提供支持，其将被判处至少 20 年的监禁。但是在 2015 年才制定网络犯罪专门法案（《2015 网络犯罪（禁止、预防）法》。在数据保护方面，《尼日利亚联邦共和国宪法》第 37 条规定了隐私权。2019 年尼日利亚数据保护条例（NDPR）是尼日利亚的主要数据保护法规。该法案规定所有个人数据，不论以何种方式取得，都只能在数据当事人直接或间接表示同意的情况下，或涉及为公众利益而进行的工作时，才可加以使用。负责管理 NDPR 的监管机构是国家信息技术发展局（NITDA）。NDPR 规定了数据主体的权利、数据控制者和数据处理者的义务，以及向外国领土转移数据的条件。尽管其他立法，例如《网络犯罪（禁止、预防等）法》（2015 年）和《国家身份管理委员会法》（2007 年）包含了与数据保护有关的条款，但 NDPR 是尼日利亚数据保护格局建立的起点。其他的非洲国家的关于网络空间数据保护的立法有，加纳：《2012 年数据保护法》（2012 年法）于 2012 年 5 月通过，第 18 条第 2 款规定了隐私权的基本权

---

① 张继红，姚约茜主编：《“一带一路”沿线国家数据保护与网络安全法律指南》，知识产权出版社 2020 年版，第 265 页。

② 人民网：《中国 - 南非新媒体圆桌会议：加强网络安全》，资料来源于：https：//www. world. people. com. cn/n1/2018/1128/c1002 - 30430776. html，2022 年 6 月 25 日访问。

利；肯尼亚：《2019年数据保护法》（DPA）于2019年11月颁布并生效，DPA反映了肯尼亚宪法第31条的规定，其中规定了隐私权的基本权利；卢旺达：有关保护个人数据和隐私的第058/2021号法律《数据保护法》于2021年10月15日在政府官方公报上公布并生效，《数据保护法》保障了《卢旺达宪法》第23条的实施，保障隐私权作为一项基本权利。①

（二）非洲网络空间治理结构

由于非洲地区的特殊性，非洲形成了6个层次的多层安全治理体系，主要包括全球体系、国家、次区域、非政府组织等公民社会、私人行为等层次。② 网络空间安全是作为非传统安全，因此非洲网络空间安全治理体系应当包括国家、次区域组织、非洲联盟、非政府组织四层体系。第一，国家方面，非洲联盟虽然制定了网络安全及数据保护的马拉博公约，但是截至2022年5月，该公约在非洲联盟55个成员中只有13个成员国（安哥拉、佛得角、加纳、卢旺达、多哥等）批准，而且仅仅只有八个非洲国家规划了国家网络安全战略，五个国家制定了网络犯罪专门法律规范，八个非洲主要国家具有数据安全法。第二，次区域组织方面，这些组织陆续建立在冷战或冷战后，主要有东非共同体、西非经济共同体、中非经济共同体等，冷战期间的组织主要开展经济领域方面的合作共赢，冷战后，各组织开始开展传统和非传统安全领域的合作共赢，这也成为非洲安全治理体系的重要组成部分。网络空间安全作为非传统安全已经被非洲地区多个组织列上会议日程。次区域组织在推动网络空间安全合作方面比非洲联盟更加活跃主动灵活，这种情形形成了次区域合作网络。当然这些组织在推动网络空间安全合作时都获得了欧美国家及国际组织的资金及技术援助。第三，非洲联盟方面，非洲安全体系中非洲联盟一直都扮演着主体角色，当然也包括网络空间安全领域。作为2063年非洲转型议程的一部分，非洲联盟将网络空间安全作为保证新兴科技造福非洲民众的重要内容。此倡议以马拉博公约作为理论指导。这项公约的目的是通过组织电子交易、保护个人数据、保护网络空间安全电子政务、打击网络犯罪活动建立起一个可靠的非洲网络安全框架。第四，非政府组织方面，在西方发达国家的资助下，非洲非政府组织迅速发展，政治

---

① 传音开发者：《出海非洲，你必须知道的最新数据保护法》，资料来源于：https：//www. mp. weixin. qq. com/s/Gm5iKyoBsCuo4XR_ nShUmQ。

② 王学军：《非洲多层安全治理论析》，《国际论坛》2011年第1期。

地位迅速提升，影响力从社会服务扩展到政治经济等诸多领域，其还作为公民社会代表参与国家的部分社会管理。在网络空间安全领域也发挥了重要的作用，非洲联盟制定的马拉博公约相比于草案增加了数据安全及隐私保护等内容，这实际上就是非政府组织在欧美等国资助下进行运作的结果。非盟公约颁布几周后，21 个非政府组织一起制定了与互联网权利和自由有关的非洲宣言，但是非政府组织很少对数字地址分配的不公平提出抗议，非洲的非政府组织具有很明显的利益倾向。①

（三）非洲网络安全治理的特点

根据数据可知，非洲互联网建设虽然起步晚，但是其发展势头迅猛，具有广阔的前景，因此该地区的网络空间治理状况也存在诸多问题。根据商务部网站报道的 2016 年非洲网络安全报告，2016 年度非洲大陆因为网络攻击至少损失 20 亿美元，金融、政府、电信等部门是重点攻击对象。② 非洲网络空间治理具体有以下四个方面的特点。

其一，规制利用网络进行犯罪活动成为非洲网络空间治理的重点。根据国际刑警组织发布的《2021 非洲网络威胁评估报告》，网络犯罪是非洲地区遭受的最普遍威胁之一。前些年，非洲地区的网络犯罪在犯罪形式上大多与金融诈骗相关。主要原因就是基础设施跟不上，高端网络犯罪需要一定的互联网普及率及相应完善的基础设施。大规模的黑客进行网络攻击活动的最低互联网普及率要求是 10%—15%。但 2016 年之前多数非洲国家的光缆铺设率低，所以黑客活动规模不大。主要的网络犯罪形式是“尼日利亚 419 诈骗”。简而言之就是注重与受害者之间的互动，诈骗的传播途径就是传统电子邮件。但近年以来，伴随着网络基础设施的完善、海底和陆地光缆的铺设，在非洲，利用互联网开展各种犯罪活动的犯罪组织或集团日趋增多，恐怖主义集团、走私集团、人口贩卖集团、毒品集团、诈骗集团等开始借助互联网技术手段开展跨国跨洲等跨区域犯罪活动。非洲网络空间安全主要面临包括下列五种类型犯罪活动的威胁：（1）在线诈骗，国际刑警组织在非洲成员国家的报告中，非洲地区发生频率最高、威胁最紧迫的犯罪活动就是在线诈骗。同时关于网上银行的诈骗活动数量急剧上升，其中比较多的是银行

---

① 肖莹莹，袁正清：《非洲网络安全治理初探》，《西亚非洲》2016 年第 3 期。

② 商务部：《网络犯罪导致非洲金融机构损失巨大》，资料来源于：http://m.haiwainet.cn/middle/3542014/2017/0110/content_30639295_1.html。

诈骗和信用卡诈骗。(2) 数据勒索，也是非洲地区需要认真对待的显著的威胁之一，非洲大陆向数字社会转型过程中，数据价值越来越重要，对数据强行加密的勒索手段成为犯罪分子新的手段。(3) 僵尸网络，是指先由恶意软件侵染计算机，并组成非法网络，犯罪行为人可以利用其进行 DDOS 攻击等大规模网络攻击活动。非洲区域截至 2021 年已经检测出 5 万起僵尸网络犯罪活动，月平均3900 起。(4) 勒索软件，2020 年一年有超过62% 的非洲公司遭受过攻击。(5) 商业电子邮件入侵（BEC），这是一种高级的电子邮件攻击，究其本质是利用虚假的身份欺骗受害者，凭借避免使用 URL 或附件来规避检测。① 在非洲，依靠电汇交易的企业极度容易遭受 BEC。非盟警察合作机制前主任曾评论道：非洲地区在通信技术具有极大的潜力，但是，网络犯罪的相关犯罪活动数量骤升也是不争的事实，特别是在新冠肺炎大流行期间。

其二，非洲地区及国家层面缺少必要的法律规则，执法建设不足，非洲企业及民众的网络空间安全意识不强。根据国际刑警组织报告显示，超过 90% 的非洲企业在缺少必要的网络空间安全保护的环境下经营，也就是说，至少 90% 的非洲企业没有建立网络空间安全制度。根据德勤 2021 年的研究结果显示，40% 的非洲企业记录的网络安全事件数量不断攀升。日本 Trend Micro 公司在非洲 2020—2021 年检测记录的安全威胁数据：网站约 1430 万次、电子邮件约 6.79 亿次、文件 820 万次。根据卡巴斯基公司的数据，南非安卓手机已经是全球银行恶意软件第二大目标。据估计，尼日利亚超过 11.1% 的安卓机遭受过恶意软件侵染的 application。根据 lumu 公司的研究数据，在 2020 年一整年，非洲地区就有超过 62% 的企业遭受过恶意勒索软件的影响。缺失网络空间安全制度，网络攻击者就能不断更新开发新工具，凭借不断出现的漏洞实施攻击活动。非洲国家或地区也还缺少完备的法律体系，执法人才、基础配套设施不足。根据国际电信联盟 2018 年报告显示非洲地区缺少应对网络空间安全的人才及资源，在非洲 14 亿人口中，具有网络空间安全专业认证资格人员数量约为 7000 人。根据 TBIGC 研究数据，非洲网络安全专业人才缺口约为 10 万人数。故而根据 UNODC 调查数据，超过 50% 非洲国家认为本国缺乏开展网络执法的执法资源，所有国家都急需

① 国际刑警组织：《2021 非洲网络威胁评估报告》，资料来源于：https://www.ics-cert.org.cn/portal/page/111/9d161045036e4d26948f843e58b1bd11.html。

技术援助。①

其三，非洲网络空间安全更加注重隐私及数据保护。在借鉴西方发达国家的网络空间安全经验以及在非政府组织的活动下，隐私及数据保护成为网络空间安全的重要内容。非洲联盟（AU）2011 年起草非洲联盟网络空间安全及个人数据保护公约（马拉博公约），2014 年 6 月通过。与草案相比，增添了数据保护的内容，这项公约成功使得非洲成为继欧洲之外第一个通过数据保护公约的地域。这项公约的目的是通过组织电子交易、保护个人数据、保护网络空间安全电子政务、打击网络犯罪活动建立起一个可靠的非洲网络安全框架。②当前已经有 14 个非洲国家已经存在保护数据安全及隐私的相应框架法律及主管机构③，该公约经成员国批准生效后，加入后很大可能会根据公约相应内容制定相应的隐私及数据保护法。

其四，非洲利益各方出于现实利益考虑，将电子交易、打击网络犯罪活动等内容成为非洲网络空间安全建构的重要内容。非洲大陆日渐猖獗的利用网络犯罪活动，让非洲各利益方认识到，为了从互联网经济中获得发展受益的机会，必须建立电子交易等相关的法律制度确保经济行稳致远。与此同时，非洲国家与西方国家相比对网络战争、网络恐怖主义等问题关注程度较低，这或许是与非洲地区国家在安全治理中相对注重低级政治问题有关。

二、中国网络安全立法及其特点

截至 2021 年 12 月，中国互联网网民数量规模达到 10.32 亿，互联网普及率达 73%，与非洲相比，我国互联网普及率远超非洲平均水平，互联网发展也领先非洲。我国互联网相关技术飞速发展，深刻地改变了人们的生产及生活，但同时也给国家网络空间安全治理带来了巨大的挑战，网络犯罪已经成为我国第一大犯罪类型，而且也存在网络攻击、数据泄露等问题。但是由于互联网技术发展迅猛，我国的网络空间安全领域法律规范相对滞后，由此我国应对网络空间安全时相对缺乏主动性和有效性。早期的维护我国网络空间安全的法律规范十分少而且简略，当时我国网络空间治理缺乏战略指

---

① 好望观察：《随着数字化步伐的加快，非洲面临着巨大的网络犯罪威胁》，资料来源于：https：//www.shangyexinzhi.com/article/4949378.html。

② 肖莹莹，袁正清：《非洲网络安全治理初探》，《西亚非洲》2016 年第 3 期。

③ 好望观察：《随着数字化步伐的加快，非洲面临着巨大的网络犯罪威胁》，资料来源于：https：//www.shangyexinzhi.com/article/4949378.html。

导，比如2000年我国第九届全国人大常务委员会通过关于维护互联网安全的决定，该决定主要规定的就是利用互联网技术进行违法或犯罪活动的，依法追究行政责任或者刑事责任，依照治安管理处罚法及刑法相关规定处罚。直至2016年，国家互联网信息办公室制定并颁布了《国家网络空间安全战略》，该战略阐明了我国网络空间发展和安全的重大立场，指导中国网络空间治理，2017年我国又有网络空间治理的第一部综合性法律——《网络安全法》正式实施，网络空间治理状况逐步好转。

（一）我国网络空间安全立法

2017年《网络安全法》正式颁布实施，作为我国网络空间安全领域的基本法律，其规定了我国网络空间治理的基本框架，包含基本原则、关键基础设施的保护、等级保护制度、跨境数据流动、网络安全事件、应急响应制度、网络信息内容管理安全等多项原则与制度。我国网络空间法律制度体系是由保障网络安全的法律、行政法规、地方性法规、部门规章及规范性文件等多层次规范体系组成的相互配合的法律制度体系。我国网络空间治理立法从两个方面建构制度体系，第一是专门立法，第二是补充立法。从立法层级来看，包含法律各个层级（法律、行政法规、地方性法规、规章、司法解释等）。法律：2000年《关于维护互联网安全的决定》、2012年《关于加强网络信息保护的决定》、2016年《网络安全法》、2021年《个人信息保护法》、2021年《数据安全法》等。行政法规：2011年修正《计算机信息系统安全保护条例》、1997年修正《计算机信息网络国际联网管理暂行规定》、2011年修正《计算机信息网络国际联网安全保护管理办法》、2000年《电信条例》、2011年修正《互联网信息服务管理办法》、2002《互联网上网服务营业场所管理条例》等。部门规章：2016年《互联网直播服务管理规定》、2017年《互联网新闻信息服务管理规定》、2017年《网络产品和服务安全审查办法（试行）》、2017年《电信业务经营许可管理》、2017年《互联网域名管理办法》、2019年《区块链信息服务管理规定》等。司法解释：《最高人民法院、最高人民检察院关于办理利用信息网络实施诽谤等刑事案件适用法律若干问题的解释》（2013年9月）、《最高人民法院、最高人民检察院关于办理侵犯公民个人信息刑事案件适用法律若干问题的解释》（2017年3月20日）等。规范性文件：中央网信办（国家互联网信息办公室）、公安部、工业和信息化部等相关部门出台了一系列网络安全相关规范性文件，如《微博客信息服务管理规定》（国家互联网信息办公室，2018年

2 月）、《互联网新闻信息服务新技术新应用安全评估管理规定》（国家互联网信息办公室，2017 年 10 月）等。地方性法规和地方政府规章：江苏省和浙江省分别发布了《徐州市计算机信息系统安全保护条例》和《杭州市计算机信息网络安全保护管理条例》，福建省人大常委会通过了《福建省电信设施建设与保护条例》，广东省出台了《广东省计算机信息系统安全保护条例》《关于落实电信用户真实身份信息登记制度的决定》等。相关法律中关于维护网络空间安全的内容包括但不限于有：《刑法》第 285 条、第 286 条、第 287 条，《国家安全法》第 25 条、《民法典》第 109 条、第 111 条、第 1034—1038 条、第 1195—1197 条，《电子商务法》第 23 条、第 30 条，《未成年人保护法》第 33 条、第 34 条，《治安管理处罚法》第 29 条，《保守国家秘密法》第 28 条，《反恐怖主义法》第 18 条、第 19 条。①

（二）我国网络安全立法的特点

当前，我国相关法律制度已经初具规模，但是我国的规制网络空间的立法还处于起步阶段，需要不断改进完善。第一，我国网络空间治理相关的法律规范主要由政府部门制定并颁布，全国人大的立法数量十分少。由此可见，我国网络空间治理领域的立法主体多、立法层级多及层级低、规范内容交叉重叠，全国人大层面的统一性法律少，这种体例会导致法律规范适用过程中的法律规则混乱、重复甚至是互相矛盾，难以确保法律体系的统一性、协调性。第二，我国注重政府治理，网络空间治理更多注重监控及控制信息。我国目前在网络空间治理上表现为管理型的特征，更加注重网络空间安全，而不是网络用户的权利。比如最近热议的国家网信办发布的《互联网跟帖评论服务管理规定》（征求意见稿），其本质目的就是加强网络舆论监管，更加注重网络空间安全，里面对网络用户的权利关注很少。我国网络空间规则以政府主导，对公民网络权利保障不足，极易导致网络空间权利义务之间的失衡。第三，我国采取的监管模式是结合政府主导和行业自律的模式。政府参与网络空间监管的全过程，在事前资质监管上，会对我国的企业和个人进行严格的资格审查，有逐级审批制度，分级管理；在事中监管上，依法监管相关平台遵守法律及国家网络安全战略情况；在事后，执法部门对相关非法行为进行处理，依法予以整改及取缔。行业自律也是网络空间治理

① 盘冠员，章德彪：《网络安全法关键问题解读》，时事出版社 2019 年版，第 8—14 页。

的重要内容，网络技术发展十分迅猛，网络空间中一般情况下一年半左右就会有一次技术革新，而法律规范是相对滞后的，因此我国政府支持行业自律，这种监管模式有利于激发行业者参与网络空间治理，共同维护网络空间安全。总之我国的网络空间治理以政府为主体，以法律调整为主要手段，利用国家强制力作为后盾保障法律的实施，维护我国网络空间安全。同时我国在网络空间治理上坚持主权原则，尊重网络主权，《网络安全法》的基本原则也突出了这一特点。我国网络空间治理也注重国际合作，深化网络空间法治合作，坚持以共赢为理念，推动建立公平正义的网络空间国际规则，构建网络命运共同体。2017 年我国推出《网络空间国际合作战略》，坚持以和平、主权、共治、普惠等基本原则构建网络空间国际合作，推动网络空间优势互补、共同发展。习近平主席在 2015 年第二次世界互联网大会上首次提出构建网络命运共同体，在之后的一系列讲话中也指出：国际网络空间治理，应该坚持多边参与，多方参与；共同构建和平、安全、开放、合作的网络空间；共同推进网络空间全球治理等等。

三、中非网络空间治理差异

一国或地区的网络空间治理状况在某种程度上与互联网发展水平具有密切联系。① 中国和非洲地区基于历史、地理、经济发展水平、文化等因素的不同，在互联网建设和推广、网络安全立法、网络治理结构等方面存在诸多不同。主要集中体现在网络立法理念、原则、治理能力建设、法律体系完善程度等方面。

其一，非洲各个网络空间治理主体（各利益攸关方）受西方发达国家影响，几乎全盘接受西方所倡导的网络空间立法理念、制度。这一点在非洲联盟制定的马拉博公约的草案与正式文件的变化及上文提及的非洲主要国家陆续制定数据保护法案可以清晰看出，其更加注重数据安全及隐私保护。欧美等西方发达国家利用帮助非洲国家加强网络能力建设，借此普及自身治理经验，促使非政府组织推动非洲国家的网络空间治理的制度建设。据统计，非洲利益攸关方认为让利益攸关方参与网络空间治理十分重要，并且支持治理模式分散化。美国等西方发达国家主张多利益攸关方治理模式——网络空间的全球治理及制度建设应当体现国家及非国家行为体等利益攸关方的利益

① 肖莹莹，袁正清：《非洲网络安全治理初探》，《西亚非洲》2016 年第 3 期。

要求，提倡由非政府间组织主导网络空间治理，限制政府管控网络空间。其终极目标是达到网络空间治理的治理组织扁平化、治理权威去中心化以及治理决策民主化，国家治理权限逐步让渡于社会组织等非政府组织。① 但是我国主张“多边主义”的治理模式，主张构建网络空间命运共同体，认为虽然网络全球化间接促进了跨国公司、国际机构等非政府组织的繁荣，但是国家仍然是网络空间治理中的最为重要的行为体，假若没有国家参与治理，网络空间中出现很多问题无法得到根本性的解决。因此我国强调国家在网络空间治理中的主导权。多边主义治理模式将国家主权引入网络空间治理中。

其二，非洲联盟、非洲国家及非官方组织没有形成三方通力合作的模式，我国形成了政府主导和行业自律相结合的模式。非洲的一体化程度比较低，非洲联盟和成员国关系不紧密，非洲的非政府组织也不太成熟，由于接受西方发达国家的资助，其比较倾向于自由民主等西方普世价值观，忽视非洲国家本土国情，难以在网络空间治理方面作出有力的贡献，故而难以形成“官方与非官方相结合”的网络空间治理模式。

其三，非洲国家网络空间治理能力建设相较于我国急需加强，非洲国家的网络空间治理常常受限于资金及技术现实，技术人才缺口巨大、技术机构建设急需加强，这些困境导致制度的实施情况较差。在中国有国家互联网信息办公室及中央网络安全和信息化委员会这样的专门机构及相应技术人员支持，非洲国家的部门多是信息通信技术部门，其缺乏专门的机构及人员配置。非洲联盟层面也缺少如同欧盟的 ENISA 负责网络空间的专门机构，也缺少欧洲网络犯罪中心这样一个协调各成员国开展网络犯罪合作的核心协调机构，也没有欧洲网络安全小组这样一个为政府或企业提供网络防御、风险预防、跨区域信息共享等服务一个跨国安全协会。②

其四，在国家网络空间安全战略上，我国与非洲国家积极性上有区别。互联网技术的发展应用及网络空间的发展，大大地促进了经济的繁荣，但是也带来了新的风险与挑战，网络空间安全事关国家安全，是非传统安全的一部分，也事关世界和平发展，最后对人类共同利益也有重要影响。故而国家

① 李虹：《中美网络空间治理的比较研究—基于规制的视角》，华东政法大学 2019 年硕士学位论文。

② 柴亚楠：《欧盟网络安全体系建设分析及借鉴》，《湖北警官学校学报》2015 年第 3 期。

网络空间战略的制定与实施十分重要。2000年我国第九届全国人大常务委员会通过关于维护互联网安全的决定，确立了我国对网络空间安全的基本立场并且在之后不断调整战略。我国早在2016年12月27日便颁布实施了国家网络空间安全战略，该战略具有重要的意义，既指导了中国网络空间治理工作，维护了我国的网络空间主权安全及发展利益，也表明中方愿意与世界各国一起坚持尊重网络空间主权、和平共赢、加强沟通、共同维护网络空间安全，推动全球网络空间治理体系完善，构建全球网络空间命运共同体，确保互联网造福全人类。然而，非洲国家制定网络空间战略的意愿不强，就目前来看，仅仅只有8个非洲国家制定了国家网络安全战略，而非洲主权国家有50多个，可见部分非洲国家对网络空间战略的关注程度不够。而且非洲联盟到目前为止并没有关于网络空间安全战略的文件，在网络空间安全方面只有保护网络空间安全、隐私、数据安全的马拉博公约，缺乏战略层面的网络空间治理规划。与非洲联盟相比，欧盟委员会在2013年3月27日就颁布发表了欧洲网络空间安全的策略，同年5月ENISA提出整体的欧盟网络空间安全战略，并且要求成员国网络空间安全战略中应当具备的内容，2013年欧盟更进一步从网络空间安全战略层面上指明网络空间安全的任务及目标。①

其五，中国与非洲各国网络空间安全法律体系完整程度不同。当前网络空间安全形势日趋严峻，国家政治经济社会文化国防安全及公民在网络空间的合法权益都面临着重大的风险与挑战，网络渗透威胁着政治安全、网络攻击威胁着经济安全、网络有害信息威胁着文化安全、网络恐怖主义及违法犯罪威胁着社会安全，网络空间安全问题已然是各个国家在国家安全领域急需解决的问题，各国都不断更新制定关于网络空间安全的法律来维护网络空间安全，应对风险与挑战。中国的网络空间治理的法律体系比非洲国家完备。中国在2000年便由全国人大常务委员会颁布关于维护互联网安全的决定，该决定关注到利用网络实施违法犯罪及民事侵权行为，并且进行相应的规范，在维护网络空间安全方面起了重要作用，确保我国互联网的健康发展，维护了国家安全。2016年我国制定了《国家网络空间安全战略》，将网络空间安全搬到战略层面，顶层规划了我国网络空间安全，指导中国网络空间治

① 柴亚楠：《欧盟网络安全体系建设分析及借鉴》，《湖北警官学校学报》2015年第3期。

理。2016 年 11 月全国人大常务委员会通过《网络安全法》，该法在维护我国网络空间主权、安全，保障国家安全，经济社会信息化健康发展起了重要的作用，具有里程碑式的意义。我国 2021 年 6 月通过的《数据安全法》，以及 2021 年 8 月份通过的《个人信息保护法》、刑法修正案对网络犯罪的更新与完善等。其他的法律还有，国务院及其部门制定的行政法规及部委规章，北京、杭州等发达城市制定的地方性法规，最高人民检察院、最高人民法院联合发布的司法解释。我国网络空间安全立法主体多元化、法律体系相对完善，法律渊源有法律、行政法规、地方性法规、政府规章、司法解释。非洲国家目前更多的精力在于解决政治动荡、民族冲突、经济发展等方面的问题，主要目光放在疾病、饥饿、贫困等非洲传统难题上。故而在制定国家网络空间安全事情上积极性不高，仅有 8 个非洲国家制定战略，在网络犯罪立法方面，仅有 6 个国家制定了相关法律，非洲两大经济体，经济第一的尼日利亚及经济第二的南非都制定了网络犯罪专门法及网络空间战略，数据保护法律也仅有 8 个左右非洲主要国家制定。可见非洲部分国家在网络空间治理方面的法律完善程度低、发达与落后地区的法律完善程度相差较大，分布不均衡，同时也与我国有着明显的差距，有着合作的前景。

四、中非网络空间治理合作路径

在互联网时代，全球化进程加快，既有新机遇，也有新风险、新挑战，中非双方应在网络空间治理上加强合作，携手推进网络空间命运共同体的构建。

（一）理念：合作共赢

网络空间安全并非传统的技术安全，国家的政治安全、文化安全、经济安全、社会安全等都受到了挑战与威胁，网络安全形势日趋严峻，这已经成为关系国家核心利益、人类共同利益的重要问题。网络空间具有复杂性，网络空间具有无国界性的特点，同时网络空间涉及主权、国家安全等问题，这使得网络在给国家和民众带来极大便利的同时，也给网络空间的治理带来了极大的挑战，单靠国家内部进行法律规制还不够，必须积极寻求国际合作，加强国家之间、国家与非政府组织之间等的合作，同时实现网络空间的有效治理，携手构建网络空间命运共同体，必须摈弃零和博弈，树立合作共赢的健康理念。合作共赢的理念逐渐成为网络空间治理中的主流。习近平主席在 2018 年世界互联网大会中指出各国网络空合作要以共进为动力、以共赢为目标。我国的国家网络空间战略也体现了合作共赢的理念，要尽力弥补数字鸿沟，加大对落后地区的互联网技术及基础设施的援助，与落后国家和地区一起推动网络健康发展，积极有效开展国际合作，建立多边治理体系，一同建设合作、和平、有序的网络空间。世界互联网大会的组委会也发布构建网络命运共同体的行动倡议，也强调网络空间治理中合作共赢，要共同治理，发展成果共享。因此在中非网络空间治理合作中要树立网络空间合作共赢的理念，加强与非洲联盟、非洲各国、非政府组织、非洲企业的合作。中国既要与非洲联盟积极展开网络空间安全合作，也要重视与非洲国家建立双边合作关系，增加双方在网络空间安全方面的互动，为"一带一路"建设等中非高质量战略合作的顺利开展保驾护航。中非双方可在打击网络犯罪、网络恐怖主义、数据安全、个人信息保护、网络空间战略、司法协助等领域开展双边合作，共同打击网络恐怖主义、跨国网络犯罪等，打击非洲网络违法犯罪日益猖獗的情况，重塑非洲网络空间治理状况，营造良好的投资营商环境。同时中国与非洲各国可以通过中非互联网合作论坛、"一带一路"倡议不断深化中国与非洲联盟及非洲各国等的网络空间治理的交流合作。就目前情况来看，我国与非洲各国及非盟之间的国际网络空间治理合作尚处在初级阶段，各方之间交流频率低，容易缺乏互信等难题。因此我国应当借助中非互联网合作论坛深化交流合作，凭借"一带一路"倡议在非洲顺利推行的情境下，强化中国同非盟、非洲国家、非政府组织、次区域组织的合作，建立一个包括国家、非政府组织、次区域组织等以国家为主导的治理主体多元化的合作体系。除此之外，中国与非洲联盟应当一同构建网络空间治理的合作框架、机制及行动计划等，建立相应的协调组织，确保中非网络空间治理合作的顺利进行。

（二）共识：中非合作愿景

2016 年第三届世界互联网大会在浙江省乌镇成功举办，该会议以共建网络空间命运共同体为主题，共商网络空间治理大计。该会议首次开启了中非互联网合作论坛，开启了中非网络空间治理的新篇章，是中非携手构建网络空间命运共同体的重要节点。2021 年 8 月 24 日中非互联网发展与合作论坛以视频连线方式召开，共有 14 个非洲国家和非洲联盟的代表参加此次论坛，该论坛以"共谋发展，共享安全，携手共建网络空间命运共同体"为主题。论坛中，中方向非洲各方发出中非携手共建网络命运共同体的倡议，非常欢迎非洲国家的参与及支持。中方愿与非方一起共同推进互联网技术及相关产业发展、共同维护网络空间安全、共同参与网络空间治理、互联网发展成果共享。2021 年 12 月 15 日商务部发布了中非合作 2035 年愿景。该愿景以实现中非双方务实高质量合作发展为基础，综合考虑双方的历史背景和发展特点，结合联合国 2030 年可持续发展议程、非洲联盟的《2063 年议程》、中国 2035 年目标、中非各国发展战略，由中非双方共同制定了该愿景，推动构建更亲密的中非命运共同体。在此愿景中，中非双方将结为更紧密的共建一带一路伙伴，共同构建转型增长新格局、实现中非产业共促，在数字合作方面驱动非洲加速转型，中非将在 5G、卫星互联网、大数据、电子商务、智慧城市等领域展开合作共赢，中方会继续支持非洲互联网基础设施建设，发展数字产业，弥补数字鸿沟。由此可见，中非网络空间的治理合作，中非携手构建网络命运共同体的前景十分光明。

（三）目标：构建网络空间命运共同体

2021 年中非互联网发展与合作论坛成功举办，中方发起倡议，为未来中非网络空间合作指明了方向。具体行动措施有：第一，在发展方面，中非双方应当着力提升非洲信息基础设施的建设，推动在光缆骨干网、国际海缆等通信基础设施领域的合作建设，逐步提升互联网的接入水平，促进互联互通。第二，在安全方面，首先应当增强网络空间战略互信，鼓励双方合作与对话协商，反对网络攻击、威胁、讹诈，反对网络军备竞赛。其次加强关键信息基础设施保护，开展应急响应、信息共享、预警防范等方面的合作，开展保护经验交流。然后，打击网络犯罪、网络恐怖主义国际合作，深入完善机制建设，积极参与联合国打击网络公约全球性谈判，协调各国实践，共同打击网络犯罪。最后，加强数据安全及个人信息保护，积极开展相关规划标准的国际交流合作，推动联合国宪章宗旨个人信息标准国际互认，推动非方支持参与全球数据安全倡议。第三，在治理方面，支持在联合国框架各方普遍接受的国际规则，完善共享共治平台，支持世界互联网大会、世界移动大会、国际电信联盟、联合国互联网治理论坛等平台发挥积极作用，积极创建更多中非合作平台，搭建多渠道交流平台，深化中非网络技术人才交流，开展技术研发合作与技术人才培养，帮助非洲国家提升治理能力。在发展成果方面，中非双方共享网络发展红利。中方应当尽力弥合数字鸿沟，推动网络助力精准扶贫经验交流与分享，促进中非数字减贫合作。

结语

互联网技术的发展带来了重大的机遇，也迎来了新的重大安全风险与挑战。构建网络命运共同体已是全世界的共识，同时中非双方具有紧密的联系，中非合作前景广阔，双方有着中长期合作的方向与目标，这为双方的合作提供了契机。中非双方的网络空间治理合作不仅能帮助非洲提升网络空间治理能力，还有助于提升发展中国家在国际网络空间治理中的话语权，推动网络空间命运共同体的法治建设，实现双赢。

浅议乌干达核电建设及对中乌核电合作的思考*

甘振军**

内容提要 近年来，包括乌干达在内的非洲国家也开始重视民用核能的开发和利用。限于技术敏感性和安全性，过去我们对中非关系中的核电开发和合作关注不够。在新冠肺炎疫情背景下，非洲经济社会发展受到严重冲击。核能开发和使用，不仅是解决能源制约的突破口，从战略格局上来看也极具意义。作为技术和资金密集型的行业，核能产业链较长，中非核能合作有利于促进供应链和产业链的运转安全，规避相关风险，构建中非人类命运共同体。

关键词 乌干达 核电 中非关系

一、非洲发展核电的概况：历史基础和现实需求

长期以来，电力能源的短缺制约着非洲经济的发展。由于非洲国家发电能力不足，居民生活电气化率较低，电力价格又非常昂贵，供电系统稳定性欠佳，严重影响当地经济建设和生活需求。对于类似赞比亚采矿业和一些依靠电力发展的企业，制约更为巨大。① 在发展传统火电以及水能、风能和太

---

* 基金项目：湖南省教育厅科研项目（项目编号：21C0062）和湘潭大学博士科研启动项目（项目编号：2021BSQDF31）。

** 甘振军，男，安徽淮南人，湘潭大学马克思主义学院政治学（国际关系）专业硕士生导师，湘潭大学中非法律与人文交流基地研究成员。研究方向为亚非史、非洲问题研究。

① 吴磊，曹峰毓：《非洲核电工业发展热潮的冷思考》，《西亚非洲》2016 年第 6 期。

阳能等新型清洁能源的同时，非洲不少国家把目光投向了核电资源的开发和利用。如南非、埃及、尼日利亚、纳米比亚和乌干达等也开始采取行动，进行核电领域的探索。

目前火力发电是非洲发电的主要方式，占非洲总装机容量的77%。但是火力发电成本较高，增加进口成品油和煤炭的成本，不利于能源安全建设。在气候变化、水资源短缺的背景下，水力发电的制约因素也较大，肯尼亚、加纳的水力发电能力都有所下降，坦桑尼亚还一度关闭了所有的水电站，埃塞俄比亚为了在上游尼罗河修建复兴大坝，还与苏丹、埃及发生了水资源的争端。风能、生物能、太阳能和地热能等资源都是资金和技术密集型的产业，对资金和技术都提出了更高的要求，而核电的利用更是如此。

由于过度砍伐和放牧、温室气体排放和气候变化，非洲国家普遍面临土地荒漠化、水土流失、蝗灾等自然灾害，也造成不少社会问题。随着人口和经济的增长，非洲电力需求已难以满足。非洲自身拥有丰富的铀矿资源，据国际原子能机构（IAEA）的统计，非洲铀矿资源占世界的五分之一，主要分布在尼日尔、纳米比亚、南非、坦桑尼亚和博茨瓦纳。此外，在阿尔及利亚、中非共和国、加蓬、马拉维、马里、赞比亚、津巴布韦等国也拥有可观的铀矿资源。

实际上，在20世纪，非洲国家核工业也得到了发展。1913年，比属刚果发现非洲首座铀矿。1915年，比属刚果再次发现2.5万吨储量的铀矿。限于技术，直到1943年，才开始大规模开采用于制造核武的“曼哈顿计划”。美苏冷战前期主要是开采阶段，南非、赞比亚、加蓬、尼日尔和纳米比亚等国先后进行了铀矿开采。1956年，南非是世界第二大铀矿开采国，比属刚果位列第四。埃及、利比亚、加纳、尼日利亚和南非陆续启动了核研究计划。1955年，埃及进行基础性核能研究，然后转向对抗以色列的军用目的。1971年，南非进行核爆试验可行性研究，1976年建立首座核电站，1978年研制成功武器级浓缩铀，1979年获得核武器制造能力。利比亚、加纳和尼日利亚都进行过核计划的尝试，但都陷于停滞。20世纪80年代，美苏两国核电站事故的阴影也影响到非洲的铀矿开发。马里、博茨瓦纳、纳米比亚与坦桑尼亚的铀矿勘探活动也停顿。埃及、南非和利比亚先后签订《不扩散核武器条约》，逐步停止了研究。

日本福岛核电站事故之后，全球核电业一度陷入停滞状态。然而，随着经济的发展，古老的非洲大陆却掀起一股“核电热”。《非洲发展报告

2015》指出，每年非洲因缺少供电而造成的经济损失，已经占到其 GDP 总量的 2%。目前非洲各国每年共投入 80 亿美元改善电力短缺情况，仅占其 GDP 总量的 0.49%。照此速度，非洲要到 2080 年才能解决电力供应问题。据估算，非洲每年需拿出其 GDP 总量的 3% 到 4%，大约 550 亿美元，才能在 2030 年前解决电力供应问题。

非洲发电普遍使用柴油，南部非洲国家则多用煤炭，在全球提倡节能减排的背景下，柴油和煤炭都不是清洁能源。巨大的电力缺口使得核电成为解决能源问题的首选。非洲较大的经济体，南非、肯尼亚和尼日利亚①，以及略小的铀矿产国纳米比亚和尼日尔，都决定利用核能发电。加纳、塞内加尔、乌干达和摩洛哥也公开表达对核电的兴趣。IAEA 也表示，将帮助这些非洲国家发展核电。2010 年非洲联盟建立非洲核能委员会，以协调和促进非洲各国核能发展。

二、乌干达核电建设的缘起和发展

乌干达自 20 世纪 90 年代末以来就面临能源危机。乌干达人口 4300 万，随着经济增长，电力需求明显增加。为了使主要以水电为基础的国家能源结构多样化，2008 年乌干达开始考虑核电开发，同时原子能法生效。

乌干达能源和矿业部官员表示，乌干达将在未来 10 年到 15 年内利用本国储备的铀开发核电。据肯尼亚《东非人报》报道，由于维多利亚湖水位下降以及尼罗河水力发电量减少，乌干达政府正在考虑开发核电。2006 年至 2007 年财政年度，乌干达政府设立了 5650 万美元的能源基金，其中 4000

① 南非一国就包揽了撒哈拉以南国家电力装机总量的 50%。该国还是目前非洲唯一拥有核电发电能力的国家，已经拥有 2 吉瓦的装机容量。南非还增加资金投入，在 2030 年前将核电装机量提升至 9.6 吉瓦。南非还为其核电站建设招标，吸引包括法国核电巨头阿海珐、法国电力，俄罗斯国有核电企业 Rosatom 以及中广核和韩国电力公司在内的全球诸多核电企业参与，以便获得投资和技术。肯尼亚计划在 2025 年前，增加 1 吉瓦的核电装机容量，到 2033 年将把核电装机提升至 4 吉瓦。肯尼亚已经同中国、韩国、斯洛文尼亚分别签署了核电技术合作协议。肯尼亚还派遣技术人员赴韩国接受核电工程技术培训。2007 年，尼日利亚首次宣布核电发展计划并邀请俄罗斯核电公司参与开发。2012 年，俄罗斯核电公司 Rosatom 和尼日利亚政府签署了合作协议，将为尼日利亚核电站试运行及设备退役提供支持。该项目总共包括 4 座电厂，每座价值 50 亿美元。尼日利亚计划在 2025 年完成第一座电厂。Rosatom 将为这项价值 200 亿美元的项目提供融资和运营帮助。

万美元用于支付给热电厂。2007 年至 2008 年财政年度能源基金又增加 2570 万美元。①

2009 年，根据 IBI 公司与乌干达总统穆塞韦尼商谈结果，该公司将成立顾问委员会帮助乌干达利用本国铀资源开发核能，还将为乌干达国家能源发展计划提供咨询服务。乌干达政府如计划顺利开发核能，除建立相关法律外，还需获得国际原子能机构的技术支持及解决乌干达在铀开发和核能方面存在的技术力量不足等问题。②

2009 年 5 月 21 日，乌干达原子能委员会宣告成立。这标志着继南非、尼日利亚、埃及和肯尼亚之后，乌干达加入发展核电的行列。国际原子能机构总干事巴拉迪 22 日表示："越来越多的非洲国家对开发利用核电感兴趣，这是因为它们面临着能源安全问题。"乌干达素有"高原水乡"之称，水力资源丰富，但受全球气候变化影响，维多利亚湖水位连年下降，两座大型水电站发电能力受到制约，38 万千瓦的装机容量实际发电量仅达 10 万千瓦。乌干达缺乏煤炭资源，只能依靠昂贵的柴油发电弥补水力发电的不足，电价高昂逼迫制造业厂家关门倒闭或迁往邻国。电力不足问题成为乌干达国家经济发展的核心问题。③

2009 年 9 月，国际原子能机构为新成立的乌干达原子能委员会的有关人员提供技术培训。此后，乌干达与 IAEA 在核电项目可行性研究、铀矿勘察与评估、癌症治疗、核辐射安全基础设施建设等方面展开合作。乌干达能源部计划在 IAEA 帮助下开展综合核基础设施审查活动，强化核能监管，依据国际法修改原子能法。2013 年乌干达出台《2040 年愿景路线图》。2015 年 4 月，乌干达内阁批准通过《核电路线图发展战略》。

2016 年，乌干达全国总发电装机容量接近 90 万千瓦，其中水电 74%、热电 15%、生物质（甘蔗）及其他发电 11%。2017 年底，全国总发电装机容量也不过 95 万千瓦。2017 年，中国企业承建两个乌干达水电项目，60 万千瓦的卡鲁玛项目和 18.3 万千瓦的伊辛巴项目。中国进出口银行提供 85%

---

① 张婧：《乌干达考虑利用本国铀资源开发核电》，资料来源于：http：//news. sohu. com/20080422/n256450059. shtml。

② 商务部：《乌干达计划开发核能》，资料来源于：https：//news. bjx. com. cn/html/20090326/209694. shtml。

③ 中国核能行业协会：《非洲国家对核电兴趣大增》，资料来源于：http：//www. china－nea. cn/site/content/17348. html。

的融资。按照愿景图计划，到2030年全国总发电装机容量达到3125万千瓦，到2040年达到4174万千瓦。核电占到60%，其次是太阳能、水电和热能。按照《2040年愿景路线图》，到2040年乌干达要建设20台核电机组，总装机容量3000万千瓦。首台机组2026年完成投入运营。现有条件下，乌干达将先建设2台核电机组，总装机200万千瓦，首台2031年建成调试。高值情景下，2台核电机组，总装机230万千瓦，首台2028年建成调试。低值情景下，1台核电机组，总装机100万千瓦，首台2034年完成调试。目前核电项目发展遇到的瓶颈主要是：严重缺乏核工业方面的专业技术人才，远远不能满足核电计划的需求；作为资金密集型的项目，缺乏融资也是燃眉之急。

2015年，美国与欧盟签署关于加强“非洲能源计划”框架下合作议定书。该计划由美国总统奥巴马于2013年提出，旨在为撒哈拉以南非洲6亿人口提供用电便利化。到2020年，欧盟提供25亿欧元，连同成员国的资金，欧盟将筹集高达200亿欧元资金用于对非投资或为在非项目提供融资。美国与欧盟在撒哈拉以南非洲提供能源合作包括发展小型电网、提高技术支持协作能力及改善能源效能等。在域外大国不断加强对非资金投入的背景下，乌干达也开始加强核能领域的国际合作。

2016年10月，乌干达与俄罗斯国家原子能合作组织签署核电领域合作备忘录。2017年6月，双方再次签署核电合作备忘录。内容涉及铀资源开发、核电基础设施开发、人员培训、核研究中心等。两国还确定铀资源合作的细节。2019年10月，俄罗斯-非洲峰会在索契举行。乌干达表示已与俄罗斯签署政府间协议，以帮助东非国家建立利用核技术进行能源、医疗和其他和平目的的能力。①

2017年5月，中核集团中国中原对外工程有限公司与乌干达能源与矿产部代表团草签核能合作谅解备忘录文本。乌干达方还拜访中国国家核安全局，参观原子能院以及福清核电工程“华龙一号”示范工程建设现场，就中国核监管体系、“华龙一号”核电技术、人员培训等方面进行交流。乌方表示，希望加快核电领域交流与合作，促进核电项目早日落地。乌干达目前装机容量为800兆瓦，按照长期规划，到2035年装机容量将达到40000兆

① 中国核电网：《非洲多国欲与俄罗斯开展核能合作》，资料来源于：https://www.cnnpn.cn/article/17630.htm。

瓦。乌干达已将核能发展纳入未来能源结构写进发展蓝图中。①

2017年8月，媒体报道乌干达政府计划在5个地区修建核电站，总装机容量2000兆瓦。首座核电站计划于2026年建成，其他核电站将陆续在2034年前完成。俄罗斯和中国将为乌核电设施提供技术和资金支持，核电站运营成本高达745万亿乌先令（约2068亿美元）。

2018年5月，乌干达总统穆塞韦尼表示已确定包括Mubende地区在内的9个地区为核电站备选地址，核电站装机容量将达到2000兆瓦。根据乌干达2040远景规划，至2040年将有60%通过核电解决。② 中国已是乌干达基础设施项目的主要投资国。2018年5月11日，中国核工业集团签署谅解备忘录，帮助乌干达建设及和平利用原子能。双方合作将涉及核电基础设施的开发，包括核电站的设计、建造和运营。此外还将优先推动核技术在医学、农业及工业领域应用合作。中核集团领导详细介绍核工业全产业链、“华龙一号”建设及海外市场开发情况，重点展示在核技术应用、新能源开发、工程建设等方面的能力，表示愿与乌干达分享技术和经验，帮助乌提升基础设施能力，提高人民生活水平。③

2019年4月，乌干达国家自然资源委员会主席率领的代表团访问中国电建集团国际工程有限公司，积极评价卡鲁玛项目进展，欢迎中国电建继续在核能等新能源项目上合作，共同推动乌干达电力发展。此时，卡鲁玛项目完成比例为90%，项目首台机组于2019年7月具备发电条件，年底全部完工。④ 2015年，中国电建集团所属中国水电建设集团国际工程有限公司凭借其在卡鲁玛水电站实施过程中为乌干达民众提供大量就业机会和优质工程服务，获乌干达可持续发展奖成为唯一获奖中资企业。

2021年12月，国际原子能机构专家组访问乌干达，对其核电计划基础设施情况进行审查评估。乌干达能源和矿产开发部（MEMD）主持这次评

---

① 中核集团：《中原公司与乌干达能矿部达成核能合作意向》，资料来源于：http：//www. caea. gov. cn/n6758881/n6758890/c6786357/content. html。

② 中非贸易研究中心：《中核集团与乌干达政府签署核能开发协议》，资料来源于：http：//news. afrindex. com/zixun/article10842. html。

③ 中核集团：《中核集团与乌干达签署合作谅解备忘录 共推核技术应用合作》，资料来源于：http：//www. caea. gov. cn/n6758881/n6758892/c6801419/content. html。

④ 中国电建集团国际工程有限公司东南非区域总部：《乌干达卡鲁玛水电站项目业主团到访公司》，资料来源于：https：//www. powerchina－intl. com/gszx/1058. html。

估。专家组的人员结构是来自阿尔及利亚、摩洛哥、土耳其和美国的4名国际专家以及7名原子能机构工作人员。评估认为，乌干达出台了核电能源政策，并成立了核能计划实施组织（NEPIO），且已完成对基础设施问题的多项研究，还规划了乌干达核电路线图。专家组建议乌干达加强其加入相关国际法律文书和制定相应法律框架的计划；进一步评定和规划核电计划所需的人力资源开发；分析电网的准备情况，并继续在选址、环保、融资和辐射防护等领域开展工作。

三、近年中国核电“走出去”战略的提出和实施

2010年8月，中国国核海外铀业有限公司与中非发展基金有限公司正式共同设立对非洲铀资源投资与开发平台，充分利用中核集团的勘探、矿冶、运营经验和国家开发银行的投融资优势，共同开拓非洲铀资源市场。2010年9月，国家批准湖南省核工业地质局三〇三大队《赞比亚铜带省卡卢鲁西铜多金属矿地质调查与评价项目》。这成为湖南省地质单位首个利用国家资金出征海外地质市场的项目。① 2012年5月，核地研院非洲项目组科研人员赴尼日尔开展野外科研工作。2012年9月，核工业二〇三所项目组赴尼日利亚东北部贡比地区铀矿地质调查评估。2012年10月，有媒体报道纳米比亚、尼日尔、马拉维和南非成为非洲铀矿“四小强”，对外国投资持开放态度。

2011年日本福岛核电站泄漏事故一度使得核电安全应用陷入低迷。2013年8月，《中国能源报》发表文章《核电“走出去”应成为国家战略》，认为中国核电技术成熟、核电企业应形成合力，积极参与国际核电合作。② 2013年10月，国家能源局公布《服务核电企业科学发展协调工作机制实施方案》，首次提出核电“走出去”战略。2014年3月，推动核电等技术装备走出国门首次写入政府工作报告。11位政协委员联合提出核电“走出去”提案。2014年4月，中国核电技术装备产业联盟举办年会，中核集团、中国广核集团有限公司等发起单位出台了当年“走出去”的工作目标

---

① 中国核工业集团有限公司默认部门：《国家批准三〇三大队非洲地质项目》，资料来源于：https：//www. cnn c. com. cn/cnnc/xwzx65/yxdt10/754621/index. html。

② 王苏礼：《核电“走出去”应成为国家战略》，《中国能源报》2013年8月5日，第21版。

和计划。2014 年 11 月到 2015 年 1 月，李克强总理四次主持国务院常务会议，部署加快铁路、核电、建材生产线等中国装备“走出去”，推进国际产能合作。据商务部官网援引南非当地媒体消息称，中国表示希望参与建设南非新核电站。此前受日本核泄漏事故影响而暂缓审批核电项目的局面将出现大幅改观。中国广核集团、中国国家核电技术公司分别与南非核能公司签署协议，为南非提供核能技术培训项目。2015 年 9 月《人民日报》报道，中国广核集团有限公司与肯尼亚能源与石油部核电局在大亚湾核电基地正式签署核电开发合作的谅解备忘录。中国核电企业还参与角逐南非核电市场，国家电投将与中广核联合竞标，与国际核电巨头同台竞技。

2016 年 1 月 19 日，在习近平主席与沙特阿拉伯国王见证下，中国核建集团和沙特能源城签订备忘录，这是两国共同落实“一带一路”倡议的重要举措，在“十三五”开局之年，我国具有完全自主知识产权的高温气冷堆第四代核电技术实现了“走出去”重大突破。在“一带一路”倡议带动下，包括南非在内的非洲国家自然也是核电合作的对象，这是国家战略的重要组成部分，以自主研发为基础、以技术输出为龙头，能够带动工程设计、装备制造、工程建造、运营服务等核电产业链集成“走出去”，有利于我国延伸全球产业链，提升国际竞争力。

在 2017 年 8 月第十二届中国核电技术发展高峰论坛上，国家核电副总经理表示，核电“走出去”是国际政治、技术品牌、投融资能力综合竞争的结果。国家核电正开拓南非等国际核电市场。中国原子能科学研究院副院长表示，国际上现在有 70 多个国家已经或正在计划发展核电，其中“一带一路”沿线国家占 40 多个，核电“走出去”面临大好形势。2002 年以来，原子能院向坦桑尼亚和乌干达等国出口了众多核技术应用产品。2017 年 9 月，《人民日报》发表了题为《中国核电 走出国门》的文章，作为国家核心竞争力代表的“国之重器”，中国核电“扬帆出海”，技术上有保障，安全上有优势，经济上有竞争力，将为全球清洁能源产业发展带来机遇，也将为拓展同各国的互利共赢合作提供助力。

四、关于中乌核电合作的风险和挑战

乌干达地处东非大湖地区，近年来政局稳定，经济增长也较快，对外国投资几乎没有太多行业准入限制和投资比例的限制，资本进出和货币兑换相对自由宽松。人口密度大、市场潜力大，劳动力成本也较低。投资法律法规相对健全。宗教和工会势力影响较小。作为东非共同体和东南非共同市场的成员国，乌干达产品享受优惠待遇。乌干达也是《罗马公约》和美国《非洲发展和机会法案》的受益国，产品出口欧美享受免关税和免进口配额的政策。

但尽管如此，在乌干达进行核电投资依旧面临一些不容忽视的问题和挑战。首先，政治风险依然存在，这有可能在未来增添不确定因素。其次，政府财力紧张，这在整个非洲都是普遍存在的问题。政府信贷融资的难度非常大。政府财政预算也十分有限，基本上无力承担大型项目融资。国际金融市场信用评价不高，很难获得国际融资。再次，营商环境有待改善。世界经济论坛《2017—2018 年全球竞争力报告》中，乌干达在全球 137 个国家和地区排名第 114 位。世界银行《2018 年营商环境报告》中，乌干达营商环境指数在全球 190 个经济体中排名第 122 位。这些都是极为不利的评价。最后，乌干达基础设施建设非常落后，增加了不少项目投资的成本。乌干达国内交通主要依靠公路运输，而且公路基本上是双向两车道，道路状况不佳。铁路运营里程较短而且是窄轨铁路，管理运营也是状况很多。电力设施极度短缺。全国范围内电力供应紧张，电压不稳，电价较高。企业还要自备发电机组。全国只有部分城市可以使用自来水，其余情况下只能打井取水。这些状态都会增加项目投资的成本。此外，还存在一些其他风险和挑战，如土地所有权混乱。企业购置土地后还会遇到当地的诉讼。项目征地困难，当地居民要价太高，迫使改变项目。当地的劳动者技能水平低下，缺乏高素质的产业工人和管理人员。在当前非洲疫情防控形势极为严峻和东非大湖地区面临干旱、蝗灾和地区冲突的背景下，这些风险和挑战都要考虑进去。

根据一项乌干达核电市场的调研分析，乌干达核电发展面临如下挑战和风险：市场供需波动的风险；核电市场相关政策变动的风险；竞争带来的风险；汇率波动风险；投资回收周期较长的风险；跨国人才储备不足及经营管理磨合的风险；与当地劳工关系处理不当的风险；关联行业不配套的风险；利润汇出等相关金融风险；其他风险。对于 2019—2025 年在乌干达投资核电项目的建议：在乌干达投资区域优化布局选择；与乌干达地方政府争取优惠政策；做好跨国人才储备及当地化经营；正确处理当地劳资关系。① 报告

---

① 《乌干达核电市场调研分析与前景预测报告 2019—2025 年》，产业经济研究院 2019 年 11 月报告。

还分析了影响乌干达核电市场发展的考察指标，包括 GDP、经济结构、汇率波动和人口结构，点评相关核电准入政策、投资贸易政策，对 2019—2025 年乌干达核电市场的前景进行预测。值得一提的是，该报告还判断了乌干达核电市场的生命周期和未来增长性潜力，通过对乌干达本土电力企业、外国企业都进行调研，分析中国企业在乌干达电力市场的状况，认为乌干达核电市场将带来如下机会：核电市场带来的相关设备需求增长的潜力；核电市场带来的工程承包的机会；重量级区域市场的机会；向周边地区出口电力的市场机会。[①] 需要注意的是乌干达电力国际合作，乌干达和肯尼亚通过电网系统相互连接。如果乌干达电力系统出现故障，肯尼亚就是唯一的电力来源。为了维持电力供应，在两国任何一个国家出现电力赤字或盈余的情况下，都应该调配平衡电力资源。2020 年华研中商研究院发布一项报告，对乌干达电力市场也做了详细的调研。[②]

五、关于中乌核电合作的几点思考

（一）将中乌核电合作置于中非合作整体框架下考量

中乌核电合作，应该把中非合作作为整个观察的背景和坐标，将非洲其他国家的核电建设情况形成参考，彼此关照。

当前，中非关系全面发展。2015 年中非合作论坛约翰内斯堡峰会、2018 年中非合作论坛北京峰会、2020 年中非团结抗疫特别峰会、2021 年中非合作论坛第八届部长级会议，特别是近年一系列高端会议的主办和重磅政策文件的出台[③]，对南南合作清晰阐释了中国的原则立场，再次表明中非从来都是命运共同体。中非合作政治上平等互利、经济上合作共赢，安全上守

① 《乌干达核电市场调研分析与前景预测报告 2019—2025 年》，产业经济研究院 2019 年 11 月报告。

② 《中国企业投资乌干达电力市场投资前景预测及规划建议报告 2020—2026》，华研中商研究院 2020 年 5 月北京华研中商经济信息有限公司调研报告。

③ 2017 年，首届“一带一路”国际合作高峰论坛；2019 年第二届“一带一路”国际合作高峰论坛；2020 年 5 月，第 73 届世界卫生大会视频会议；2021 年 1 月国务院新闻办公室发表《新时代的中国国际发展合作》白皮书；2021 年 11 月，国务院新闻办公室发表《新时代的中非合作》白皮书，12 月，商务部西亚非洲司发表《中非合作 2035 年愿景》。2021 年 11 月发表《中非合作论坛第八届部长级会议达喀尔宣言》和《中非合作论坛—达喀尔行动计划（2022—2024 年）》。

望相助。能源资源合作也是中非关系的重要组成部分。①

2020 年 8 月，国际原子能机构发布《2020 年核技术评论》。涉及非洲的有：南非国家电力公司埃斯科姆开始大修库贝赫核电站，延长至少 20 年的使用寿命；新入列的非洲国家中，埃及位于埃尔达巴的 4 台机组核电站已获得场址许可证，建造工作于 2020 年中开始，首台机组预计 2026 年完成调试，其他 3 台机组计划 2028 年完成调试。尼日利亚正计划通过建造—拥有—运行—转让方式建造 4 座反应堆，第一台机组将于 2027 年正式投入运行。

纳米比亚和尼日尔着眼点在铀矿生产开发。纳米比亚拥有 4 座已开发的铀矿，罗辛铀矿和哈萨博铀矿 2019 年的产量分别为 2200 吨铀和 3028 吨铀，而兰杰·海因里希铀矿和特雷科皮铀矿正处于保养和维护状态，但已经重启可行性预案。尼日尔拥有两座运行中的铀矿，其 2019 年的产量与 2018 年相同，分别是 1769 吨铀和 1115 吨铀。总体而言，非洲 2019 年的铀产量为 8100 吨铀。在放射性废物管理方面，南非探索干旱地区低放废物的深沟处置。

如前所述，以南非、埃及、乌干达为代表的众多非洲国家正在积极发展核电产业，或者发挥其铀矿的资源潜力，或者维护运转其现有的核电站，或者进行总体布局和顶层设计。而中国也面临着实施以高铁和核电为代表的中国装备技术等“走出去”的时代任务，更应该从微观层面思考如何将非洲国家工业化与中国的“一带一路”倡议相对接。② 这是中乌核电合作的大背景。

（二）在技术层面正视非洲国家发展核电的基础和现实

毋庸讳言，非洲多国发展核电的条件尚不成熟。中国企业对此应当有冷静的认识，积极面对其他国家核电企业在非洲的竞争，并积极推动其他有核电规划国家的核电建设条件。具备全部中国知识产权的高温气冷堆技术路线

---

① 商务部网站：《中非合作 2035 年愿景》，资料来源于：http：//xyf. mofcom. gov. cn/article/lt/202112/20211203226116. shtml。

② 笔者就本研究涉及的“nuclear power”“nuclear plant”“核电”“核能”等关键词的中英文表达与来自乌干达的留学生进行了交流，认为中英文表达的语境不同容易引发不必要的联想，需要在翻译和沟通方面寻找更合适和清晰准确的表达，做好民间跨文化领域的沟通，以免出现错误认知产生误判。

的核电站，比较适合非洲。① 中非能源合作正面临着向清洁和低碳转型。《中非合作2035年愿景》报告明确指出，中国支持非洲提高水能、核能等清洁能源利用比例，基于各国发展水平和能源需求，积极开发太阳能、风能、地热、沼气、潮流、波浪等可再生能源，通过分布式供电技术为非洲偏远地区提供稳定、可负担电力供应，支持光伏产业发展。② 对于乌干达而言，生物质能应用在当下更普遍和广泛。③

从安全的角度考虑，非洲国家距离正式启动首台核电机组建设还至少需要10年时间。商业运转磨合也得10年时间。撒哈拉以南非洲国家中近年启动商业核电厂建设的准备不足。即使是南非，其核电建设计划也因资金问题而停滞。④

中非核电合作的总体情况来看，中国帮助部分非洲国家建立实验反应堆，支持核科学研究和人才培养，确保核能民用安全运行。如加纳的30千瓦微型中子源反应堆、阿尔及利亚的15MWt重水堆、尼日利亚的30千瓦微型中子源反应堆等。中国帮助他们改造维护原有实验反应堆，实现安全运行并降低核扩散风险。2017年，中广核和肯尼亚签署华龙一号核电站项目合作协议。摩洛哥计划和中国合作建设10MWt热反应堆，用于日产8000吨海水淡化项目。南非自2000年起投入近10亿美元研究高温气冷堆，但仅持续了十年，相关公司裁员75%近800人。原因是该项目没有发现潜在用户、投资超预算，已有研究未取得重大技术突破，而且南非财政紧张。因为在非洲大规模建设核电站的条件不充分，虽然非洲具备铀矿资源等核燃料，但核电需要强大经济基础、相当数量的核技术人才和大规模高压输变电网络，这些都有待完善。而且，国际社会出于核扩散的考虑，对各国和平发展核电站

---

① 据报道，由清华大学牵头研制、正在山东荣成建设200兆瓦商业示范核电项目的高温气冷堆技术路线是可能会成为中国核电走进非洲的主要技术路线。高温气冷堆安全、灵活、多用途，建造比较简单成本低，可应用于高效发电、石油化工、煤的气化与液化、稠油热采、海水淡化、核能制氢、直接还原炼钢、油页岩提炼等领域。中国可先从培养核电人才入手，完善非洲电网等基础设施建设，等条件成熟后再发展核电。

② 商务部网站：《中非合作2035年愿景》，资料来源于：http://xyf.mofcom.gov.cn/article/lt/202112/20211203226116.shtml。

③ （肯尼亚）霍维克·澳蒂诺，约瑟夫·阿旺著：《东非能源资源》，经济管理出版社2014年版，第157—174页。

④ 伍浩松，张焰：《撒哈拉以南非洲国家与核电》，《国外核新闻》2018年第5期。

有严格的审核体系，各国尚有大量沟通和准备工作。①

乌干达的基本核电发展预期是到2031年拥有2台1000兆瓦核电机组。乌能源和矿业开发部已与包括俄罗斯和中国在内的多个核技术供应商签署协议。目前候选厂址分别位于Kyoga（湖）、Kagera（河）和Aswa（河）地区。中乌核电合作应充分考虑乌干达现有技术基础，技术配套也应贴近当地实际，参照其他非洲国家的核电情况，选择合适的核电合作技术路线。如小型模块堆技术，相对于传统商业核电机组，具有装机容量小（通常不到300兆瓦）、初始投资低、建设周期短、用途广泛、安全性好、适于在无电网的偏远地区建设等优势。

（三）从市场、法律、人力资源培训等多层面综合配套中乌核电技术合作

首先，要考虑乌干达的电力市场因素。目前市场上占主导地位的商业核电机组的装机容量通常为1000兆瓦或更大，超出了许多国家的承受范围。电力市场的经验法则是，一座电厂的装机容量不应超过其所在国家电网总容量的10%。

其次，核电站的建设涉及土地、能源、安全等方方面面的问题。法律规范和监管框架特别重要，在中乌核电合作方面更是如此。应充分考虑乌干达核电合作产业链上所涉及的投资法律风险、贸易法律制度、工程承包法律制度、劳工法律制度、财税金融法律制度，特别是环境资源法律制度也应需要充分论证。对乌干达的法律环境作出充分的评估和论证，避免效益低下和资源浪费。② 2021年，乌干达议会通过新的《采矿和矿产法议案》，增加了很多本地化的内容，2022年2月通过法案授权增加国家矿业公司的免费股份，增加当地就业和培训等。对于这些新变化，应跟踪研究，做好法律框架方面的对接和应用。

最后，应该结合对非人力资源培训，特别是乌干达孔子学院和鲁班工坊建设，以及云南援乌干达医疗队，有效对接双方的资源。湘潭大学在坎帕拉与非方合作共建了乌干达孔子学院，在教育文化交流方面成果丰硕。乌干达鲁班工坊由天津工业职业学院、埃尔贡乌干达技术学院、乌干达天唐集团共

---

① 王宇栋：《非洲核电发展需求分析》，《中国投资》2021年第7期。

② 目前湘潭大学法学院已经出版一套非洲法文库，其中洪永红，张小虎主编的《非洲六国法律环境报告》（湘潭大学出版社，2021年版）和张小虎的《中国对非洲投资的环境法律规制与风险防控》（中国社会科学出版社，2022年版）对本课题的研究也有借鉴价值。

同建设。项目以天津工业职业学院特色专业黑色冶金技术和重点专业机电一体化技术作为建设重点，在埃尔贡乌干达技术学院建电气自动化技术实训中心、数控加工实训中心、工业仿真实训室、工程实践创新实训室，在中乌姆巴莱工业园建鲁班工坊实训基地。① 2020 年底，乌干达鲁班工坊“云揭牌”。中乌核电合作是一个系统工程，不仅需要大量资金，也急需相当数量的高技术人才。中乌双方需在多个方面对接人力资源培训。2022 年 3 月还举办了中国和乌干达职业技能发展与创新大赛。大赛分为精密机械加工、数控加工、焊接技术、电气自动控制技术 4 项，分设 4 个分赛区，主赛区位于乌干达工业研究所下设的中国援乌工业技能培训与生产中心。成立于 2021 年 5 月的中非职业教育联盟对此提供了支持。天津是中国职业教育资源发达的省份，特别是正在滨海新区建设的中国核工业大学天津校区更是为中乌核电合作提供了可配套的资源。② 此外，湖南的南华大学是工业和信息化部、生态环境部、国家卫健委、国家国防科技工业局、中国核工业集团公司与湖南共建的综合性大学，在核燃料、核医学、核安全和装备制造领域享有行业美誉度。湖南省高度重视对非经贸等业务，在核电领域必将有新作为。

总之，核电合作是中非关系的重要组成部分，尽管该行业较为敏感，其安全问题往往会使人感到顾虑，特别是近年国际形势核威胁、核扩散的风险依然存在，但核电民用的前景是乐观的，中非核电合作会带来更大的发展机遇和空间。随着乌干达国家工业化和现代化的进程加快，中国对乌干达也实施了一系列配套举措，中乌双方在“一带一路”倡议框架内的核电合作会更加行稳致远。

---

① 甘振军：《中非职业教育合作的新探索：鲁班工坊》，资料来源于：http：//iwaas. cass. cn/xslt/fzlt/202105/t20210510_ 5332329. shtml。

② 2018 年全国两会期间，全国政协委员、中核集团中国原子能科学研究院时任院长万钢建议：应从核工业发展国家战略层面考量创办中国核工业大学。2018 年 6 月，中核集团与天津市签署战略合作框架协议，围绕核产业，建成集人才技能培训、硕士及博士学历教育、国际学术交流、核心技术研发等功能于一体的国家级产学研创新示范基地。中国原子能科学研究院、中国核工业大学、核工业航测遥感中心与中新天津生态城管委会签署合作协议。2021 年底，核工业大学天津校区建设基本完成。

非洲安全新态势与中非安全合作新机遇

郭婷婷*

内容提要 安全问题长期以来一直是困扰非洲国家政治稳定与经济发展的重要问题。2021年以来，非洲安全形势呈现出“稳中有变”的态势。其中，恐怖主义形势持续恶化，非传统安全问题热度不减。较之去年，非洲地区军变逆势明显增加，局部地区热点问题凸显，武装冲突时有发生。部分事件影响到我国在非人员安全与中非投资领域的合作与深化。中非和平与安全合作有着良好的基础与牢固的顶层设计指导，未来中非安全合作面临着合作领域的扩大与深化、人道主义援助的现实需求等机遇，同时也存在着保障在非投资、人员安全等方面的要求与挑战。

关键词 非洲 安全 军事政变 恐怖主义 中非安全合作

引 言

2021年以来，非洲地区安全形势持续恶化，恐怖主义和极端势力联动之势愈发明显，多国发生军事政变，热点地区武装冲突反复不断，新冠肺炎疫情、洪灾等非传统安全问题热度不减。非洲安全问题不仅给非洲人民造成深重灾难，动摇非洲国家局势稳定与经济发展的根基，威胁国际安全与和平形势，也对中非安全合作与共建“一带一路”提出了新的挑战与新的要求。

一、非洲安全形势的新态势

2021年以来，非洲安全形势发展延续了2020年动荡不安的状态，其恐

* 郭婷婷，女，安徽省宿州人，浙江师范大学非洲研究院政治学专业硕士研究生，研究方向为苏丹问题、美国与乌干达关系。

怖主义形势呈现出各恐怖组织联动、恐袭烈度增强、地理范围扩大的特征。此外，军事政变逆势增加，局部地区武装冲突频发。总的来说，非洲安全形势延续了近年来非传统安全问题凸显、传统安全问题热度不减的态势。

（一）恐怖主义形势持续恶化

2019年疫情以来，全球恐怖主义活动有所下降，聚焦到非洲，恐怖主义形势却呈现出恶化局面。全球主要恐怖组织“伊斯兰国”（IS）① 和基地组织②与非洲各极端主义势力相勾结，各国反恐力度受政府能力、疫情等的负面影响，非但没有扼制恐怖组织在非洲的勾连，反而呈现出“愈反愈恐”的态势。根据经济与和平中心公布的《2021年全球恐怖主义指数》，在全球受恐怖主义威胁很高和较高的40个国家中，有17个为非洲国家，其中南苏丹、索马里、刚果（金）和中非共和国位列前十，马里、喀麦隆、埃塞俄比亚、尼日尔、布基纳法索和津巴布韦与去年相比恐怖主义指数均有所上升。③

自2017年、2019年在伊拉克、叙利亚失利以来，“伊斯兰国”和基地组织开始向非洲传导。近年来，“伊斯兰国”和基地组织频频在非洲招募团伙，并将非洲本土极端主义势力吸纳为其分支。当前，“伊斯兰国”在北部非洲的分支有“伊斯兰国”利比亚省、“伊斯兰国”阿尔及利亚省和“伊斯兰国”西奈省，撒南非洲分支有“伊斯兰国”西非省、“伊斯兰国”索马里省和“伊斯兰国”中非省，其中“伊斯兰国”西非省又可分为“伊斯兰国”西非省核心分支和“伊斯兰国”大萨赫勒分支，前者主要在尼日利亚、尼日尔、乍得和喀麦隆等国活动，后者主要在马里、尼日利亚和布基纳法索三国交界地带活动，“伊斯兰国”中非省则主要在刚果（金）、乌干达和莫桑比克北部地区活动。④ 基地组织在非洲的主要分支包括伊斯兰马格里布基

① 注：The Islamic State，一个活跃在伊拉克和叙利亚的萨拉菲圣战主义组织，未被世界广泛认可的政治实体，奉行极端保守的伊斯兰原教旨主义瓦哈比派。组织领袖巴格达迪自封为哈里发，定国号为“伊斯兰国”，宣称自身对于整个穆斯林世界拥有统治地位。

② 注：基地组织是沙特富豪本·拉登在1988年成立的伊斯兰教军事组织，被指策划了多宗主要针对美国的恐怖袭击，被联合国安理会列为世界恐怖组织之一。

③ Institute for Economic and Peace，“Global Terrorism Index 2021：Measuring Peace in a Complex World”，Sydney，June 2021，pp. 9 – 10。

④ 刘中民，赵跃晨：《“伊斯兰国”在撒哈拉以南非洲的渗透及其影响因素分析》，《国际展望》2018年第2期。

地组织和索马里青年党，其在萨赫勒地带的马里、乍得、布基纳法索和毛里塔尼亚也异常活跃。①“伊斯兰国”、基地组织利用疫情下非洲社会失序和发展受阻，与其分支组织勾连在非洲加速拓展势力范围。2021 年以来，非洲暴恐袭击事件多发，3 月，尼日尔西部地区多个村庄遇袭，137 名平民死亡；3 月 30 日，莫桑比克北部帕尔马镇遭到恐怖分子的袭击，数十人死亡；4 月，“民主同盟军”在刚果（金）东北部一处村庄发动袭击，至少 25 名平民丧生；5 月，喀麦隆英语分离主义者发动恐袭；5 月 30 日，刚果（金）东北部伊图里省两村庄遭到“民主同盟军”袭击，至少 45 名平民死亡；6 月，布基纳法索北部一村庄发生恐袭，至少 160 人丧生；11 月，尼日利亚发生 115 起恐袭和绑架事件；10 月至 11 月，乌干达共发生三起炸弹袭击事件，造成至少 7 人死亡，39 人受伤。爆炸事件发生后，“民主同盟军”、伊斯兰国宣布对事件负责。2021 年以来，索马里青年党在索马里首都摩加迪沙发动多起自杀式袭击，频繁对非盟驻索马里特派团的维和行动发起攻击，对非洲之角的安全局势造成极大的威胁。纵观来看，2021 年非洲暴恐袭击烈度增强的同时地理范围也有所扩大。

非洲各国受自身治理能力、经济发展衰退、域外援助减少等因素的影响，无力对恐怖主义势力造成有效打击。以乌干达为例，尽管乌干达的经济总量逐年提高，但从人均 GDP 水平、绝对贫困人口数量、就业情况等角度来看，乌干达实际上有增长欠发展。从早期长期盘踞在北方的圣灵抵抗军以及一直活跃在西部的“民主同盟军”② 的发展来看，恐怖组织在边缘化地区的生命力极强，同时可以招募大量边缘化群体。据了解，“民主同盟军”正在乌干达各地广泛招募人员。2021 年 11 月，在乌干达、刚果（金）联合打击“民主同盟军”的行动中有 13 人在偷渡至刚果（金）加入“民主同盟军”的途中被逮捕，其中包括 6 名未成年人。穆斯林在乌干达的政治与经济生活中长期处于边缘地位，也是“民主同盟军”积极争取的对象，这种鼓动、争取边缘化群体加入恐怖组织的趋势恐将长期保持。此外，在“伊斯兰国”向非洲转移和渗透、各处恐怖组织呈连片趋势甚至有“合流”可

---

① 刘中民，赵跃晨：《“伊斯兰国”在撒哈拉以南非洲的渗透及其影响因素分析》，《国际展望》2018 年第 2 期。

② 注：民主同盟军（Allied Democratic Forces，简称 ADF）是一个反对乌干达政府的叛乱团体，被认定为恐怖组织。团体发源于乌干达西部，现时主要藏匿于刚果民主共和国（民主刚果）东部邻近乌干达边境地区。

能的大背景下，乌干达的反恐难度势必加大。如2019年4—6月，乌干达国家安全部内部安全局三次发布恐袭警告，表示恐怖分子可能正在策划对乌干达等东非国家境内的“不特定区域和设施”实施“同时联动或孤立”的袭击，其中包括由外国公民管理的区域和设施。最后，全球经济发展停滞，西方国家为了应对疫情的影响而采取短期收缩战略，减少了对非洲的援助。因疫情而导致的域外对非援助减少使得非洲国家安全支出举步维艰。疫情扩大了失业率，失业人群因无经济来源而选择铤而走险加入极端组织。

（二）传统安全事件热度不减

2021年，非洲共发生了五起军事政变及多起未遂军变，非洲需要防范进入新的军事政变周期。历史上非洲出现过两次军事政变周期，第一次出现在非洲独立运动之后的十年间，由于殖民主义势力的干涉以及美苏冷战，非洲政治经济局势动荡，军队干政频繁，非洲大陆共发生超过100次军事政变。第二次出现在20世纪80年代末，由于西方国家强行推动政治民主化和经济自由化，非洲社会形态急剧变化，一些军事强人图谋夺取国家政权，引发了激烈的武装冲突。2000年以来，国际社会和非盟不断加大对军事政变的遏制和制裁力度，建立起各种调解和干预机制，有效减少了军事政变的发生。然而，2021年发生的军事政变，打破了疫情下非洲大陆合力抗疫、摆脱经济困境的美好愿望。回顾2021年度政变态势，其时间从年初持续到年末，范围主要集中在西非并跨越到东非：1月，中非共和国宣布进入紧急状态，以平息前总统博齐泽联合的武装组织对外省地区发动的袭击。据中非共和国现总统图瓦德拉称，博齐泽意图发动政变；4月，尼日尔政府发言人称挫败了一场未遂政变；9月，几内亚发生军事政变，政变军人扣押总统孔戴并宣布解散政府；9月底，苏丹巴希尔政权残余势力发动政变未遂；10月1日，几内亚政变军人马马迪敦布亚宣誓就任过渡政府总统，组建“全国团结和发展委员会”；10月25日，苏丹武装部队总司令布尔汉发动军事政变，宣布解散过渡政府和主权委员会，实行紧急状态。以苏丹军变为例，苏丹自2019年巴希尔下台以来，文官与军方共同组建了过渡政府分享权力。① 苏丹军方软禁过渡政府总理哈姆多克，解散主权委员会和过渡政府并实施紧急状态，引发国际社会广泛关注。此次事变不仅使军方与文官的矛盾公开化，而

① 涂龙德：《苏丹过渡期政治转型德三大趋势述评》，《阿拉伯世界研究》2021年第6期。

且严重损害了2019年宪法文件的权威性，为苏丹的政治过渡增添了更多复杂性和不确定性。

非洲局部地区热点问题反复，地区大国成为武装冲突“重灾区”。2021年，马里、尼日利亚、埃塞俄比亚、南非等非洲大国政治与安全局势恶化。2020年8月，马里发生军人哗变，总统易卜拉欣·凯塔被扣押，国民议会和政府被解散。随后由哗变军人成立的全国人民救赎委员会宣布，前国防和退伍军人部长巴·恩多任过渡总统，委员会主席阿西米·戈伊塔任过渡副总统，马里正式开启为期18个月的政治过渡。2021年5月，马里政变再起，过渡总统恩多被迫下台，马里宪法法院随后宣布副总统戈伊塔接任总统一职。2022年2月，马里通过新《过渡宪章》，决定将政治过渡期延长期限调整为6个月至5年。尼日利亚长期面临极端组织袭击、分离运动等问题的威胁，由这类问题引发的安全事件成为2021年尼日利亚安全局势恶化的主要因素。据尼日利亚公民社会和立法倡导中心（CISLAC）发布的报告显示，2021年，尼日利亚共发生超935起绑架袭击事件，造成至少2334人死亡。① 尼日利亚安全咨询公司Beacon Consulting的一份报告显示，仅在12月份，联邦29个州就发生了574起绑架事件，431人确认死亡。尼日利亚国内的绑架袭击事件多由极端组织“博科圣地”发起，同时也有部分武装流匪组织利用绑架索要赎金。因目标人群多指向学生群体，学生面临枪械无自保能力，并且绑架学生容易获得媒体的关注报道，进而对政府施加舆论压力，迫使家庭成员以及政府通过赎金赎回被绑架者。这种“恶性循环”使得尼日利亚国内的绑架事件层出不穷，对尼日利亚社会治安造成了恶劣影响。埃塞俄比亚联邦政府与提格雷人民解放阵线的冲突已经成为非洲之角地区紧张局势的主要来源。2020年11月埃塞俄比亚军事冲突爆发。一年多以来，双方冲突不断升级。武装冲突造成数万人死亡，一百多万人流离失所，九百多万人严重依赖粮食援助。2021年9月，美国宣布对埃塞冲突各方展开新一轮制裁；11月，提格雷解放阵线突进首都亚的斯亚贝巴，埃塞政府被迫宣布实施6个月紧急状态；12月，联合国人权理事会举行了埃塞人权问题特别会议，宣布将进一步监测埃塞国内的侵犯人权问题。埃塞内战难以平息，并呈现出扩大化、长期化的特征。2021年7月，南非前总统祖马因拒绝回应关于对他9年总统任期内系统性腐败的指控而被捕入狱，祖马的支持者开展了

① 相关数据可查阅公民社会和立法倡导中心网站：https：//www. cislac. org/。

“解放祖马运动”，骚乱从夸祖鲁－纳塔尔省的德班迅速蔓延到豪登省的约翰内斯堡，引发了1994年结束种族隔离制度以来最严重的骚乱。

非洲如此高频率地发生军事政变与热点冲突，削弱了21世纪以来非洲安全局势总体缓和的态势，同时也在某种程度上固化了“非洲不安全”的印象，不利于非洲国家在国际上的形象维护。究其原因，从内部来看，疫情反复、经济萎靡、社会矛盾加剧是非洲安全局势动荡的主要原因；从外部来看，域外援助减少、外部力量对非洲国家的干预造成了非洲国家政局不稳。

（三）非传统安全问题不断凸显

尽管传统安全问题热度不减，非洲的非传统安全问题仍不断凸显，引发社会安全局势动荡。随着新冠肺炎疫情的蔓延，非洲各国支出大幅拨付至公共卫生领域，致使用于维护安全的支出缩减。疫情使得经济衰退，失业率大增，大批的流离失所者在一定程度上为恐怖组织补充人手创造了便利条件。南非是受疫情影响最典型的一个例子。2020年7月至2021年6月期间，南非连续四个季度的经济增长水平较疫情之前缩减了1.4%。南非因疫情导致近千家企业倒闭。在疫情的影响下，南非失业率创新高。南非统计局2021年11月底公布的当年第三季度最新劳动力季度调查显示，该国失业率为34.9%。若把已经放弃寻找工作的求职者计算在内，该国的实际失业率约46%。2021年7月9日，南非因前总统祖马入狱而引发的骚乱致使数以百计的商场、购物街道遭到洗劫，高速公路持续阻断，300多人死亡。这次骚乱给南非抗击新冠疫情和社会经济恢复与发展造成了重大不利影响。在更加严格的疫情封锁限制和一连串暴乱事件的双重压力下，2021年第三季度南非经济显现颓势，实际国内生产总值下降了1.5%。2021年11月15日，南非发现世界范围内第一例奥密克戎变异株。据世界卫生组织报告称，变异株将导致人体再次感染病毒的风险增加。此后，博茨瓦纳、加纳、尼日利亚相继宣布发现这一变体。以美国、欧洲为代表的国家和地区采取临时限制旅行措施，包括禁止来自南部非洲国家和其他国家的旅客入境。全面旅行禁令可能会导致非洲国家成为“众矢之的”，加剧疫情背景下的不平等，由此引发的一系列负面影响将持续对非洲国家的局势造成冲击。

此外，疫情、气候变化给非洲国家的农业生产造成了破坏，加剧了粮食不安全问题。联合国粮食及农业组织《2021年世界粮食安全和营养状况》报告表明，与上年相比，2020年非洲的饥饿人数增加了约4600万，非洲有21.0%的人口面临饥饿。2021年以来，非洲的粮食安全形势进一步恶化。

从2020年持续到2021年的蝗灾给非洲之角地区的农业生产造成破坏，干旱、疫情累加蝗灾的影响，导致该地区150万农村脆弱人口的耕地遭受严重冲击。非洲的非传统安全问题牵一发而动全身，不但需要本国政府积极治理，也需要国际组织与世界各国提供力所能及的帮助。一旦各类安全问题相互叠加，轻则引发社会问题，严重的将有可能会引发非洲国家政局变幻，导致战乱频生。在当前新冠肺炎疫情带来的影响仍未消退的背景下，未来非洲各国应当警惕安全问题的多元性，将安全问题作为主要关切，稳定安全局势，促使经济发展得到实现。

二、中非安全合作面临的机遇与挑战

当前，中非合作成果显著。自2000年首届中非合作论坛创立以来，经过20多年的不断发展，中非合作趋向方式机制化、内容实质化、影响国际化。中国是世界上最大的发展中国家，非洲是世界上发展中国家最集中的大陆，中非历来是休戚与共的命运共同体。2021年11月开幕的中非合作论坛第八届部长级会议上，习近平主席在高度凝练中非合作关系历史性发展的同时，对未来中非和平与安全合作提出了新期望、新要求。

中非安全合作有着良好的合作基础。非洲国家的安全战略与中国的安全观十分契合。第一，中国高度认同以经济发展作为核心生产力。没有和平稳定的环境，发展就无从谈起。不安全和冲突的根源在于贫困和经济欠发达，只有帮助非洲国家实现经济稳定复苏和社会和谐发展，才能从根本上消除可能引发社会动荡的不稳定因素。第二，中国坚持维护非洲的主导权，主张非洲事务非洲解决。西方披着人权外衣干涉非洲各地区的安全事务，不仅不利于非洲问题的解决，同时西方军队和人道主义组织的投入，占用了非洲国家的有限物资，转移了安全事务的优先性。中国支持非盟、伊加特等地区组织在解决非洲安全事务中的重要作用，支持非洲国家提升自主维和、维稳和反恐能力。

中非安全合作具备完善的顶层设计指导。习近平主席对中非安全合作给予高度重视。在中非合作论坛两次峰会和2021年论坛第八届部长级会议开幕式讲话中，习近平主席提及中非安全合作的必要性与重要意义，并宣布未来中非安全合作落实的计划和举措，包括设立中非和平安全论坛、中非和平安全合作基金，实施“九项工程”等。论坛会议通过的《中非合作论坛第八届部长级会议达喀尔宣言》和《中非合作论坛－达喀尔行动计划

(2022—2024 年)》对双方安全合作计划做了进一步细化，规划了未来中非安全合作的蓝图。

未来中非安全合作将在合作领域的扩大与深化、人道主义援助的现实需求等方面面临机遇。

中非安全合作领域不断扩大。2019 年以来，中国先后举行中非实施和平安全行动对话会、首届中非和平安全论坛、中非和平安全论坛军事医学专题视频会议等。中国积极落实向非盟承诺提供的援助，支持非洲各国常备军和快速反应部队建设。2019 年新冠肺炎疫情爆发以来，中方多次向非洲派遣专家团队、组织中非卫生专家连线、提供各类防疫设备，用行动表明对非洲抗击疫情的大力支持。

中非人道主义合作需求不断拓展。中国积极践行“将疫苗作为全球公共产品”的承诺，截至 2021 年 11 月 12 日，已向包括 50 个非洲国家和非盟委员会在内的 110 多个国家和组织提供超过 17 亿剂疫苗。[①] 在视频出席中非合作论坛第八届部长级会议上，习近平主席宣布中国将再向非洲提供 10 亿剂疫苗，其中 6 亿剂为无偿援助，以助推非盟 2022 年实现疫苗接种率 60% 的目标。2021 年，非洲政变、冲突不断，大批难民无家可归。中国积极响应联合国维和行动向非洲派遣维和人员，现有 1800 余名维和人员在马里、刚果（金）、阿卜耶伊、南苏丹等地区执行维和任务。

未来中非安全合作也面临着在非投资、保障人员安全等方面的挑战。

西方国家借疫情抹黑中国，企图遏制中国对非影响力，对中国在非投资增添了不确定因素。2021 年 11 月，“乌干达为中国融资牺牲国内唯一国际机场”的谣言甚嚣尘上。中方企业承担的乌干达恩德培机场（Entebbe）改扩建项目为何被污蔑成企图控制其核心资产？追溯其源头发现，早在 10 月底推特与谷歌搜索引擎上就有“中国接管恩德培机场”的相关说法，至 11 月底，坦桑尼亚《公民报》《东非人报》等进一步将流言扩大。2021 年 11 月 28 日，中国驻乌干达大使馆发文驳斥这一不实报道，乌干达政府方面也针对谣言进行了澄清。有关“中国接管乌干达核心资产”的说法兴起恰逢两个敏感时刻，第一，美国国务卿布林肯访问非洲，宣布美国总统拜登即将举行“领导人民主峰会”；第二，11 月 29 日开幕的中非合作论坛第八届部长级会议。不难猜想，这是一场通过搅乱中非正常投资以达到抹黑中国形

① 参见《新时代的中非合作》白皮书。

象、破坏中非合作的蓄谋事件。当前，中国在非投资持续扩大与深化，如何维护中非投资的正当利益、掌握中非合作的话语权至关重要，这也对中非在安全领域的合作提出了新要求。

受外部舆论的煽动，中方企业及人员安全受到威胁。由于美国为首的西方国家不断挑拨煽动，针对中方人员的武装袭击事件增多。2021 年 3 月至 4 月，至少 5 名中国员工遭绑架，1 名员工死亡。2021 年 2 年 7 月，3 名中国公民在马里被绑架。2021 年 11 月，5 名中国公民在刚果（金）东部一矿业公司遭武装绑架。这一系列安全事件对如何强化中非合作的认知、促进民间相互沟通、切实保障在非中国公民人身安全等议题提出了具体的要求。

结　语

2021 年非洲安全局势动荡，未来一个时期非洲将持续受恐怖主义形势恶化、局部热点冲突反复、新冠疫情常态化的影响。非洲国家深受殖民历史的影响，依靠其自身摆脱安全困境较难实现。疫情背景下，美国及西方国家“对非热”有所减退。中国与非洲自 2000 年以来政治互信不断增强、经济依存不断加深。尤其新冠肺炎自疫情爆发以来，中非关系持续深入，高调引领国际对非合作新风向。综合来看，中非双方在安全合作领域基础巩固，挑战与机遇并存。未来中方应积极推进双方在和平与安全领域开展合作，助力非洲实现摆脱贫困应当具备的稳定的发展环境，助推非洲经济得到长效发展，维护非洲地区和平稳定，为中非人民的共同利益谋福祉、办实事，为中非合作注入新动能。

专题三：非洲国别问题研究

2020 年《坦桑尼亚仲裁法》的新发展*

许　颖　朱伟东**

内容提要　2020 年 2 月颁布实施的《坦桑尼亚仲裁法》是在 1931 年《仲裁法》的基础上，结合当前坦桑尼亚国内实际情况重新制定的。新的仲裁法引进了国际仲裁领域通行的原则和实践，如当事人意思自治原则、仲裁协议独立性原则、管辖权/管辖权规则等，旨在促使坦桑尼亚仲裁规定与国际接轨。同时，该法还对外国仲裁裁决执行、仲裁上诉程序，仲裁员豁免，裁决的效力与修正等作了规定。但新的仲裁法仍存在一些问题，如仲裁制度的本地化问题、适用问题，坦桑尼亚仲裁中心的运行问题等。从未来发展来看，新的仲裁法将推动坦桑尼亚仲裁事业的发展。

关键词　仲裁法　仲裁中心　坦桑尼亚

在通过新的仲裁法之前，坦桑尼亚适用的是 1931 年的《仲裁法》。随着经济社会的快速发展，该法内容已不能满足时代发展需求。坦桑尼亚有关部门结合发展实际对该法进行了修订，经过多次讨论，2020 年 2 月 21 日，坦桑尼亚政府公报第 8 卷第 101 期公布了由总统签署的《坦桑尼亚仲裁法》修订版（以下简称 2020 年《仲裁法》)。2020 年《仲裁法》自 2021 年 1 月 18 日起生效，它为坦桑尼亚开展替代性纠纷解决开创了一个新的时代。

---

* 基金项目：国家社科基金冷门绝学专项课题“非洲本土化立法研究”（项目编号：19VJX062）。

** 作者简介：许颖，女，湖南南县人，中国社会科学院大学西亚非洲研究系博士研究生、中国法学会法治研究所研究实习员，法学硕士，研究方向为非洲投资法、非洲刑法；朱伟东，男，河南汝南县人，中国社会科学院西亚非洲研究所非洲法律研究中心主任、研究员。

一、2020年《仲裁法》的修订和创新

2020年《仲裁法》在内容上和体例上与1931年的《仲裁法》有较大区别。1931年的《仲裁法》分为四部分共计33条，对选定仲裁员、仲裁程序和效力、传唤证人、执行仲裁裁决等仲裁领域相对比较基础的事项作了规定。而2020年《仲裁法》分为十三部分共计102条，在已有基础上，较大幅度扩充了1931年的《仲裁法》的内容，细化完善了仲裁程序，新设了专门仲裁机构，并对相关部门法进行了部分修订，使坦桑尼亚仲裁领域立法向前迈进了一大步。

2020年《仲裁法》引进了现代国际通行仲裁原则和实践，如当事人意思自治原则、仲裁条款独立性原则、管辖权/管辖权规则等。在当事人意思自治方面，该法第9条规定了当事人可以在协议中以书面形式记载仲裁条款或有仲裁条款的文件，使该条款成为仲裁协议的一部分，则当事人协议中选定的仲裁条款可以作为仲裁时应适用的仲裁条款。第12条规定在向已受理起诉的法院提交第一份关于争议实质性内容的索赔声明之前，如果一方当事人提出要适用仲裁协议通过仲裁解决争议，则法院应将已受理案件转交仲裁庭裁决。上述第9条和第12条都体现了当事人意思自治原则，允许当事人在选择仲裁时有一定的自主选择和决定权。第18条规定了当事人指定一名或多名仲裁员的程序，包括指定仲裁庭主席或公断人的程序；第19条规定了独任仲裁员的选定程序；第20条规定了在没有选定仲裁员的情况下，仲裁中心指定仲裁员的方式和程序。上述第18条至第20条体现了当事人选择仲裁庭的自主权，也是当事人意思自治原则的部分体现。在仲裁条款独立性方面，该法第10条规定无论仲裁协议是不是另一协议的组成部分，不会因另一协议无效、不存在而被视为无效，仲裁协议应被视为一个独立的协议。该条体现了仲裁协议与其他协议分离的原则。在减少法院对仲裁的干预方面，该法第13条规定一方当事人被提起法律诉讼之后，在通知另一方当事人后，可以向提起诉讼的法院申请中止诉讼，交由仲裁庭进行裁决。第46条规定法院为实现与仲裁程序有关的目的有权按照程序作出取证、保存证据、扣留财产等命令，但当事人另有约定除外。在管辖权/管辖权规则方面，该法第32条规定仲裁庭可根据自身的实体管辖权作出裁决，除非当事人的仲裁协议另有约定，如是否存在有效的仲裁协议，或根据仲裁协议哪些事项需要提交仲裁。对裁决不满的，可以通过上诉或复审仲裁程序提出异议。不

难看出，2020 年《仲裁法》广泛吸收借鉴了现今仲裁领域理论与实践的最新成果，体现了坦桑尼亚立法者与时俱进的思想观念和对先进立法技术开放包容的态度。

2020 年《仲裁法》结合坦桑尼亚实际情况，为推动坦桑尼亚仲裁发展制定了一系列创新性规定，主要体现在仲裁裁决复审程序、仲裁员和仲裁庭的豁免权以及保留坦桑尼亚仲裁员等方面。例如，该法第 60 条规定除当事人另有约定外，仲裁庭根据仲裁协议作出的裁决具有最终效力，对当事人具有约束力，但这不影响当事人通过上诉或仲裁复审程序对该裁决提出质疑的权利。该条体现立法者为加快纠纷化解实行速裁制度，同时又兼顾当事人对裁决不服提起上诉权利的保护思想。为实现公正司法，确保仲裁庭合理公正处理案件，该法第 31 条和第 76 条分别规定了仲裁员和仲裁庭的豁免制度。第 31 条规定除非被证明出于恶意或过失，通常情况下，仲裁员履行职能时不因某些作为或不作为而承担责任。第 76 条规定除非被证明出于恶意或过失，仲裁庭正常履行职能任命或指定仲裁员，不因仲裁员履行义务时不恰当的作为或不作为而承担责任。对于仲裁庭的设立，2020 年《仲裁法》结合坦桑尼亚立法实践作了相关规定。当事人可以约定组成仲裁庭的仲裁员的人数，以及是否设立主席或公断人，通常仲裁员人数为两名或其他偶数时，需指定另一名仲裁员为仲裁庭主席，如果没有关于仲裁员人数的协议，仲裁庭应由一名独任仲裁员担任。仲裁庭应认真审核符合资质的人担任仲裁员，保留部分居住在坦桑尼亚或其他司法管辖区的专家担任仲裁员的名单，即使外国仲裁员申请担任坦桑尼亚仲裁员也应符合基本条例，当事人协议或经指定组成的仲裁庭至少应有一人为居住在坦桑尼亚并熟悉当地法律的坦桑尼亚人。仲裁员一经选定后，应正常履行职责，只有出现仲裁员死亡、丧失行为能力、有失公正行为等情况才可以撤销仲裁员。

2020 年《仲裁法》对“国内商事仲裁”和“国际商事仲裁”分别作了规定。鉴于当今世界国际交往日益密切，外国投资经贸往来频繁，为处理好与涉外公民企业的民商事纠纷，立法者在修订该法时也重点研究了国际商事仲裁相关内容。在该法首页即将该法定义为“一部规定与国内商事仲裁、国际商事仲裁和外国仲裁裁决执行有关行为的法律”。国内商事仲裁解决的是坦桑尼亚国内公民和企业之间的民商事纠纷，而国际商事仲裁解决的是外国投资者到坦桑尼亚进行投资贸易过程中与坦桑尼亚本国公民或企业产生的民商事纠纷。对外国或国际商事仲裁机构已经作出的仲裁裁决在坦桑尼亚的承认和执行问题，2020 年《仲裁法》规定，通常情况下，外国仲裁裁决应被视为具有约束力和可执行性，除非作出外国仲裁裁决的仲裁庭的组成或仲裁程序不符合当事人的协议或协议不符合仲裁法的规定。此外，该法还规定，如果外国仲裁裁决尚未对当事人发生法律效力，或被裁决作出地的国家的法院根据该国法律撤销或终止，或仲裁裁决是因为欺诈、贿赂、腐败、不当行为作出的，或执行外国仲裁裁决将违反坦桑尼亚的公共政策，则外国仲裁裁决也不能在坦桑尼亚得到承认或执行。

2020 年《仲裁法》还设立了坦桑尼亚仲裁中心，这是推动坦桑尼亚仲裁事业向前发展的重要举措。该法第 77 条规定坦桑尼亚仲裁中心是一个永久延续的法人团体，拥有法人团体的印章，并能以法人名义起诉和被诉，可以持有或投资动产和不动产，主要负责管理仲裁相关事项，登记和维护经认证的仲裁员名单，保管仲裁案件资料，为仲裁员提供继续教育的机会，履行本法规定的其他职能。该中心下设一个理事机构，可以附属于其他国际或区域仲裁组织并寻求认可；必要时，还可以设立分支机构，履行相应的职能。仲裁中心总部设在坦桑尼亚阿鲁沙，由董事会、秘书处和常设委员会组成。董事会任期 3 年，可连任一届；秘书处由秘书长和董事会任命的工作人员组成。董事会可以根据需要设立常设委员会，常设委员会可以包括一个负责国内仲裁事务的委员会、一个负责国际仲裁事务的委员会和一个负责仲裁业务咨询的委员会，其中负责国际仲裁事务委员会可以积极加强与其他国际或区际仲裁中心的沟通与交流，促进坦桑尼亚仲裁中心与其他仲裁机构的国际合作。2020 年《仲裁法》出台后，为配合做好仲裁中心工作，坦桑尼亚于 2021 年 1 月出台了《2021 年仲裁中心（管理和运营）条例》（2021 年第 149 号政府公告），对坦桑尼亚仲裁中心的管理和运营作了详细规定。为保证中心的正常运转以及裁决的公正性，该中心的资金应由政府拨款。希望提起仲裁程序的当事人应以书面形式向仲裁中心提交请求，中心在收到仲裁请求后，会仔细核对仲裁协议约定的内容，对符合要求的予以受理，并依法进入到仲裁程序中。该仲裁中心作为独立的常设仲裁机构，拥有专门的工作人员和工作程序，这为推进坦桑尼亚仲裁事业的发展提供了组织保障，将在一定程度上缓解坦桑尼亚法院的司法压力。

值得注意的是，尽管 2020 年《仲裁法》允许当事人在选择仲裁时享有一定的意思自治权，可以对仲裁员和仲裁方式等自行协商确定，但并未赋予当事人完全的自主选择权。该法附件一明确规定了由国民议会通过的适用本法的强制性规定，包括法律程序终止、法院延长商定时限的权力、时效相关规定、法院罢免仲裁员的权力、当事人对仲裁员费用和开支的责任、仲裁员豁免权、仲裁庭实质性管辖权异议、仲裁庭一般职责、当事人一般义务、要求支付仲裁费用的权力、裁决执行等方面的内容。这些规定是在坦桑尼亚进行仲裁的基本规则，也是作为中立方的仲裁机构为保证双方平等权利而实施的强制性条款。

二、2020 年《仲裁法》面临的问题和困难

尽管 2020 年《仲裁法》在立法上吸收借鉴了许多先进立法理念和技术，但也存在一些问题。

（一）仲裁制度的本地化问题

坦桑尼亚 1931 年的《仲裁法》可追溯到 1889 年英国《仲裁法》，二者在内容、体例上有很多相似之处。1931 年的《仲裁法》虽经多次修订，但仍受 1889 年英国《仲裁法》的很大影响。2020 年《仲裁法》的结构和内容主要依据 1996 年英国《仲裁法》制定的，其立法理念、立法方式与该法存在很多相似之处，结合坦桑尼亚自身实际情况制定的条款并不多。事实上，适合本国国情的法律制度才是最好的法律制度。坦桑尼亚摆脱前宗主国的统治已有数十年，国内有天主教、基督教、伊斯兰教等多种宗教以及苏库马、查加等多个民族，情况较为复杂，且坦桑尼亚当地民众习惯于由当地部落族长化解矛盾纠纷，但 2020 年《仲裁法》在立法中并没有很好地总结本国矛盾纠纷化解的成功经验，未来可在吸收当地传统争议解决经验的基础上对 2020 年《仲裁法》进行完善。

（二）2020 年《仲裁法》的过渡适用问题

2020 年《仲裁法》第 1 条对该法的生效作了规定。根据该规定，2020 年《仲裁法》应在司法部部长在政府公报中发布的通告指定的日期生效。由于该规定与坦桑尼亚《法律解释法》有关法律生效的日期存在含糊和不确定之处，因此在坦桑尼亚内部对该法的适用存在一些混乱。我国企业在适用该法中就遇到了此类问题。2020 年 4 月，我国江苏一家进出口公司委托律师向坦桑尼亚高等法院商事庭提出执行中国国际经济贸易仲裁委员会（以下简称贸仲）仲裁裁决的申请。申请人提出该请求援引的是 2020 年

《仲裁法》第68条第1款[①]、第78条第1款[②]以及第79条[③]的相关规定，被申请人提出初步反对意见，认为2020年《仲裁法》尚未生效，其理由是司法部部长尚未在政府公报中发布有关该法生效日期的通告。法官最后支持了被申请人的主张，认为司法部部长在政府公报的通告中未指定2020年《仲裁法》的生效日期，因此，2020年《仲裁法》尚未生效，据此驳回了申请人的申请。从该案可以看出，我国企业在坦桑尼亚投资过程中，应高度重视2020年《仲裁法》的修订与实施。相信随着时间的推移，2020年《仲裁法》的过渡适用混乱的问题将逐步得到解决，未来适用2020年《仲裁法》的情况将会比较确定。

（三）坦桑尼亚仲裁中心的运行问题

坦桑尼亚仲裁中心是2020年《仲裁法》修订过程中的一个重大创举，第77条规定设立仲裁中心为日后该中心的运营发展提供了法律保障，而且为细化仲裁中心的运转规则，坦桑尼亚国民议会随即制定了《2021年仲裁中心（管理和运营）条例》，使得该中心的建设得到了立法者的支持，增加了潜在用户的公信度。但该中心的成立也引出了另一个问题，即该仲裁中心与坦桑尼亚仲裁员协会（TIArb）的关系日后将如何处理的问题。坦桑尼亚仲裁员协会自1999年成立以来一直也是坦桑尼亚官方支持运作，两个性质相似、业务雷同的仲裁机构在未来是否能够并存，两者之间是否能在竞争中保持互补合作关系是未来影响坦桑尼亚仲裁中心发展的重要因素。如果两者能友好共存，则其形成的规模效应为坦桑尼亚吸引外资带来一定的好处，促进仲裁领域立法与实践的共同进步。如果两者存在交叉与冲突，导致仲裁程序的延误和业务受损，将会影响外国投资者对坦桑尼亚经贸投资的信心。总的来说，坦桑尼亚仲裁中心的成立是坦桑尼亚仲裁事业发展的一个重要标志，2020年《仲裁法》赋予了坦桑尼亚仲裁中心一定的司法管辖权，规定了相应的机构职能，为中心的发展提供了制度保障，相信仲裁中心能妥善处理好与坦桑尼亚仲裁员协会的关系，共同促进坦桑尼亚仲裁事业的发展。

---

① 2020年《仲裁法》第68条第1款：仲裁庭根据仲裁协议作出的裁决，经法院许可，可以法院判决或命令的方式执行。

② 2020年《仲裁法》第78条第1款：在向法院提出书面申请后，国内仲裁裁决或外国仲裁裁决应被视为具有约束力和可执行性。

③ 2020年《仲裁法》第79条：凡法院采纳的裁决可根据本法强制执行，此裁决应当作该法院的判令。

三、坦桑尼亚2020年《仲裁法》的发展前景

相较于法院诉讼，适用仲裁方式解决投资中的矛盾纠纷优势更加明显。非洲国家数量繁多，各国法律制度不尽相同，使用的语言也有差异，为外国投资者赴非投资增加了难度。单从东非共同体的成员国来看，肯尼亚、乌干达、坦桑尼亚、布隆迪、卢旺达等国之间都拥有不同的法律制度，主要都是从前殖民政权沿袭而来的，有各自固定的司法执法模式。各国出于维护国家司法主权考虑，改变使用多年的法律规定可能性很小，因此想要在法院系统协调处理当事人纠纷具有一定的难度。对外国投资者而言，在东非地区投资需要全面掌握当地六个国家的法律制度将耗费巨大的经济和时间成本，而且各国能否保证诉讼公正、及时完成，审理案件过程中是否会出现腐败现象等也是投资者考虑的重要因素。另外，到法院起诉还可能因为诉讼程序复杂、过程较长、判例查询体系不发达等问题影响原定的投资计划和进度。

与法院诉讼相比，仲裁显示出较大的优势，首先，由政府出资设立的仲裁庭为投资者提供了一个公正的纠纷化解平台，坦桑尼亚2020年《仲裁法》的出台进一步完善了仲裁的程序和规则，现行制度与国际通行仲裁规则更易接轨，减少了双方在沟通适用上的障碍。其次，仲裁员在遵循强制条款的基础上，可以在选择仲裁员、确定争议适用的法律、仲裁地、仲裁程序等方面拥有更多的自主权，对纠纷处理有更大的可控性，也能对未来的纠纷结果具有更强的预判性，提前做好应对准备。再次，当事人双方在仲裁中是以平等协商的身份来处理问题，不像在法院提起诉讼般对抗性那么强，仲裁员可以选择了解相关领域的专家，比只懂法律不熟悉争议领域专业知识的法官更容易调解双方的矛盾。最后，仲裁相比法院审判的程序更为简单，一般案件都是一裁终局，简易案件只需要独任仲裁员裁定，更能提高纠纷化解效率。基于上述优势，2020年《仲裁法》将更容易受到坦桑尼亚和境外投资者的青睐，得到越来越广泛的适用。

结 论

本文概括总结了坦桑尼亚2020年《仲裁法》的修订内容及创新之处，可以看出，2020年《仲裁法》吸收借鉴了当今国际仲裁领域的先进理念和立法技术，为坦桑尼亚多元化纠纷化解提供了坚实的法律基础，对未来坦桑尼亚加强仲裁领域发展具有重要意义。但该法仍然存在一些问题，如未能吸

收当地的传统争议解决经验，未能明确规定其过渡时期的适用问题、未能界定新成立的坦桑尼亚仲裁中心与坦桑尼亚仲裁员协会之间的关系等。从长远来看，坦桑尼亚仲裁中心的设立将有力地推动坦桑尼亚仲裁事业的发展，但需要注意妥善处理好与国内相关仲裁机构、法院等纠纷处理部门之间的沟通衔接工作，也要加大与非洲区域和国际仲裁机构的交流与合作，吸引更多外国投资者赴坦桑尼亚投资，促进当地经济快速发展。

刚果（金）国际商事仲裁制度初探*

方桂荣　王梦娇**

内容提要　被誉为“非洲的心脏”的刚果（金），位于南北非洲的交通要道，蕴含丰富的矿产资源。刚果（金）具有丰富的能源与较大的市场潜力，加之该国在基础设施建设等领域的发展相对落后，相关领域市场需求旺盛，借助“一带一路”倡议的推进，未来我国企业与刚果（金）经贸合作前景可期。外国企业在对刚果（金）的商业往来中面临较大风险。本文通过研读刚果（金）相关国内立法与签订的双边及多边条约，对该国的国际商事仲裁制度尤其是国际商事仲裁裁决的承认与执行机制进行研究分析，为我国企业能够稳步推进“走出去”战略提供一定的参考与借鉴，并根据该国仲裁制度的缺陷为未来的中刚、中非经贸法律交流合作提出建议。

关键词　国际商事仲裁　仲裁承认执行　仲裁立法　刚果（金）

一、中国与刚果（金）经贸交往概况

近年来，中资企业对刚果（金）矿业投资规模不断扩大，工程承包额度和劳务输出人数居于非洲各国前列，中资企业为促进刚果（金）经济社会发展、深化两国经贸合作和人文交流作出突出贡献。在中非“十大合作计划”和“八大行动”引领下，中刚双边经贸合作在“一带一路”框架下深入发展，形成了以投资、发展援助、“两优”贷款项目为支撑的“三位一

---

* 基金项目：2020 年国家社科基金重大项目“非洲国家和地区法律文本的翻译、研究与数据库建设”（项目编号：20&ZD181）。

** 方桂荣，女，山东寿光人，浙江师范大学法政学院副教授，硕士生导师，博士，研究方向为经济法、非洲法；王梦娇，女，河南郑州人，浙江师范大学法政学院国际法专业 2020 级法学硕士研究生。

体”格局。

中国与刚果（金）自1982年起开展互利合作。2011年两国签署《双边投资促进和保护协定》，2016年6月刚果（金）议会批准生效。目前，中资企业在刚果（金）投资合作主要集中在矿产品加工和资源合作、电信、农业等领域，并逐步向其他领域拓展。2020年，双边贸易额为90.44亿美元，同比增长39%，其中中方出口20.13亿美元，同比下降3.1%，中方进口70.31亿美元，同比增长58.7%。中方主要出口机电产品、纺织品、医药和服装等，进口铜钴产品、原木、锯材等。

表1　2015—2020年中刚双边贸易统计　　　　单位：亿美元

年份	进出口总额	中国出口	中国进口
2015	40.59	14.13	26.46
2016	30.81	9.92	20.89
2017	42.35	9.72	32.63
2018	74.35	17.74	56.61
2019	65.06	20.77	44.29
2020	90.44	20.13	70.31

（资料来源：商务部国际贸易经济合作研究院、驻外使领馆经商机构：《对外投资合作国别（地区）指南》，中华人民共和国商务部，2020年12月，http://www.mofcom.gov.cn/dl/gbdqzn/upload/gangguojin.pdf。）

但是，新冠肺炎疫情的不断蔓延对整个非洲的正常经济社会秩序产生冲击，使外商在刚果（金）以及非洲各国投资的风险和难度都大幅提升。随着疫情对刚果（金）经济的冲击不断显现，政府财政收支压力增大，通胀压力增大，债务风险上升。疫情带来的政治风险、经济风险、社会安全风险上升，营商环境恶化，对外商在刚果（金）投资合作产生负面影响。

在此形势下，伴随着中国投资企业在刚果（金）以及非洲其他国家贸易与投资项目的不断深入，各种争端难以避免。国际商事仲裁因其自愿性、独立性和一裁终局性等显著的优点在商业贸易领域广受青睐。而国际商事仲裁裁决的承认与执行不仅要靠国际公约或双边协定来约束，也要受到相关国家国内法的规范。作为国际商事仲裁最重要的一环，裁决的承认和执行在刚果（金）的法治环境和制度环境中是否有可靠的保障机制？希望通过本文，能够将刚果（金）的国际商事仲裁立法情况呈现出来，为中国企业在刚果（金）的商业活动以及中非政府间的合作提供较为中肯的建议，同时为非洲其他国家国际商事仲裁裁决机制的分析提供参考。

二、刚果（金）承认与执行国际仲裁裁决的法律依据及程序

承认执行国际商事仲裁裁决是指法院或者其他有权机关，依据其国内法、缔结的国际条约或双边投资协定等法定方式，对国际商事仲裁裁决的终局性和约束力予以认可，并对未自觉履行裁决的一方经另一方申请而予以强制执行的制度。① 一国是否清晰地承认执行国际仲裁裁决的法律框架，也直接关系到该国的投资风险评级。

（一）法律依据

1. 国内法依据

刚果（金）国内并无专门的仲裁立法，只在 2002 年 2 月 21 日出台的《投资法》有所涉及，该法中确定了适用于本国人或外国人在刚果（金）进行直接投资的条件、优惠政策和一般规定。其中第 38 条明确规定投资者与刚果（金）之间的任何有关投资合同或协议、当局给予的投资许可以及因投资法或其他法律或刚果（金）加入的国际条约和协定对投资者和/或投资造成侵权的争端，应尽可能通过友好协商解决；若各方自第一次接到要求进行协商的书面通知后 3 个月仍未能友好解决争端，则争端将根据受损方的要求，参照《关于处理国家和侨民投资纠纷的公约》（简称 CIRDI 公约）或补充机制解决条款（如投资者不符合 CIRDI 公约的国籍条件）或是巴黎国际贸易商会仲裁条款以仲裁方式解决争端。

但是，根据《投资法》第 3 条的规定，矿产和石油、天然气、保险与再保险、商业活动等部门不适用于本法，而我国投资者在刚果（金）的投资多为矿产资源、基础设施建设等领域。刚果（金）2018 年制定并通过的《矿业法》中并无有关争端解决机制的规定。

2. 国际法依据

中国与刚果（金）之间迄今为止并未签订专门的关于承认执行国际商事仲裁裁决的双边协定，只在 BIT 中的争端解决条款中约定可以以仲裁方式解决争议。现行有效的中刚 BIT 为 2011 年签订的《中华人民共和国政府和刚果共和国政府关于鼓励促进和保护投资协定》，该协定的第 8 条、第 9 条明确规定缔约双方间以及缔约一方投资者与缔约另一方之间的争议可提交仲裁庭解决。中国与刚果（金）皆为《华盛顿公约》的缔约国，一国投资者

---

① 林一飞著：《国际商事仲裁法律与实务》，中信出版社 2005 年版，第 299 页。

与另一国家之间的争端可依据《华盛顿公约》提交给解决投资争端国际中心解决，也可提交给专设仲裁庭解决，但以仲裁作为解决争端方式的前提是需用尽当地救济。

刚果（金）于2012年加入非洲商法协调组织（简称OHADA），成为该组织的第17个成员国。根据《非洲商法协调条约》的规定，非洲商法协调组织出台并生效的统一法可直接在成员国国内适用。《仲裁统一法》是仲裁当事人在仲裁中选择作为所适用的程序法，适合成员国国内仲裁庭进行合意仲裁，无论仲裁庭是否在成员国国内，当事人都可选择《仲裁统一法》作为适用的程序法，该法对仲裁范围、仲裁庭组成、仲裁进程、仲裁裁决承认与执行等内容作出了详细规定。该法在制定过程中参考了联合国国际贸易法委员会的《国际商事仲裁示范法》，各项规定符合国际商事仲裁的基本原则。①《仲裁统一法》没有对国内仲裁或国际仲裁进行区分②，若仲裁地位于刚果（金）国内，《仲裁统一法》便可适用。

在刚果（金）国内作出的国际仲裁裁决的承认和执行受《仲裁统一法》第25条调整，该条承认有效的仲裁裁决是终局的，对当事人具有约束力，在刚果（金）具有和国内法院判决一样的地位。同时，刚果（金）还是《纽约公约》的成员国，因此申请执行仲裁裁决的当事人可以选择依据哪种法律制度提出申请。

若争议与该组织成员国具有某种联系时，可利用非洲商法协调组织的核心机构——司法与仲裁共同法院（简称CCJA）的仲裁程序。该机构兼顾司法与仲裁两种职能，为仲裁提供场所和行政管理支持，其主要职责是负责组织和监督仲裁程序的进行、任命和确认仲裁员、审查仲裁裁决草案、签发仲裁裁决执行令。该机构于2017年11月23日通过了新修订的《司法与仲裁共同法院仲裁规则》，对司法与仲裁法院的仲裁程序作出了详细规定。

《非洲商法协调条约》第21条规定，只有在下列情况下才可将合同争议提交司法与仲裁共同法院通过仲裁方式解决：当事人一方在某一成员国国内有住所或惯常居所，或合同的一部分或全部已在或将在某一成员国国内或

---

① 朱伟东著：《非洲商法协调组织》，社会科学文献出版社2018年版，第65页。

② Buma Roland Sigala，“Causes of Delay in the Resolution of Commercial Disputes Via Litigation Arbitration as a Way out withn Ohada Laws”，Journal of Trend in Scientific Research and Development，Vol. ，No. ，May - Jun ，p. 。

多个成员国国内履行。根据《司法与仲裁共同法院仲裁规则》签发的仲裁裁决在非洲商法协调组织各成员国领域内具有最终既判力，和成员国国内法院作出的判决具有同等效力，可在任一成员国领域内得到执行。因此，根据《司法与仲裁共同法院仲裁规则》作出的国际仲裁裁决也可在刚果（金）得到承认与执行。

2015年2月3日，刚果（金）成为《纽约公约》的缔约国，且刚果（金）在加入《纽约公约》时未作出任何保留。但是，在刚果（金）国内促进其加入《纽约公约》的立法中规定了一些保留意见。其中包括：互惠［刚果（金）仅执行在其他缔约国领土内作出的裁决］；商业［仅根据刚果（金）法律视为商业事项的仲裁裁决将根据《纽约公约》承认和执行］；不可追溯原则（公约仅适用于2015年2月3日以后作出的裁决）；最后，《纽约公约》不适用于与不动产或与不动产有关的权利的纠纷。① 这是一个特别重要的保留，因为它有可能影响由采矿权引起的争端。

（二）法律程序

1. 管辖权法院

根据刚果（金）于2006年2月18日颁布的新宪法，国家司法权独立于立法权和执行权，由宪法法院、最高法院、行政院、特别最高军事法院、民事、军事法院法庭和隶属于司法权限的检察院组成。刚果（金）的其他国内法中并无明确规定哪一级别的法院对国际仲裁的承认执行享有管辖权。而直接在其国内适用的非洲商法协调组织的《仲裁统一法》第30条规定，只有获得成员国国内有管辖权的法院发布的执行令后，仲裁裁决才能得到执行。因此，刚果（金）国内有关仲裁的立法亟须完善，以使中国及其他国家的投资者在寻求国际商事仲裁裁决在刚果（金）的承认与执行时能够获得明确的指引。

根据《司法与仲裁共同法院仲裁规则》的规定，司法与仲裁共同法院对于仲裁裁决的承认与执行享有专属管辖权。因此，根据《司法与仲裁共同法院仲裁规则》作出的仲裁裁决要在刚果（金）领域内得到承认与执行，

---

① Paula Hodges QCJo、hn Ogilvie、Nicholas Peacock "New York Convention enters force in the Democratic Republic of the Congo", available at https://hsfnotes.com/arbitration////new-york-convention-enters-force-in-the-democratic-republic-of-the-congo/, last visit: 2022/6/25。

其国内法院不享有管辖权。

2. 申请承认执行国际仲裁裁决的程序

《仲裁统一法》与《司法与仲裁共同法院仲裁规则》规定申请人只有获得国内有管辖权的法院或司法与仲裁共同法院发布的执行令后，仲裁裁决才能得到执行。签发执行令的前提条件是，申请人依法定程序向管辖权法院提交签发执行令的申请，且仲裁裁决符合法院的审查标准。

针对申请执行令需提交的材料，根据《仲裁统一法》第 31 条，为获得裁决的承认和执行，裁决胜诉方当事人应向法院提供裁决书正本以及仲裁协议的副本，或其他符合要求的文件副本。请求签发执行令的当事人必须提交由该国官方语言做成的上述文件的译本，此类译本须经当地法院注册的翻译人员证实为真。刚果（金）的官方语言为法语，申请执行的仲裁裁决若依据该法作出，申请人需提交法语版本的上述文件。

根据《司法与仲裁共同法院仲裁规则》签发的仲裁裁决正本应交存该机构的秘书长，仲裁裁决在各成员国领域内具有最终既判力，与成员国国内法院作出的判决具有同等效力，可在任一成员国领域内得到执行。但此类裁决要在成员国国内得到执行，首先须获得一个由司法与仲裁共同法院院长授予的执行令。申请方需向司法与仲裁共同法院院长提交申请书，并将副本送交秘书长。后者应立即将证明仲裁裁决存在的文件以及仲裁协议送交本法院。

针对审查程序及期限，《仲裁统一法》明确规定了成员国国内法院签发执行令的期限，这样可以避免延误仲裁裁决的执行。根据规定，成员国国内有管辖权的法院应自收到当事人签发执行令请求后的 15 天内作出裁定。如果该法院没有在上述期限内作出裁定，则视为该法院已同意签发执行令。如果国内法院同意签发执行令或已被视为同意签发执行令，裁决胜诉当事人就可请求该法院的书记官长对根据仲裁裁决作出的执行令进行盖章，随后就可得到执行。①

如果成员国国内法院作出拒绝签发执行令的裁定，当事人可向司法与仲裁共同法院提起上诉。相反，如果成员国国内法院作出同意签发执行令的裁定，则当事人不得对此提起上诉，不过当事人可以提出撤销裁决的请求。②

① 《仲裁统一法》第 31 条第 5、6 款。

② 《仲裁统一法》第 32 条。

如果撤销裁决的请求被驳回，则仲裁裁决和执行令立即生效。①

对于根据《司法与仲裁共同法院仲裁规则》签发的仲裁裁决，司法与仲裁共同法院院长或为此目的授权的法官应在申请人提出请求后15天内作出裁定。被申请人自收到执行令通知后的15天内可以提出反对执行令的意见。此种情况下，司法与仲裁共同法院应召集双方当事人进行庭审。如果司法与仲裁共同法院院长在对被申请人异议进行审理后，决定作出执行令，则当事人不得提起任何程序。②

仲裁当事人也可依据《纽约公约》申请仲裁裁决在刚果（金）领域内的承认与执行。根据《纽约公约》，国际仲裁裁决的审查主要分为两类，一类是管辖权法院根据当事一方对仲裁裁决提出的抗辩而作出的被动的审查。另一类是管辖权法院依职权对国际仲裁裁决进行的主动审查。且这两类审查的标准有明确的规定，都属于程序性审查，法院对国际仲裁裁决无权进行实质性审查。若被申请人未提出充分证据抗辩，且仲裁裁决符合该国承认执行的条件，则由管辖权法院签发强制执行令。

三、刚果（金）拒绝承认执行国际仲裁裁决的理由研析

刚果（金）的国内法未对拒绝承认与执行国际仲裁裁决的理由进行规定，但在其国内直接适用的非洲商法协调组织的《仲裁统一法》与《司法与仲裁法院仲裁规则》对承认执行国际仲裁裁决的理由都进行了明确的规定，与《纽约公约》的规定有许多不同之处。下文将对此予以分析。

（一）非洲商法协调组织《仲裁统一法》的规定

《仲裁统一法》规定的拒绝签发执行令的理由只有一条，即仲裁裁决明显违反了国际公共政策规范。这样的规定显然非常有利于仲裁裁决在成员国国内得到承认与执行。与其他许多仲裁法不同，该法明确采纳了国际公共政策这一概念，显示出相当大的勇气和魄力。如果允许成员国按照本国公共政策标准来决定是否应当执行仲裁裁决，就会造成仲裁裁决在不同国家的不同对待，从而影响仲裁裁决的执行。遗憾的是，《仲裁统一法》并没有明确规定何为国际公共政策，但考虑到涉及统一法解释和适用的问题应由司法与仲裁共同法院作出最终处理，这就可避免对这一概念在不同的成员国出现不同

① 《仲裁统一法》第33条。

② 《司法与仲裁法院规则》第30条第3、4款。

的解释。

《仲裁统一法》对国际仲裁裁决的承认和执行规定了更为宽松的条件，利用该法的规定也更容易使国际仲裁裁决得到承认与执行。

（二）非洲商法协调组织《司法与仲裁共同法院仲裁规则》的规定

根据《司法与仲裁共同法院仲裁规则》签发的仲裁裁决若要在各成员国领域内申请承认与执行，需向司法与仲裁共同法院的院长申请执行令。在下列四种情况下，司法与仲裁共同法院会拒绝签发执行令：仲裁庭在没有仲裁协议或在仲裁协议无效或失效的情况下作出裁决；或仲裁庭越权作出裁决；或仲裁庭没有遵守对抗性原则；或仲裁裁决违反国际公共政策。① 如果执行令被法院拒绝，提出申请的当事人可在收到拒绝其申请的通知后15天内，向司法与仲裁共同法院提出请求。如果司法与仲裁共同法院院长在对被申请人异议进行审理后，决定作出执行令，则当事人不得提起任何程序。②

上述拒绝签发执行令的理由除“仲裁裁决违反国际公共政策”外，《司法与仲裁共同法院仲裁规则》相对《仲裁统一法》还增加了仲裁庭在作出仲裁裁决过程中的程序性事项上的错误，需要由被申请人举证证明。

（三）纽约公约的规定

《纽约公约》第5条规定了拒绝承认和执行国际仲裁裁决的理由，包括须由被申请人举证证明的5种情形以及仲裁裁决违反执行地公共秩序。

其中，第5条第2款所述的理由都属于违反公共秩序的范围，即：依照执行地国的法律，争议事项是不能以仲裁解决的；承认或执行裁决将违反执行地国的公共利益的。被请求承认和执行仲裁裁决的国家管辖权法院若查明被请求承认和执行的仲裁裁决与该国的公共政策相抵触，可以拒绝承认和执行。此种情形可由管辖权法院自行决定，无须被申请人证明。③ 但是《纽约公约》没有给予公共政策明确的定义，由于世界各国政治、经济、文化、宗教信仰等社会理念和基本背景的差异，迄今为止尚未有一个公共政策的定义为被国际社会各国普遍接受，除了公共政策外通常也会出现社会政策、公众利益、公共道德、交易习惯等相同的术语。

---

① 《司法与仲裁法院规则》第30条第5款。

② 《司法与仲裁法院规则》第30条第3、4款。

③ 姜立文，史静波：《<纽约公约>视角下的中国仲裁法律》，《甘肃行政学院学报》2004年第4期。

（四）存在问题

1. 对承认和执行国际仲裁裁决缺乏直接的法律规范

刚果（金）至今没有针对仲裁规则的专门立法，虽然非洲商法协调组织的《仲裁统一法》可直接在其国内适用，但该法中的部分内容还较为笼统，需要在其国内立法中予以明确，如哪一级别的法院为“管辖权法院”。

此外，《仲裁统一法》仅适用于仲裁地位于非洲商法协调组织某一成员国国内的仲裁，对于在非OHADA成员国领域内作出的仲裁裁决如何在刚果（金）得到承认与执行，该国还没有明确的法律规范，缺乏统一的执行程序。虽然刚果（金）已加入《纽约公约》且已对该国生效，但《纽约公约》在刚果（金）的适用还需其国内的法律规范进一步明确。《纽约公约》第5条，列出了拒绝承认和执行仲裁裁决的理由，包括承认和执行该裁决是否违反该国的公共政策。但是，刚果（金）现行立法规范并没有明确定义何为公共政策，也没有明确与之相反的标准。

2. 公共政策的滥用

如上文所述，刚果（金）在《纽约公约》规定的拒绝承认与执行外国仲裁裁决的多个理由项下，都没有与之对应的规定，实践中会在概念认定和法律适用上遇到困难。尤其是对“公共政策”的定义。这主要是因为刚果（金）的公共秩序要考虑到与其宗教、民族的关系。对于不熟悉其宗教、民族习俗的外国投资者来说是难以避免的“雷区”。由于目前对于“公共政策”尚未有一个明确的定义，因此法官在决定是否执行时可以发挥很大的自由裁量权，可能会滥用公共政策的抗辩。有时为了审查仲裁裁决是否存在违反公共秩序的情况，法官还会对仲裁裁决的实质部分进行审查，而这也是与国际上申请承认与执行外国仲裁裁决不对实质部分进行审查相冲突的。

3. 典型案例公布匮乏

刚果（金）目前并未公布关于本国法院处理国际商事仲裁裁决的承认与执行的典型案例，这会给审判带来一定的不确定性并导致仲裁的透明性降低。这种不透明也削弱了外国投资者赴刚果（金）投资选择仲裁作为争端解决方式的信心，对于投资者来说，不熟悉的法律制度和不具可预测性的仲裁裁决，都是其在刚果（金）投资过程中的担忧。因此建议刚果（金）应该对典型案例进行编撰，形成一定的典型案例分析报告，这样不仅给予法院指导，也会给予投资者方向。

四、应对刚果（金）国际商事仲裁制度的建议

（一）完善中刚国家间经贸交往法律体系

首先，要贯彻坚持《中国对非洲政策文件》，与刚果（金）落实《双边促进和保护投资协定》和《避免双重征税协定》，两国共同营造良好的投资合作环境，保护双方投资者的合法权益。同时，完善我国的对外投资立法，尽快为《中华人民共和国对外投资法》制定配套的法规规章，形成完善的对外投资法律体系。这样，才能使两国间的经贸交往有具体的、可操作的法律依据，为中非投资贸易自由化与便利化进程奠定法律基础。

其次，中国应与刚果（金）扩大民商事司法合作，中国政府相关部门应积极推动同相关部门该国进行谈判、协商，以签订双边民商事司法协助条约，为两国间民商事纠纷的解决提供便利条件。目前，中国仅同摩洛哥、埃及、阿尔及利亚、突尼斯、埃塞俄比亚五个非洲国家签订有双边民商事司法协助条约，这远远不能满足中国同非洲各国民商事往来的现实需要。① 另一方面，由于许多非洲国家参加或批准的跨国民商事诉讼程序机制较少，通过双边民商事司法协助条约来解决中国与非洲国家民商事纠纷解决过程中出现的问题，是一种比较现实的选择

我国政府在促进与刚果（金）及非洲各国交流合作的同时，可以派专门的法律专家团队协助刚果（金）及其他非洲法律制度较落后的国家推动其商事和投资立法进程，并积极开展与非洲国家间的法律交流，关注其商法统一化运动，并可设立研究课题，加深对非洲法律制度的研究，从而为我国与非洲国家间的对外投资提供更全面、可靠的依据。

（二）设立国家间经贸争端预防专门机构

刚果（金）的国际仲裁制度亟须完善，但一套争端解决机制的完善并非一日之功，鉴于此，为从源头上预防中国与刚果（金）及其他同样仲裁机制存在缺陷的非洲国家产生经贸争端，可设立中非经贸争端预防专门机构。

首先，专门机构应当承担收集我国对非投资的主要目标国家所颁布的政策经贸与法令的责任，通过对相关信息的分析为投资者提供相对准确的投资

---

① 朱伟东：《仲裁是解决中非贸易投资争端的最佳选择》，中国仲裁法学研究会2014年年会暨第七届中国仲裁与司法论坛论文集，2014，第244—254页。

信息并为投资者进行风险预警。① 其所需要收集并整理的内容包括非洲国家的基础法律、法规、合同、商业惯例以及根据投资条约作出的政府承诺，尤其应对非洲国家的经济敏感部门或涉敏性的制度安排进行特别关注。其次，专门机构应当关注我国以及其他对非投资国家投资过程中发生的争端，根据争端发生的领域以及争端案例重合度较高的国别与区域进行案件分类，为我国针对该领域以及同一类型国家的投资提出针对性风险预警，从而实现规模化的中非投资争端预防。中国投资者在对非洲国家制造业、基础设施建设以及自然资源开发与利用领域的投资大多依托公共事业特许经营权的国家合同、BOT 合同展开，面临较大的投资风险。因此，专门机构应对这些重点领域的案例给予特别关注。

（三）建立母国、投资者、东道国间的多方互动平台

在事前阻断争端发生，防止争端进入国际仲裁程序的另一个有效途径是加强相关问题的国家间合作。不管是投资者、资本输出国还是资本输入国，都不希望投资争端发生或将其诉诸国际仲裁，而是希望可以通过迅速便捷且清楚明晰的方式解决其申诉和消除对其不利的因素。通过事前商定的程序，利用外交渠道解决母国、投资者和东道国之间的潜在争端，将有利于促成三方之间的合作并消解对抗心态。

鉴于中国与非洲国家的经贸争端往往在贸易环境相似的国家，具有高重合度的特点，中非投资争端预防的交流合作应当突破双边层面，以多国联动的模式建立中国同非洲国家以及区域组织之间的多边合作平台。多边合作平台的建立在一定程度上能够消除单个非洲国家在与我国对话过程中因经济实力差异而产生的顾虑，使双方对所达成的投资贸易协定有更深入的理解，保障双边投资贸易协定的顺利实施。

① 蔡高强，刘明萍：《基于中非合作发展的投资争端预防机制论》，《湘潭大学学报（哲学社会科学版）》2020 年第 3 期。

论殖民时期南非刑法混合特征的形成*

郭　炯　任冰雪**

内容提要　南非刑法起源于17、18世纪的罗马－荷兰法学家的论著，英国占领南非开普后，于1827年开始对其刑法进行改造。英国法主要通过两种方式影响开普刑法：一是以英国法律原则解释罗马－荷兰法的规则；二是以英国法律规则填补罗马－荷兰法的空白。南非统一后，开普刑法在整个南非开始适用，形成了通行全国的“一般法”。殖民时期南非刑法中的罗马－荷兰法和英国法成分并非泾渭分明的机械式混合，而是建立在上述双重成分基础上的一个部门法，呈现出一种全方位的、广泛而深入的混合。南非独立以后，剔除了其刑法中的殖民主义性质内容，使之与南非本土法一起，构建了当代南非刑法体系。

关键词　罗马－荷兰法　英国法　南非刑法　混合特征

引　言

学者们一般认为，南非是典型的混合法系国家。然而，与“混合法系

---

* 基金项目：湖南省哲学社会科学基金年度项目“南非刑法研究”（项目编号：17YBQ037）。

** 郭炯，男，河南汝南人，法学博士，湘潭大学法学院讲师、硕士生导师，湘潭大学中非经贸法律研究院研究员，研究方向为非洲法、国际法；任冰雪，女，河北石家庄人，湘潭大学法学院21级法律（非法学）硕士研究生，研究方向为非洲法。

的大陆私法和英美公法”[①] 的鲜明分野不同，作为南非法律部门重要组成部分的刑法却独具混合特征。从南非刑法的发展史来看，其先后经历了罗马－荷兰法的移植和英国法的改造，上述二者在不同历史时期的混合程度不同，往往是一种成分占据主导地位，另一种成分处于次要地位。本文拟就殖民时期南非刑法混合特征的源流开端、形成过程、主要表现及其对当代南非刑法的影响作初步分析。

一、法律的建构：荷兰刑法在南非开普殖民地的移植

在欧洲殖民者到达之前，南非这片土地上生活着三个族群，包括科伊人、萨恩人以及班图人。

1652 年 4 月，一支荷兰东印度公司的船队在好望角登陆。依照荷兰东印度公司的命令，船队司令范・里贝克在好望角建立了船只补给站。1656 年，范・里贝克建立殖民地法院，专门负责处理公司雇员之间产生的法律纠纷。该法院是一种以船舶大会为模式的法庭，由船队司令（1672 年以后改称为总督）和部分行政官员参加法庭的审判，判案的主要依据是荷兰东印度公司的规章和准则。

1678 年开始，荷兰移民开始涌入开普。1688 年，荷兰东印度公司又将逃难至荷兰的法国胡格诺教徒以及德国贫困家庭运抵开普。但是，资本主义生产关系并没有随着欧洲移民的到来而输入，荷兰殖民者在开普发展了一种奴隶农（牧）场制，对劳动力的需求非常旺盛，因此在开普补给站刚建立不到 5 年，即 1657 年就运进了奴隶。由于移民和奴隶的人口数量快速增长，殖民地法院积累的诉讼案件日益增多，已经无法及时审结。1685 年，开普殖民当局将殖民地法院改制为拉德范法院。新法院对刑事案件和民事案件进行了区分，开始将荷兰刑法引入开普。

荷兰殖民者依照 1629 年以来所奉行的“协调原则”，要求确保荷兰与

---

① 完整表述为“混合法系的大陆法成分仅限于私法领域，公法是典型的英美式的。当然各自领域的法律内容并非完全是大陆法或普通法，但它主要由这一种类而非另一种类的法律制度构成”。参见 Vernon Valentine Palmer, “Introduction to the Mixed Jurisdiction”, in Vernon Valentine Palmer ed. Mixed Jurisdictions Worldwide: The Third Legal Family, Cambridge University Press, 2012, pp. 8 – 10.

其殖民地之间法律的一致性。[1] 因此，来自尼德兰联省共和国议会、荷兰当局以及东印度公司位于巴达维亚总部通过的一些法令成为开普殖民地刑法的渊源。另外，东印度公司任命总督和议政委员会负责开普殖民地立法，并以文告的形式公布，构成了开普殖民地制定法的基础。正如开普殖民地法院大法官维瑟尔斯曾总结的那样，开普的制定法主要是殖民地当局的命令或法令，还有部分来自尼德兰联省共和国议会的法令、部分来自荷兰的法令、部分来自巴达维亚总督的指令。[2]

但是，开普殖民地法官一般不对判决依据作出详细说明，只是记录了援引的法学典籍，因此这些制定法并没有对南非刑事法律制度产生深远的影响。[3] 而开普殖民地刑法最重要的法律渊源是罗马－荷兰法。

“罗马－荷兰法”一词最早由荷兰学者西蒙·范利文使用。[4] 一般认为，罗马－荷兰法是指荷兰在13世纪至14世纪的罗马法复兴过程中，将古时习惯法和制定法与罗马法融合在一起的混合法。在荷兰统治下的开普殖民地，法官们常常援引罗马－荷兰法学家的法律著述作为判案的依据，包括17、18世纪在荷兰涌现的一大批著名法学家的刑法理论，如自然法学派的创始人格劳修斯的自然法三原则和刑罚内容的人道化原则。[5] 尤其是法律人文主义学派的代表人物乔安尼·富特，被誉为“罗马－荷兰法的集大成者”，其名著《学说汇纂评论》是南非刑法的一个重要渊源。另外，约翰·摩尔曼、范德克赛尔、乔安尼·范德林登以及西蒙·范利文等学者的刑法著述也经常被开普殖民地法院法官直接援引作为判案的依据。可以说，南非刑法起源于17、18世纪的罗马－荷兰法学家的论著。

---

① （荷）简·斯米茨著，魏磊杰译：《法律模式的进口与出口：荷兰的经验》，《厦门大学法律评论》（第十四辑），厦门大学出版社2007年版，第148页。

② J. W. Wessels, History of the Roman – Dutch Law, Grahamstown, Cape Colony, African Book Company Limited, 1908, pp. 356 – 360.

③ H. R. Hahlo and Ellison Kahn, The South African Legal System and its Background, Juta & Co. Ltd., 1968, p. 575.

④ Robert Warden Lee, An Introduction to Roman – Dutch Law, Oxford University Press, 1915, p. 1.

⑤ 自然法三原则包括归还因侵犯他人利益而获得的财物和由此而来的收益、赔偿因自己过错所引起的损害、对犯罪行为加以惩罚；格劳修斯是第一个区别“报应”和“复仇”关系的学者，主张将死刑限制适用于那些罪行极其严重的情形。

二、法律的改革：英国普通法对南非开普殖民地刑法的改造

1795 年，法军占领了荷兰，英国以保护盟国荷兰的海外殖民地为由占领了开普。英国人认为“开普只是一个具有战略地位的港口而已”，并没有长期占领的打算。1802 年，英法签订《亚眠和约》宣布休战，英军随即撤出开普，交由荷兰政府接收。1805 年，英法再次交战。1806 年 1 月，英军重又占领开普。此时，英国已经认识到开普的重大战略地位。1814 年，拿破仑在欧洲彻底战败后，英国没有把开普退还荷兰，而是支付了一笔赔款给荷兰而在开普待了下来。① 从此，开普正式成为英国的殖民地。

根据 1774 年英国 Campbell v. Hall 一案②所确立的规则，作为“文明法律制度”的罗马－荷兰法被保留下来。但是，开普法院仍依照荷兰殖民时期的司法制度运行，这给来自英国法律传统的新任法官和律师造成了很大困扰。1820 年之后，随着殖民地疆界的巩固，开普温和的气候和肥沃的土地吸引了越来越多的英国人来此定居，英国殖民者开始加强对开普的管理。

1823 年，英国国王派遣威廉·科尔布鲁克和约翰·托马斯·比格前往开普殖民地考察包括法律在内的整个社会文化。经过三年的调查，他们建议，首先需要将英国的法院体系、陪审制度、刑事程序法引入开普。

1827 年，当时的英国国王乔治四世以英皇特权立法的形式颁发了《英皇制诰》③，即开普殖民地第一部《司法宪章》。根据《宪章》的规定，开普殖民当局建立了开普殖民地最高法院（以下简称“开普最高法院”）。1828 年，一部几乎完全照搬英国模式的刑事程序法被引入开普④，1830 年，英国的证据法和陪审制度也被引入开普。⑤

刑事程序法的全盘英国化造成了与实体法之间的冲突。如在开普刑事诉讼法中，将杀人罪分为谋杀罪和应受刑罚的杀人罪两个独立的罪名分别起诉。而在开普现行的罗马－荷兰法中，只是规定了杀人罪，“这给了法官很

---

① 艾周昌，郑家馨主编：《非洲通史（近代卷）》，华东师范大学出版社 1995 年版，第 88 页。

② 1 Cowp 204, 98 ER 1045.

③ By letters patent of 24 August 1827.

④ Ordinance 40 of 1828，该法在 1830 年经修订后，完全与英国刑事程序法一致。

⑤ Ordinance 72 of 1830.

大的裁量权以及量刑空间”。① 因此，在杀人案中，开普法官一遇到难题就寻找英国判例。例如，在医生因疏忽大意，而未告知病人应当进行一场十分必要的手术，进而导致病人死亡的案件中，针对医生的行为与病人的死亡之间的因果关系链是否因新介入行为而中断，开普法官引用《科克斯案例》，得出否定回答，法官认定医生应当对病人的死亡负责。②

在英国化的司法制度和诉讼模式的影响下，开普法院对英国刑法的引用日益增多，罗马－荷兰刑法逐渐变成了一种辅助性法律，英国刑法以一种隐蔽的方式对开普刑法进行渗透。从 1830 年开始，英国判例法对开普刑法的影响开始明确起来。其方式可以总结为：以英国法律原则解释罗马－荷兰法的规则、以英国法律规则填补罗马－荷兰法的空白。

以英国法律原则解释罗马－荷兰法的规则。由于英国殖民者并未完全废止罗马－荷兰法，来自英国的法官们仍需要去解释和适用罗马－荷兰法。问题是，法官们在接受“被发掘出的罗马－荷兰法”的过程中发现，罗马－荷兰法的权威著作的观点各异，不像英国法那样具有确定性。而且，来自英国的法官大多不通晓罗马－荷兰法的规定，因而在判决案件时，只能求助于布尔学者或罗马－荷兰法解释官的意见。然而，学者们的意见常常不能满足法官的要求。随着越来越多的罗马－荷兰法从荷兰语译为英语，外行的英国法官往往依据自身的英国法律原则的知识对南非罗马－荷兰法的理解来判决案件。因此，这样做的结果只能是出现一种以英国法律原则来附会南非罗马－荷兰法精神的局面。况且，在荷兰殖民者的统治结束以后，英语就成为南非统治集团的官方语言。③ 但开普的法律教科书、著作、判决书等是以荷兰文字记录的，这给来自英国法律传统的新任法官和律师造成了很大困扰。1822 年，在英国国务大臣厄尔·巴塞斯特和开普殖民地总督查尔斯·萨默赛特的通信中，后者表达了想要以英语代替荷兰语作为法律用语的想法。④

---

① E. M. Burchell, J. R. L. Milton and J. M. Burchell, South African Criminal Law and Procedure, JUTA &CO. LTD, 1983, p. 32.

② P. R. Spiller, The Role of the Cox Criminal Cases in the Development of South African Criminal Law, South African Journal of Criminal and Criminology, 1995, p. 65.

③ William Tetley, Nationalism in a Mixed Jurisdiction and the Importance of Language, 78 Tul. L. Rev., 2003, p. 205.

④ C. Graham Botha, The Early Influence of the English Law Upon the Roman－Dutch Law in South Africa, 40 S. African L. J. 1923, p. 399.

以英国法律规则填补罗马-荷兰法的空白。一般而言，通过法典的系统化构建，大陆法能够满足一个国家（或地区）在较短时间内要求必须得出尽可能完备的法律结果，而且，统一的刑法典有助于确保刑法的确定性和可预测性。但是，1795年法国占领了荷兰，罗马-荷兰法在其母国停止了发展，开普与荷兰相互之间的联系在1809年《荷兰王国刑法典》颁布的前夕被中断了，开普的刑法开始落后于发展。甚至有些南非法官根本没有优先考虑罗马-荷兰法的规定，而是直接引用英国判例法。正如南非学者指出的那样，“开普殖民地和纳塔尔实行的罗马-荷兰法是过时的法律，远远不能满足当时的需要。为解决这一反常情况，法官不得不常常根据英国法通过法规、判决作出变通。过去数年来，（开普）法院的倾向是尽可能地使本地的司法实践更近地向英国法院靠拢，使本地法律尽可能地融入英国法律。”①事实上，在1910年南非联邦建立以前，就开普殖民地法院援引的刑法而言，英国判例法的引用率是明显高于荷兰法的。②

综上所述，英国刑法在开普的适时出现恰好满足了刑法发展的需求。英国法的引入对于开普刑法的发展是建设性的，而不是破坏性的。英国刑法促进了开普刑法的现代化、满足了刑法发展的要求。到殖民后期，南非刑法名宿加德纳和兰斯多恩感叹：“在开普被英国占领一个世纪之后，南非的刑法更加接近英国法而非罗马-荷兰法了。”③

三、路径的抉择：罗马-荷兰法在南非开普殖民地的存废之争

在英布战争④爆发之后，罗马-荷兰法似乎在开普殖民地的刑法中遭遇了边缘化的处境，而对英国判例的适用在开普法院则是很普遍的。英国刑法中大量的基本原则以及各罪的指导性概念开始通行于开普殖民地各个法院。

---

① ［南非］丹尼尔·维瑟著：《混合法律制度生成中的文化力量》，朱伟东译，何勤华主编：《混合的法律文化》，法律出版社2008年版，第20—21页。

② George Thomas Morice, English and Roman - Dutch Law: Being a Statement of the Differences between the Law of England and Roman - Dutch Law as Prevailing in South Africa and some of the Other British Colonies, General Books LLC, 2012, p. 96.

③ Frederick G. Gardiner and Charles W. H. Lansdown, South African Criminal Law and Procedure, JUTA & CO. LTD, 1921, p. 5.

④ 1899年至1902年，英国人与南非布尔人之间爆发的战争。

然而，英布战争的爆发激化了英国人与南非布尔人[①]之间的矛盾，英国想把开普殖民地刑法英国化的尝试遭到了人数占据优势地位的荷兰裔移民的强烈反抗。在20世纪初期，南非学者之间掀起了一场关于罗马－荷兰法和英国法在开普殖民地法律制度中的孰重孰轻问题的辩论。

1900年12月7日，一名在开普殖民地有过多年法律实务经验的英国人在《泰晤士报》上撰文，扬言应当彻底废除罗马－荷兰法。"废除论"迅速在英国法的支持者中间流传，他们努力发掘各种权威性论证来支持自己的观点。1908年，在当时享有盛誉的开普殖民地法院大法官维瑟尔斯出版了《罗马－荷兰法律通史》一书，他在书中这样写道："翻开任何一卷南非法律报告……我们发现与引用荷兰著作相比，更多的是引用英国案例。"[②] 这句话成了英国法的支持者们主张"废除论"的主要依据。他们认为，开普殖民地和纳塔尔实行的罗马－荷兰法是过时的法，……几乎每一个法律点都存在不确定性和疑问，让人费尽心思，耗尽钱财。……开普法院作出的判决，如果有的话，现在也被认为不具有约束力。从法律尚处于幼年期的那个时代的荷兰法学者那儿所得出的浅薄推论就构成推翻这些判决的充分依据，并会形成新的先例。[③]

对"废除论"最早作出反驳的布尔学者是范·赞尔博士。他首先对开普档案馆保存的记录进行了研究分析。他发现在一份1797年英国开普殖民地总督埃拉尔·麦卡尼的公告中，明确规定了开普殖民地的刑法延续旧时的规定。[④] 他接着对英国殖民者于开普公布的其他正式法律文件做了进一步考察后确认，罗马－荷兰法是开普殖民地法院判决的基本依据。[⑤] 例如，1827年的第一部《司法宪章》授权开普高等法院"享有完全的权力，依据上述殖民地正在实施中的法律管辖、适用、判决和裁决"。而"殖民地正在实施

---

① 以种植业和畜牧业为生的欧洲移民。

② J. W. Wessels, History of Roman - Dutch Law, African Book Company Limited, 1908, p. 388.

③ Vindex, The Suggested Repeal of Roman - Dutch Law in South Africa, 18 S. African L. J. 1901, pp. 153 - 154.

④ C. H. van Zyl, The Batavian and the Cape Plakaten, 24 S. African L. J. 1907, p. 134.

⑤ C. H. van Zyl, The Batavian and the Cape Plakaten, 25 S. African L. J. 1908, pp. 252 - 253.

中的法律”正是罗马－荷兰法。1834年的第二部《司法宪章》又逐字逐句地重复了这些内容。

另一位布尔学者博登斯坦一方面在开普律师界进行了“问卷式调研”。他得出结论，如果在20世纪初期问南非律师，开普实施的是什么法律制度，他们会毫不犹豫地回答是罗马－荷兰法，这些法律盛行于荷兰省和西弗里斯兰。① 另一方面，他仔细阅读了维瑟尔斯法官的《罗马－荷兰法律通史》一书，进而指出，如果任何人从《罗马－荷兰法律通史》得出“罗马－荷兰法在南非已奄奄一息，将被英国法完全取代”的结论，那就大错特错了。维瑟尔斯撰写这部著作，不只是简单地论述英国法，而是告诉南非律师如何更好地理解南非法律的发展史。现在大量的罗马－荷兰法著作的出版就恰恰证明了这一点。②

在英国通过接管、战争等方式最终控制了整个南非领土后，出台了《法律冲突解释条例》，规定纳塔尔、德兰士瓦和奥兰治的刑法应当是在开普殖民地法院适用的刑法。③ 于是，随着南非的统一，这种具有混合特征的刑法在整个南非开始适用，并成为通行全国的“一般法”。这里的“一般法”包括了普通法规则和普通法罪。前者规定了南非刑法中的原则性内容，如刑事责任理论、主犯与从犯的认定、犯罪的形态等；后者是由通过移植的罗马－荷兰法和英国法，以及南非法官在长期的司法实践过程中创立的罪名。

笔者认为，历经200多年沉淀的罗马－荷兰法已经深深地扎根于这片土壤，融入开普人民的灵魂和基因之中。但不可否认，英国法对开普殖民地刑法的影响是巨大的，甚至是全方位的。在南非的殖民末期，开普的“刑法已成为兼具罗马－荷兰法和英国法的特征的混合法律制度”。④

---

① H. D. J. Bodenstein, English Influences on the Common Law of South Africa, 32 S. African L. J. 1915, p. 339.

② H. D. J. Bodenstein, English Influences on the Common Law of South Africa, 32S. African L. J. 1915, p. 338.

③ E. M. Burchell, J. R. L. Milton and J. M. Burchell, South African Criminal Law and Procedure, JUTA &CO. LTD, 1983, p. 42－43.

④ R. W. Lee, Notes: What has become of Roman－Dutch Law? 47 S. African L. J. 1930, p. 277.

四、殖民时期南非刑法混合特征的主要表现

可以说，任何一个国家的法律在发展过程中都吸收了其他法律体系的因素。罗斯科·庞德曾就这种现象作了精彩的论断，“基本上可以将一个法律体系的发展历史描述为引入其他法律体系的法律资源的过程。”① 就单一部门法而言，引入其他法律体系的规则、原则、制度也是很普遍的。在对开普殖民地刑法的历史演进梳理了之后发现，开普殖民地刑法呈现出一种在双重法律体系基础上的全方位混合的特征。

（一）殖民时期南非刑法混合的双重基础

开普殖民地刑法是建立在罗马－荷兰法和英国法双重基础上的一个部门法，这是与其他法律部门的单一基础和多重基础相对应的概念。单一基础是指某一法律部门完全建立在某一种法律体系的基础之上，多重基础是指某一法律部门是建立在两种以上法律体系基础之上。在殖民者入侵以前，南非的各个族群的人们在长期的生活和劳作过程中逐渐形成了习惯法，被用来支配人们之间的权利、义务，调整和解决他们之间的利益冲突。习惯法主要是在一套特殊的神灵崇拜、祖先崇拜等关系网络中，以口述方式被贯彻实施的。② 英国占领开普之后，罗马－荷兰法作为殖民地的法律被保留下来，因为它属于“文明”制度。和在非洲其他国家和地区一样，英国不承认和执行非洲习惯法，其原因除了殖民者的种族优越感以外，还与当时南非土著居民黑人的社会和政治制度没有统一有关。英国人认为，南非习惯法中普遍存在着逻辑混乱、自相矛盾的问题。直到现在，只有学者对我们的习惯法感兴趣。但我们对这些习惯法进行整理时，发现它们很不相同。我们发现整理这些没有什么现实意义，因为我们难以适用这些相互矛盾的习惯法。③ 习惯法只是在对殖民制度不具有重要意义的领域，如婚姻、继承、侵权和土地租赁领域，才被容忍存在，而涉及刑事领域的习惯法从来没有作为一种可行的法律制度予以实施。因此，与其他部门法相比，殖民时期的南非刑法只具有双重基础。

---

① Reinhard Zimmermann and Daniel Visser, Southern Cross: Civil Law and Common Law in South Africa, Clarendon Press Oxford, 1996, p. 2.

② 洪永红等著：《非洲法导论》，湖南人民出版社2000年版，第21页。

③ H. D. J. Bodenstein, English Influences on the Common Law of South Africa, 32S. African L. J. 1915, p. 343.

（二）殖民时期南非刑法的全方位混合

开普殖民地刑法的全方位混合是指两种法律成分在混合的程度上是全方位的、广泛而深入的，这是与混合的泾渭分明的现象相对应的概念。泾渭分明的混合是机械式的，一个刑法原则或罪名只含有一种法律成分，来源于一个法律体系。从开普殖民地刑法的原则性内容和各罪的概念来看，混合的双重基础的特征是显而易见的，一个刑法原则或罪名往往含有两种成分的因素，且不仅仅是法律规则的混合，还包括了法律思维的混合。例如，依据罗马－荷兰法，仅有犯罪意图而未实施犯罪行为的，并不构成犯罪，基于这条规则，共谋一般不认为是犯罪。在 Queen Vs. Kaplan 一案中，嫌疑人共谋实施叛逆罪，首席法官亨利·德威利斯考察了英国法的规定后发现，共谋本身就是一个单独的罪名，是指共同犯罪中行为人聚集在一起商议实施某种犯罪。他在判决中吸收了英国法中共谋罪的规定："我本人在罗马－荷兰法中并未发现任何认定共谋构成实质性犯罪的规定，或是任何认定共谋本身是一种犯罪行为。但在诸如叛国罪等威胁国家安全的犯罪中，共谋当然是一种可罚的罪行。"①

然而，这种全方位的混合并不是均匀的，在不同的罪名中，混合的程度不同。主要分为以下三种：

（1）以英国法为基础的混合型罪名

以英国法为基础的混合型罪名是指该罪名业已形成的概念、构成要素主要来自英国法，但仍保留有一些罗马－荷兰法规则。其特征是这种类型的犯罪"在罗马－荷兰法著作中没有讨论过"或"存在不确定性"，如诽谤罪。

罗马－荷兰法基本继承了罗马法关于诽谤行为的规则②，不认为诽谤是一种实质性的犯罪，在荷兰殖民者统治下的开普是以侵犯权利罪起诉的。在英国法的影响下，开普刑法中的侵犯权利罪依据刑法保护的客体不同，分解成三个罪名：诽谤罪，保护受害者的名誉；企图伤害罪，保护人身安全；侵犯尊严罪，保护人格尊严。开普殖民地法院在 R. Vs. Houghton and Wright 一案中确立了书面诽谤构成诽谤罪③，但罗马－荷兰法中关于口头诽谤和书面

① 10 Juta 259.

② J. R. L. Milton, South African Criminal Law and Procedure (Vol. II Common Law Crimes), JUTA &CO. LTD, 1996, p. 522.

③ E. D. C. 35.

诽谤的界限并不明确，导致法官在审理此类案件时无所适从，以至于开普立法机关在 1882 年的一项法案中直接转向英国法。①

表 1　以英国法为基础的混合型犯罪的罪名

以英国法为基础的混合型犯罪	罪名
危害国家和公共安全罪	伪证罪、私了犯罪罪、藐视法庭罪、重婚罪、公然猥亵罪
侵犯人身权利罪	强奸罪、诽谤罪、企图伤害罪、投毒罪
侵犯财产罪	抢劫罪、破门入户罪、窝赃罪、欺诈盗窃罪、伪造和使用伪币罪

（2）以罗马－荷兰法为基础的混合型罪名

以罗马－荷兰法为基础的混合型罪名是指该罪名业已形成的概念、构成要素主要来自罗马－荷兰法，来自英国法的影响很少或没有。其特征是，开普法院在审理此类型案件过程中，通过解释和适用罗马－荷兰法形成了大量判例，丰富了罗马－荷兰法的内涵，如诱拐女子罪。

关于此罪，开普有记录可查的最早案例是 1881 年的 R. vs Schut 一案，德威尔法官查阅了开普法院大法官德威利斯的判例后认为："诱拐女性的行为是一种严重犯罪，殖民地法院已有很多案例。"② 依据罗马－荷兰法，诱拐女性可能构成两个罪名：诱拐女子罪和暴力罪。诱拐女子罪是指以结婚或非法性交为目的，通过暴力或诱骗的方式，未经其父母或监护人同意，将未成年女子拐走的行为。而暴力拐走成年女性的，则可能构成暴力罪。由此可见，诱拐女子罪是行为人对未成年女性实施的一种犯罪，这是本罪的本质特征之一。但在对"未成年"的认定上，罗马－荷兰法学者之间存在争议。德威尔接着对诱拐女性的行为进行了历史考察。他发现，在中世纪的欧洲，诱拐女性一度被视为是一种具有骑士风度的行为，而非犯罪行为。如果按照英国法对"未成年"的认定，即不满 16 周岁，显然不能保护那些年满 16

① Act 46 of 1882, s. 12. " The definition of defamatory libel is the same as under the English Law, ……".

② 1 Buch AC 37 at 38－39.

周岁但尚未出嫁的女性。他最后认定，诱拐女子罪中的“未成年女子”是未满21周岁的女性，形成了新的判例。

表2　以罗马－荷兰法为基础的混合型犯罪的罪名

以罗马－荷兰法为基础的混合型犯罪	罪名
危害国家和公共安全罪	叛逆罪、煽动罪、暴力罪、干扰司法公正罪、贿赂罪、乱伦罪、非自然性行为罪
侵犯人身权利罪	堕胎罪、绑架罪、侵犯尊严罪、诱拐子女罪
侵犯财产罪	勒索罪、诈骗罪、纵火罪

（3）并列式混合型罪名

并列式混合型罪名是指该罪名业已形成的概念、构成要素来自英国法和罗马－荷兰法的成分“势均力敌”。其特征是英国法和罗马－荷兰法在这些罪名上的规定是十分相似的。渎神罪就是这种典型罪名。

在罗马－荷兰法上，渎神罪一开始并不是一个独立的罪名，实施有渎神行为的人往往被视为异教徒或叛教徒以轻叛逆罪定罪处罚。在欧洲的文艺复兴运动中，新兴的资产阶级极力反对教会迷信思想，掀起了一场人文主义思潮。荷兰的人文主义法学家们清醒地认识到，亵渎神明的行为并不是一种非法行为，但对宗教的一些公开侮辱可能动摇整个社会的秩序，这种行为实质上属于一种暴力犯罪。罗马－荷兰法认为，行为人侵犯了社会公共秩序和教徒们的感情，任何“恶意在出版物中否认上帝的存在、诋毁神明，在公共场合公开侮辱、取笑神明，干扰正常的宗教教会秩序”① 均构成渎神罪。渎神罪在英国的演变和罗马－荷兰法有很强的相似性。

尽管罗马－荷兰法学家在著述中提到了渎神罪，但未作出解释说明，导致开普法院很少原因适用。根据1827年的一项报告，开普殖民地法院在

① Jabez Henry and Joannes Van der Linden, 2 Institutes of the Laws of Holland, Nabu Press, 2010, 2, 2.

1814 年至 1825 年之间完全没有以渎神罪起诉的记录。① 英国判例的引入起到了解释渎神罪的作用，开普殖民地法院开始援引英国判例判案。例如，开普法官在区分罪与非罪时，常常引用英国法上两个重要的判例②，即仅仅是否认基督教或教义的真实性并不足以构成渎神罪。

表 3　并列式混合型犯罪的罪名

并列式混合型犯罪	罪名
危害国家和公共安全罪	渎神罪
侵犯人身权利罪	杀人罪、谋杀罪
侵犯财产罪	盗窃罪、故意毁坏财物罪

五、殖民时期南非“一般法”对当代南非刑法的影响

南非“一般法”的形成，与殖民宗主国的影响和开普殖民地法院的所作的法律解释有着密切关系。然而，刑法体系之内，当代南非的刑法与“一般法”又是何种关系呢？翻开任何一部当代南非刑法教科书，都能发现“一般法”是南非刑法的组成部分。当代南非刑法的形成和发展深受“一般法”的影响是不争的事实。但这是否意味着，“一般法”直接决定了南非刑法的走向？应该说，“一般法”作为南非刑法的一个部分，与南非刑法的其他内容是相辅相成的关系，它们共同构建了南非刑法的“大厦”。另外，南非刑法还受到刑事理论自身发展、刑事政策、社会政策等因素的影响。总之，“一般法”的产生以及“一般法”自身的混合属性、内容和形式，对南非刑法具有重要的影响。

首先，普通法罪对成文法罪有不可忽视的影响。当代南非刑法成文化的趋势加快，但仍保留了普通法罪的一些规定。例如，南非法律改革委员会在制定《性犯罪法》草案时考察了普通法上的强奸罪的概念，他们认为“男性未征得女性同意而与其非法性交”③，其原因不外乎是由于“行为人使用

① Frederick G. Gardiner and Charles W. H. Lansdown, South African Criminal Law and Procedure, JUTA & CO. LTD, 1921, p. 775.

② R. vs Bradlaugh, R. Vs. Ramsay and Foot, 15 Cox' s Criminal Law Cases 217 and 231.

③ C. R. Cnyman, Criminal Law, Durban: LexisNexis, 2008, pp. 355 – 356.

暴力、威胁、恫吓、欺骗、胁迫等手段压制了受害人的反抗意愿”。[①] 他们就此提出了“压制状态”的概念。2007 年南非《性犯罪法》基本上沿用了普通法的概念。该法一方面明确了普通法上强奸罪的关键要素，“是否同意”。该法规定，“同意”是指一种自愿或非胁迫的承诺。“不同意”，即受害人明确表示反抗或处于“压制状态”下不得不同意。另一方面扩展了性行为指向的范围，将口交、肛交行为以及与动物性交的行为纳入强奸罪调整的范围。换句话说，2007 年强奸罪只是将普通法上的强奸罪、鸡奸罪、猥亵罪和兽奸罪包括在内而已。因而普通法罪推动和促进了南非刑法的成文化进程，在促成南非刑法现代化变革上具有进步意义。

其次，普通法规则为南非刑法的原则性内容提供了重要的依据。南非没有统一的刑法典，刑事立法几乎不涉及总则的问题，这些问题要依赖南非的判例和法学著作，同时也参考英国法、美国法和欧洲大陆国家法的最新成果。1948 年以后，南非不再引用英国判例，而是引用南非判例，南非案例因编辑质量良好受到南非法官和律师的极大欢迎。南非法院所引用的所谓南非判例，实际上大多来源于罗马 - 荷兰法和英国判例，即普通法规则。例如，开普殖民地法院在 Queen Vs. Hay 一案所形成的判例，是南非法院认定精神病人是否具备刑事责任能力的依据。在该案中，法官在考察了英国在 1843 年 R. Vs. M’Naughten 一案所形成的麦克纳顿规则后认为，必须查明被告人是否存在某种形式的精神疾病，以致限制了行为人控制其行为、辨别是非的能力，若能证明被告人被控的罪行是由于精神疾病而导致其失去控制其行为的意志的话，那么被告人的辩护成立。[②] 因此，普通法规则为南非学者编写刑法教科书及南非法官判案提供了可靠的依据。

综上，南非刑法起源于罗马 - 荷兰法的著述，英国殖民者到来后，强迫南非接受了大量的英国法，但是由于遇到较为发达的罗马 - 荷兰法，英国法无法完全将其取代，因此两种法律制度在冲突和调和中同时存在。但是，南非对英国法的接受完全是在英国殖民当局的监督和强迫下进行的，英国殖民者缺乏对当时荷兰后裔占据绝大多数白人人口的社会现实和“历经 200 多年沉淀已经深深地扎根于这片土壤的罗马 - 荷兰法”的考虑，造成了社会

① Charnelle van der Bijl and Philip N. S. Rumney, Attitudes, Rape and Law Reform in South Africa, 73 J. Crim. L. , p. 417.

② 16 C. L. J. 184.

的剧烈动荡。而且，这种动荡因为荷兰后裔一直以来奴役他人的传统遭到当局废除被进一步的放大，直接导致了布尔人大迁徙。因此，法律移植应当充分考虑本国的社会条件和文化传统，才能使在变革之后的刑法满足特定时期特定社会的需要。对于法治后发型国家而言，在其法律现代化的过程中，横向移植是必然的。

肯尼亚工程企业环境违法风险探析*

朱金敏**

内容提要 肯尼亚工程企业面临环境融资审批、环评许可规制与权利救济缺位等风险，东道国特有的投资法律环境、企业投资行为缺陷以及中非投资纠纷解决机制未真正落地是其主要动因。防范化解环境违法风险的理想路径应围绕东道国－投资者－母国三方展开：一要以东道国严格的环境融资审批制度为切入点，明确投资者应积极承担环境责任的要求，提高工程企业融资贷款监管标准；二应完善母国对非投资的环境法律监管制度，督促企业严格按照东道国环评许可程序与公众参与的要求进入市场，积极履行工程企业环保社会责任；三需推动中非纠纷调解制度的构建与完善，升级 BITs 构建多元化环境纠纷解决机制。

关键词 环境风险 BITs 投资法

引 言

近年来，随着“一带一路”倡议的推进，《区域性贸易伙伴协定》（RCEP）对中国开展对外投资活动的作用不断提升，我国海外工程承包业

---

* 基金项目：2017 年湖南省哲学社会科学基金项目“‘一带一路’背景下我国海外劳工权益保护研究”（项目编号：17YBA001）。

** 朱金敏，女，湖南常德人，长沙理工大学法学院硕士研究生，研究方向为工程法。

务①呈持续增长势态，绿色投资合作机制亦不断得到深化。在2006年、2015年我国发布的《中国对非政策文件》中，均明确提出对非投资的环境保护要求。2014年5月，李克强总理在第24届世界经济论坛非洲峰会全会上提出的“461”中非合作框架中，将“生态环保”列为中非合作“六大工程”之一。2016年7月，《中非合作论坛约翰内斯堡峰会成果落实协调人会议联合声明》也将绿色发展列为五大发展理念之一。2022年1月，生态环境部、商务部再次联合印发《对外投资合作建设项目生态环境保护指南》（以下简称《指南》），此次《指南》文件对原2013年《对外投资合作环境保护指南》进行了修订，进一步规范企业对外投资合作中的环境保护行为，为对外投资建设项目生态环境管理提供了更具可操作性的指导，并支持全球绿色转型和可持续发展。

然而，由于我国企业在工程投资过程中缺乏对当地环境法律风险的预警与研判，在投资建设的过程中忽略东道国国内环境保护的诸多要求，不仅给环境造成损害，激起当地居民的反对，最终导致投资失败，甚至给中国企业在国外的声誉造成了极其不利的影响。在此情况下，中国企业对非投资的工程业务举步维艰，不仅需要应对因国际经济停滞或倒退带来的东道国资金回流，还需注意到现阶段下全球对环境变化带来的后果更为关注这一心态，由此导致绿色可再生能源的应用或成为对外投资的新发展趋势。政府部门、金融机构与各行业企业将会更加注重投资项目的可持续性，其社会效益将在很大程度上超越经济效益成为投资企业进入东道国市场的重要评估标准。因此，海外工程作为对外投资的一个特殊领域，应将其作为一项系统的工程从战略层面谋划，在风险共通、责任共担的当下，督促企业积极承担保护环境的社会责任，在推进国际经济合作的进程中关注对东道国环境的特殊保护。这不仅是回应后疫情时代“中国环境威胁论”的有力反击，亦是完成本国对内经济发展转型的客观需要。

一、“一带一路”倡议下在肯工程投资概况

中国对非洲直接投资行业领域继续拓宽，行业保持相对集中。2019年，

① 企业对外承包工程往往被认为属于国际投资的一形式。在中国缔结的部分BIT中，也明确将建筑工程合同列为一种投资形式。如中国－加拿大BIT、中国－墨西哥BIT（2008）规定，“投资包括由于在东道国境内投入资本或其他资源从事经济活动而产生的权益，例如根据交钥匙合同或建筑合同产生的权益”。

中国对非洲地区投资存量最集中的5个行业领域，依次为建筑业、采矿业、制造业、金融业以及租赁与商务服务业。其中，建筑业及采矿业仍继续保持在前两名，非洲依旧是中国对外承包工程的主要市场之一。据商务部《中国对外投资合作发展报告（2020）》显示，在2019年的对非工程承包业务中，肯尼亚完成营业额位居前五，高达41.7亿美元，其交通和能源作为中国企业在肯承包工程的主要业务领域中显现出较大优势。这不仅体现了各国对肯尼亚投资地位的重视，更应归功于肯尼亚在吸引外资上所采取的激励措施①。

然而，工程建设活动所引起的一系列环境违法问题也同样值得重视。在中资公司承建的内罗毕－马拉巴标轨铁路（内马铁路）中，项目初期顺利通过环评许可程序，得到肯尼亚政府的大力支持。但在后续的承建过程中，因内马铁路的预设修建路线方案中标明需要经过肯尼亚内罗毕的国家公园，将严重影响该保护区的生态环境，结果遭到当地居民的强烈抗议，于是该项目被肯尼亚环境法庭叫停，导致中资公司遭受严重损失。无独有偶，2019年6月，由中国工商银行主要提供贷款的肯尼亚首个燃煤电厂项目被肯尼亚国家环境法庭叫停②，尽管该项目得到肯雅塔政府的背书，却依旧受到项目所在地居民和环保NGO组织的强烈反对。究其原因，与内马铁路同样面临了项目建设过程中的环境问题，并因此被撤销环评许可证。因此，在中非产能合作向更深、更广领域迈进的过程中，我国工程企业对非投资的环境违法风险也不容小觑。企业极易忽略东道国独特的环境法律制度，承担工程项目因环境违法而被政府叫停带来的巨额经济损失。在"一带一路"合作倡议持续推进、对非投资活动频繁开展以及东道国特殊的环境法律规制等复杂背景下，如何防范化解在肯工程企业的环境法律风险，将成为关键内容。

---

① 如在肯尼亚《经济特区法》和《出口加工区法》中规定，对外来投资者采取免税期或实行降低税率的财政政策，并设立专门的投资促进机构以便利外来投资者获得投资许可证及其他激励措施。同时，专门设立相关法律文件在线数据库，便于外国投资者了解在肯尼亚投资的法律程序和实体条件，使之在投资登记便利方面成为世界上排名靠前的国家。

② 张小虎：《化解对非投资的环境法律风险》，《中国投资（中英文）》2019年第14期。

二、肯尼亚工程企业面临的环境法律风险

工程建设活动因受到项目所在国环境法规制而遭到当地居民反对，进而被当地政府叫停的情况并不陌生，而东道国往往迫切希望通过引进外资发展本国建筑业以促进经济发展。因此，有必要深入分析在肯工程企业所面临的环境违法风险。

（一）环境融资审批风险

受到新冠肺炎疫情加强企业环境与社会责任的影响，工程企业对非投资融资需要经过愈发严格的环境审查标准。这种趋势始于越来越多的金融企业对赤道原则①的认可和接受。赤道原则作为一种由金融机构乃至银行业自发制定并在本行业自愿实施的“自我规制型”规范，弥补了金融市场对项目融资缺乏社会责任强制性规定的缺位。② 在企业融资贷款审批过程中，金融企业以赤道原则为评估标准，对申请融资贷款的项目进行风险分类，并对应设置相应的环评与监控流程，成为国际融资环境与社会风险管理工具和行业基准。根据往年数据统计得知，我国的兴业银行、江苏银行也分别于 2008 年和 2016 年接受了赤道原则协议。

严格的融资环境标准审查使企业项目融资面临更为严峻的法律风险，尤其在融资渠道限制和资方撤资上存在较大影响。在过去的投资中，因项目筹备未达相应环评标准而导致融资风险的事例时有发生。吉布 3 电站项目③因中国工商银行的及时融资虽未造成严重损失，但由此反映出融资审批风险应令人警惕。同时，赤道原则在肯尼亚公路项目建设上亦有应用，如中国电建公司通过竞标获得一条肯尼亚 PPP 公路，南非 S 银行在融资初期就已聘请英国某知名咨询机构对该项目的环评影响作出尽职调查与初步评估。尽管肯

---

① 赤道原则作为国际融资环境与社会风险管理工具和行业基准，旨在判断、评估和管理与项目相关融资中的环境与社会风险，其要求贷款银行根据环境和社会风险的高中低，对申请人的投融资项目进行等级分类，以确定环境评估与后续的监管标准。

② 张金梅，刘燕，段嘉蕾：《基于赤道原则的商业银行环境风险管理研究》，《财务与金融》2017 年第 5 期。

③ 如中国在投资非洲吉布 3 水坝项目之初就遭到了环保组织和当地居民的强烈反对，其理由主要在于项目建设前缺乏环评程序，并违反了联合国生物多样性公约和东道国环境法规的规定。此后，花旗银行、渣打银行等金融机构拒绝向该项目融资，同时导致世界银行、非洲开发银行和欧洲投资银行也陆续撤出了对该项目的投资。

尼亚政府完成环评报告的编制并发放了环评许可证，但由于肯尼亚本地的环评内容与赤道原则的要求存在较大差距，S银行在对该项目进行环评尽调时仍对其环境和社会影响评价提出了大量质疑，包括项目的征地移民、生物多样性保护、施工环境污染以及人权保护等。为了达到南非S银行的金融贷款标准，投资企业根据赤道原则对环评的要求，首先对其风险进行系统识别和分类，并多次邀请融资银行的环评顾问去现场进行实地考察，以打消其顾虑、降低该项目的风险分类等级。其次在技术手段上进行优化，如制定专项控制方案以最大程度避免项目对当地环境可能造成的不利影响。此外，除多次完善项目建设的设计方案外，投资企业还聘请了资深的环评顾问制定了更为详细的环境社会影响管理计划，并承诺最大程度上保护当地生态环境。最终通过系列措施才通过赤道原则尽职调查和融资银行的风险评估，有效化解撤资风险。①

（二）环评许可规制风险

受本国环境法律保护历史的影响，肯尼亚对于投资项目的环评程序与报告也作出了严格的规定。② 如在《环境管理与协调法》中，肯尼亚首先就已明确国内任何政策、规划和方案的执行都不得违反环境影响评价，并要求外来投资企业在进入肯尼亚市场后严格按照法定程序，向环境管理委员会提交环评报告，以申请该项目的环评许可证。而对于项目环评许可证的颁发，仍需进行公示程序，确保在本国民众对该公示无异议的情况下才予许可。在具体的实施过程中，对于项目内容存在变更的，则需要重新提交新的环境影响评价许可申请，否则将面临被吊销、暂扣或者撤销许可证的风险。③

同时，肯尼亚投资项目的环评过程也要求公众参与。业主委托环评公司与当地受影响的居民组织环评公开会议，应把项目情况和影响范围告知周边居民，收集意见并逐个回复和解决，由肯尼亚国家环保局综合考虑相关利益方的意见，对项目环评进行有条件的批复。外资企业投资工程建设、能源开发、交通道路等对环境可能造成重大影响项目极易引起当地居民、环保

---

① 查锐，赵振国：《赤道原则及应用实践》，《国际工程与劳务》2020年第12期。

② 肯尼亚政府规定："对于可能影响环境安全、健康或对环境有影响的投资项目，必须先征得主管部门的同意后为可批准。"如对环境有影响的项目需要得到肯尼亚国家环境管理局的批准。

③ 张小虎，杨双瑜：《论肯尼亚的环境法律规制与投资风险防范》，《河南科技学院学报》2020年第7期。

NGO组织和舆论媒体的注意，公众希望获取与环境相关的信息并自觉监督企业行为，而国内自由化的投资环境使得大部分企业忽视了这类问题，更多将重心放在获得东道国的支持上。多数项目由于未公开环评信息、未邀请相关人士参与等原因被迫收回特许权和环评证，造成企业利益受损。实践表明，海外投资者的投资不仅要取得东道国政府的行政许可，还要获得最重要的利益攸关方，即投资地居民的社会许可。①

（三）权利救济缺位风险

工程企业在肯尼亚投资建设的过程中，需要严格遵循当地的环境法律法规和生态环保标准，否则将承担环境侵权与环境违法责任，如被责令停止项目、承担沉重的环境侵权处罚，甚至面临长久的诉讼纠纷。然而，东道国基于属地管辖权、保护本国国民利益的原则，在处理环境类诉讼案件上存在得天独厚的优势，工程企业往往置身于弱势地位，最终承担因环境侵权与环境违法带来的超额赔偿。

具体而言，肯尼亚已将环评不实、逃避监管以及恶意排污等行为纳入刑事犯罪领域，并施以严苛的刑法进行规制。② 这就表明，企业极易忽视的行政违法行为早已被肯尼亚相关法律纳入调整范围。而在环境侵权或环境违法纠纷的解决机制上，肯尼亚倾向于通过诉讼或仲裁等途径解决③，然而，在肯尼亚通过诉讼或仲裁解决环境侵权或违法纠纷存在固有的局限性。就投资仲裁而言，由此带来的经济成本与时间成本使大多数工程企业望而却步④，而考虑到中肯之间投资保护条款并未规定将仲裁程序向公众公开，其中存在

---

① 韩秀丽：《中国海外投资中的环境保护问题》，《国际问题研究》2013年第5期。

② 如在肯尼亚《环境影响评估规定》中明确将未能履行“提交环评报告与环评许可审批程序”的行为视为犯罪行为，违法者可能面临两年监禁和200万肯先令的罚金。

③ 《肯尼亚环境与土地法（2011）》中对此进行了规定：“本法中的任何内容均不得解释为阻止法院根据当事方的统一或要求，在各方同意或要求下自行采取和执行的其他替代性争端解决方法，包括和解、调解和传统争端解决机制”。

④ 如在Rhoda S kiilu诉江西水利水电建设肯尼亚有限公司一案中，江西公司因未出庭答辩，法院最后判决江西公司向原告赔偿挖走的土地等财产，折合约人民币580万，并作出了永久禁令。

的透明度问题也常常为人诟病。① 对于因工程企业环境侵权或环境违法引发的诉讼纠纷，由于肯尼亚存在较为严重的司法腐败现象，在肯工程企业可能因环境破坏而遭受不公正的法律裁判或者过量的经济赔偿。此外，肯尼亚新宪法（2010）确立了公民环境权，公民凭借宪法赋予的正当权利诉请法院给予赔偿或保护，而无须以证明给谁造成损失为前提，极大放宽了环境诉讼的起诉资格②，这也将直接增加企业的应诉风险。

三、肯尼亚工程企业环境法律风险溯源

（一）环境立法周密且处罚严苛

以赤道原则为评判标准带来的项目融资审查风险源自东道国环境法制的严苛要求，追溯肯尼亚环境权入宪的历史尤有体现。在殖民掠夺导致本土环境遭受严重破坏的历史背景下，肯尼亚将环境权上升到公民权并归入宪法加以保护，从宪法、到环境基本法再到环境保护单行法规，对公民的健康权进行了详细而周密的规定，形成了较为完整的环境保护体系。③

除了宪法对环境权作出详细的保护规定外，1999 年肯尼亚政府颁布了《环境管理与协调法》《环境影响评估规定》等法律对环境进行全面保护。前者作为环境基本法，对肯尼亚环境管理的机构设置和职能行使范围进行了规定，为环境管理提供了相应的体制和法律框架。据此还设立的环境与林业部、水资源管理与发展部、国家环境管理局、全国环境信托基金以及国家环境修复基金等官方或半官方机构，负责监督、协调环境指令的执行，保护与改善环境。据此设立的环境与土地法庭制度，与 2011 年《环境与土地法院

① 肯尼亚政府于 2013 年成立了内罗毕国际仲裁中心（NCIA），此后该中心受理了部分投资纠纷案件，但仍存在仲裁程序未完全公开、公众参与不够等透明度问题。较之肯尼亚，摩洛哥与尼日利亚对投资仲裁机制的透明度进行了改革，在两国签署的 BITs 中明确规定仲裁程序需对公众完全透明，如 ICSID 在审理 BSG Rv. Guinea 仲裁案时，以采取听证会全程直播的方式，为仲裁程序的透明化开创了先例。案例见于 BSG Resources Limited，BSG Resources (Guinea) Limited and BSG Resources (Guinea) S RL v. Republic of Guinea，ICSID Case No. ARB/14 /22.

② Constitution of Kenya (2010), Article 70.

③ 如《肯尼亚宪法》在第 42 条赋予公民清洁、健康的环境权；第 43 条赋予公民充裕、清洁、安全的水权。并在第 22 条规定“任何在权利法案中列举的公民基本权利受到侵害时，公民及代表公共利益的人等均有权提请权利救济的司法诉讼”体现了肯尼亚对于环境问题的重视。具体条款见于 Constitution of Kenya (2010), Article 70.

法》中确定的环境审判专门化的原则一同来处理环境与土地使用、占有、所有等法律问题。而《环境影响评估规定》则详细规定了企业进行环评工作的具体要求，由国家环境管理委员会对环境评估报告核准后进行公示，对于符合规范的颁发建设许可证，相反，将未经过法定核准程序而进行建设的行为规定为犯罪行为，违法者将面临200万肯先令的罚金甚至两年监禁。除此之外，肯尼亚还规定了严格严厉的执法措施。据肯尼亚环境和林业部官网显示，2020年曾有企业和商人因为销售和使用违禁的塑料袋以及违反污水排放法规而被肯尼亚国家环境管理委员（NEMA）逮捕数十人，法院对违法者处以200万至400万肯先令的罚款或不少于一年至四年的监禁。①

（二）企业怠于履行社会责任

低透明度环评风险多归因于企业自身行为缺陷，东道国环境公共利益的维护需要投资者积极履行企业社会责任来推动，然而资本的逐利化属性使很多企业倾向于寻找“污染避难所”，以东道国生态环境为代价追求高收益，而怠于履行社会责任。②

非洲国家由于本土环境状况较差，对于建筑业、采矿业等污染较重的投资企业设置了严格的环境准入门槛，若企业未严格按照环评标准获得许可、进行公开，极有可能因为低透明度环评而直接被当地政府叫停项目。肯尼亚《环境影响评估规定》中规定投资企业在项目建设前，必须向肯尼亚的国家环境管理委员会提交环评报告。由于环评许可种类繁多且多部门具有发放资质，极易受到腐败势力的影响而将许可证给违法发放给企业，引发后续一系列环境违法风险。实践中仍存在不少企业秉持利益至上的发展观念，在市场准入的过程中以牺牲环境为代价换取经济利益，对当地居民影响较大的工程项目不予公开，弄虚作假。此外，由于母国对投资者环境保护的约束较少且与对违法行为的监管不足，也往往在一定程度上放纵了企业环境违法行为带来的后果。事实上，我国现有的监管体系与法律法规中并未作出对企业投资

① 赵新，张小虎：《肯尼亚矿业投资的环境法律风险探析》，《国土资源情报》2021年第3期。

② 陈德敏，郑泽宇：《中国企业投资“一带一路”沿线国家环境风险的法律规》，《新疆社会科学》2020年第2期。

的环境违法行为后果作出较为明确的规定。① 相较于美国、加拿大等发达国家的法律实践，目前我国在对外缔结的双边投资条约中也并未设置企业社会责任的直接条款，现有的中非 BIT 仍倾向于对投资者利益的保护，较少考虑到东道国的环境权益问题。

（三）投资纠纷解决机制未真正落地

国际投资政策的走向在于通过平衡投资者与东道国的利益以达到可持续发展目标，这在发展中国家和发达国家中达成了共识。在对非投资的进程中，当下更为强调东道国的环境规制权、投资者以及投资者母国的环保义务。因仲裁或诉讼等纠纷解决方式固有的缺陷，导致企业权利救济面临缺位风险，在此过程中，中肯之间投资纠纷解决机制未真正落地是其主要原因。不仅在于多边规则存在缺陷，未真正建构起调解、协商等替代性纠纷解决机制也是主要原因。

目前，尽管中国与大多数非洲国家都签订立了双边投资条约②，但多数 BITs 签订于中国改革开放初期，根据格式化的投资协定范本而制定，其中存在较多基本一致的条款并未提供投资者较为明确的权益救济手段。而近年来订立的 BITs 或 FTAs 的环境保护条款也只在序言部分或以一般例外条款的形式出现，这在一定程度上给予东道国较为自由的环境管制权，致使母国救济处于次要地位。而就调解制度而言，整体也呈现出“荒凉与高保护主义”特征。具体表现在非洲各国的环境调解制度较为抽象，多数仅在法律条文中设置某一抽象条款，无法做到具体适用某一投资纠纷。同时，随着双边投资保护协定的出现以及其数量的不断扩大，BIT 成为 ICSID 仲裁的主要依据，

---

① 我国对企业海外投资行为的约束散见于《对外工程承包条例》《境外投资管理办法》等投资政策经营文件和《对外投资合作环境保护指南》等综合性环境保护政策中，缺少统一性的国内法律规范。

② 目前的中肯投资保护机制主要由以下三部分组成：其一为双边投资协定（BITs），以双边投资保护协定为主；其二为区域协定和多边公约，如《华盛顿公约》《能源宪章公约》以及《多边投资担保机构公约》等；其三为自由贸易协定（FTA）中与投资保护相关的内容，如北美自由贸易协定、东盟自由贸易协定等对参与国的投资作出约束。2001 年，中肯双方签订《中华人民共和国政府和肯尼亚共和国政府关于鼓励促进和保护投资协定》，但因肯尼亚未能完成国内批准手续，直至目前，该协议并未生效；《多边投资担保机构公约》（MIGA 公约）和《解决国家和其他国家国民投资争端公约》（华盛顿公约）在管理和约束海外投资活动上起到重要作用，但很遗憾的是两者均未涉及环境问题。

晚近多数ICSID的案件也都是基于BIT提交。但在当下，依旧不可忽视的是BITs适用调解解决投资争端的依据仍存在欠缺，根据中非各国现有的BIT条款来看，部分国家仍偏向于利用东道国国内救济的方式解决争端，部分国家规定仅适用仲裁程序，更有不少国家基于主权原则，对于适用调解存在排斥情绪。就肯尼亚而言，尽管在《环境与土地法（2011）》中对适用调解解决有所规定，但仍因过于抽象化而被束之高阁。

四、肯尼亚工程企业环境法律风险防范

（一）应对融资审批风险：投资者严格遵守融资贷款对环境责任的要求

绿色信贷的宗旨是将环境责任纳入对企业发放贷款的审核条件中，理论上可以从外部推动企业更好地履行环境保护的义务。① 2016年，中国人民银行、财政部等七部委颁布了《关于构建绿色金融体系的指导意见》，将“绿色信贷”作为组建绿色金融体系的一部分，赋予商业银行在融资贷款审批中的环保义务，从而严格限制了贷款人的环境法律责任。如工商银行规定“对于不符合环保政策的项目不发放贷款，对列入‘限批’地区的企业和项目，在‘限批’解除前停止一切形式的信贷支持”。② 因此，为应对融资审批过程中存在的风险，投资者在贷款审批过程中应遵守以下要求。首先，投资者应对标我国现有的投资法律政策、企业环评标准及特定行业的污染控制标准。在参考赤道原则的贷款审批标准基础上，遵守绿色信贷政策的系列程序，使银行授信的环保审核更加规范。③ 其次，投资者应落实融资审批所要求的环境影响评价责任与标准。对于贷款项目根据其所属行业、投资地区和融资规模进行分类，参考东道国对于企业环境准入要求，在融资参与组织环境影响评估，并提交环评报告。再次，为保障绿色信贷政策或者相关法律制度的贯彻实施，贷款机构应进一步完善银行监督机制的运作规范。如规定严格的监督、审查和处罚条款，规范投资企业的融资贷款标准。

（二）应对环境许可规制风险：完善母国对非投资的环境法律监管体系

在全球化背景下，投资企业在东道国是否履行社会责任是走出去过程中

① 杨峰，秦靓：《我国绿色信贷责任实施模式的构建》，《政法论丛》2019年第6期。

② 郭芳芳：《我国贷款人环境法律责任制度构建》，《南方金融》2021年第2期。

③ 廖昌军，周承村：《中国对外直接投资的环境保护问题及其对策探析》，《未来与发展》2010年第7期。

极易引起关注的问题。对于投资活动中企业投资行为这一缺陷，主要在于完善母国对非投资的环境法律监管制度，督促企业严格按照东道国环评许可程序与公众参与的要求进入市场，积极履行工程企业环保社会责任。具体而言，首先，基于环境保护的全球性特征应明确投资企业作为投资行为的实施主体，需要积极承担起环境风险控制的勤勉责任。在此，母国可以通过完善环境立法、强调投资企业项目建设的信息披露义务，不断推动对非投资环境风险控制的专项立法工作。其次，中国作为投资者母国应积极推动环评许可和“三同时”①制度入法，为投资企业设定项目审批前依法进行环评这一法定程序，并附之以处罚条款，充分发挥法律的强制性作用，在投资企业进入东道国市场前降低该项目的潜在法律风险，尽量做到提前化解企业的环境违法风险。最后，我国还应进一步颁布并细化相关法规和政策性文件，如《海外投资保护法》《海外投资公司法》《海外投资援助法》等，并规定从国内法制裁到专门规范海外投资环境保护问题的处罚措施，要求投资企业在海外活动过程中应遵守东道国的环境法律规范、积极履行企业社会责任。

（三）应对救济缺位风险：升级 BITs 构建多元化环境纠纷解决机制

环保义务不断发展变化，“支持可持续发展及平衡投资者与东道国利益”已成为共识，在新一代双边或多边直接投资条约中纳入环境条款已成为新常态。中国面对非投资中的环境违法风险时，应当将双方在环境保护上达成的共识通过与非洲的双边投资条约中予以明确，完善 BITs 环境保护条款的引入与适用。具体而言，其一，在环境保护水平上寻求共识，制定各双方可接受的环境保护标准范围。其二，鼓励缔约国接受或通过修改国内法进行转化，将条约标准在各国国内法中得到实际落实。如将环境影响评估制度、环境与自然资源规划制度、信息公开与公众参与等环境法的基本制度写入合作协议，并通过强化公众参与来监督协定的落实。其三，为投资中环境纠纷的解决提供合法途径，赋予利益主体环境救济权利。尽管中非之间存在双边投资条约，但该其管辖范围并未涉及环境争端，故环境纠纷未被规定在此列。基于此，在环境问题上需要引入争端解决机制，给环境受害方提供司法、准司法或行政救济的程序，对违反环境法的行为予以制裁。此外。在中

---

① 我国《环境保护法》第 41 条规定：建设项目中防治污染的实施，应当与主体工程同时设计、同时施工、同时投产使用。防治污染的设施应当符合经批准的环境影响评价文件的要求，不得擅自拆除或者闲置。

非现行环境侵权纠纷解决方式的基础上，充分适用调解制度可以起到完善与补充作用。故投资企业应积极倡导将调解引入环境侵权纠纷解决过程中，并与非洲各国本土的诉讼审判和仲裁裁决等制度有机融合，真正构建起公平公正、高效便利的“三位一体”纠纷解决机制。

编后语

2021年是中非关系令人难忘的一年。中非双方在抗击新冠肺炎疫情中相互支持、共克时艰，中非团结抗疫，在各领域合作持续推进，向全世界展现了中非关系的高水平。湘潭大学中非经贸法律研究院自2019年改名至今，在学校领导的关心支持下，在各部门的积极配合下，在师生共同努力下，立足于深化中非经贸合作的现实需求，坚持“发扬传统、突出特色、团结协作、奉献敬业”的院训，积极采取一系列主动跟进的思路举措，各项工作取得新进展。

一、科学研究取得新突破

为推动“十四五”时期出版业高质量发展，2021年12月，国家新闻出版署印发《出版业“十四五”时期发展规划》，我院的《非洲法系列丛书》成功入选，凸显了本院的科研实力。洪永红教授作为首席专家主持的2020年国家社科基金重大项目“非洲国家和地区法律文本的翻译、研究与数据库建设”，获批立项后，在搜集、整理、翻译和研究非洲国家的法律法规基础上，出版了《非洲六国法律环境报告》等丛书，已经取得了阶段性成功，目前正在着手数据库的建设。张小虎博士主持的2017年国家社科基金青年项“‘一带一路’背景下我国企业对非投资的环境法律风险及对策研究”于2021年4月顺利结项，项目等级评为优秀。刘功奇博士申报的2021年国家社科基金青年项目“非洲经济一体化视域下中非自由贸易法律保障机制研究”成功立项，湘潭大学法学学科着力拓展特色研究的方向，大力开展法学与非洲关系的交叉研究，在本年度社科基金申报中结出硕果。郭炯博士主持的华安外经建设集团有限公司破产重整案域外法律识别项目成功立项。这一研究有利于填补我国在跨境破产相关法律的空白。此外，在本年我院还积极向有关部门提供咨政建议，在成果转化上取得良好效果，2021 年有数篇建议稿被中央和省级地方单位采纳。

二、交流合作取得新成绩

2021 年，湘潭大学中国 – 非洲经贸法律研究院先后承办多项国内外学术会议，获得与会人员一致认可。

1. 2021 年 10 月，中国非洲史研究会成立 40 周年纪念大会暨“中国非洲史研究：理论与方法”学术研讨会在湘潭大学永雄楼召开。本次大会由中国非洲史研究会主办，湘潭大学法学院、湘潭大学中国—非洲经贸法律研究院承办，会议旨在围绕国家整体外交工作大局，在中非团结抗疫的大背景下，总结过去 40 年中国非洲史研究的成功经验，分析研判新时期非洲史研究的前沿问题，引导、推动国内非洲史研究不断深入。此次论坛吸引了来自外交部、中国社会科学院、北京大学、清华大学、中国国际问题研究基金会、中国国际问题研究院等 40 余所高校、科研院所近 130 位专家学者出席。引起社会各界人士广泛关注，人民网、环球网等国内多家主流媒体争相报道，见证了我院的蓬勃发展。

2. 中国 – 非洲经贸法律研究院承办的第二届中非经贸合作岳麓论坛“中非法律与人文交流专题会议”在湘潭大学永雄楼召开。本次会议采取线上与线下相结合的办会形式，邀请了多位中非合作交流专家学者，与老师同学们共同讨论与交流。

另外，研究院还以会议、论坛等方式，大力推动中非交流与合作，先后承办大型中非法律合作会议 10 余次，举办中非法律学术讲座 30 余场，先后受邀参加首届“长安非洲论坛”、第二期岳麓经贸沙龙、中非联合研究交流计划指导委员会扩大会议、“中非邦交 65 年：回顾与展望”学术研讨会等等各类会议和活动 50 余次，师生赴外进行学术交流和科研合作，把握学术话语权。

3. 加强与非洲高校学术交流。湘潭大学法学院、中非经贸法律研究院的四位青年教师覃斌武、邹琳、郭炯、张小虎应南非开普敦大学法学院非洲比较法研究中心的邀请，为该校师生全英文讲授中国的争端解决制度、刑事法律与风险、知识产权法、中非法律合作等课程。彰显了湘潭大学法学院的国际合作视野，展现了青年教师的对外交流能力，更将湘潭大学非洲法的研究成果进一步在非洲主要国家进行推广。

三、社会服务水平达到新高度

1. 多方搭建产教研协同创新平台，智库建设取得重大突破。作为主要成员单位与省内高校共建了湖南省中非经贸合作研究院，湖南省商务厅遴选我校为中非经贸合作研究院中非法律与人文交流基地。12 月 19 日，国务院发展研究院民族发展研究所所长廖跃文、商务部原援外司副司长王成安、湖南省商务厅副厅长李心球等参加我基地成立大会。

2. 对接政府需求，发挥智库作用，推动研究成果转移转化，13 篇咨政报告被各级政府采用。针对中非合作中的热点问题和前沿问题，提出 30 余篇具有应用价值的咨政报告被中央和地方有关部门采用。

3. 对接国家和企业需要，为国家机关、涉非企业、司法机构和律师事务所提供法律培训和法律咨询服务。2021 年 10 月 20 日至 27 日，受湖南省司法厅和湖南省律所协会委托、承办“湖南省涉外法律服务律所人才培训班”。依托我校作为湖南省中非经贸合作研究会的副会长单位，基地专门为涉非企业提供法律咨询，如为海凭国际创办“乌干达湖南工业园”撰写法律报告，并向乌干达总统府提出如何建好该工业园的建议，引起反响。同时洪永红为河村非洲文化园的扩张出谋划策，为雨花区人民检察院、湖南省律师协会、中非产校联盟、湖南路桥公司、盈科（长沙）律师事务所等做主题讲座，获得好评。

四、人才培养获得新成就

湘潭大学中国－非洲经贸法律研究院是落实国家战略和湖南战略、推动中非经贸合作深度、可持续发展的专业化智库平台。研究院立足实操，服务教学，致力于中国企业对非经贸活动务实研究，积极培养中非经贸合作法律服务人才，着力破解中非经贸活动中的信息壁垒、法律风险、文化障碍等问题，助力中国企业走进非洲、融入非洲，同非洲共赢。

2021 年法学院共招收了 18 名法律硕士（非法学）非洲法法务方向硕士研究生，这是全国首创之举。湘潭大学中国－非洲经贸法律研究院一向非常注重人才培养，为新入学的非洲法方向研究生制定了详细完备的培养方案，打造出特色鲜明的课程体系。

2021 年，获批“中非友谊”中国政府奖学金项目，专门支持招收非洲籍学生来我院攻读法学硕（博）士学位。目前已有 10 余名非洲籍学生在我校学习，获得海外学子的一致好评。

深入开展校政企合作，以国家社科基金重大项目为指引，依托本院与湖南省商务厅、长沙市仲裁委、中伦文德（长沙）律师事务所、三一重工等涉非单位和企业共建的实习实践平台，共同打造中非经贸合作亟需的理论扎实、工作务实型法律人才。五、师资队伍建设迈上新台阶

1. 研究人员结构稳定。湘潭大学中国－非洲经贸法律研究院现有专职研究人员28人，其中教授15人，副教授10人，讲师3人，全部成员均取得博士学位且具有域外国家访学、调研经历，多位成员兼任中非国际性仲裁机构的仲裁员。另外，我院吸纳外籍专家，进一步扩大在非洲大陆的影响力。聘任了来自南非、乌干达、坦桑尼亚等非洲国家、具有较高的知名度的五名法学专家为特聘教授，其中包括坦桑尼亚外交部副部长、国际劳工组织协会主席以及非洲顶级高校的法学院院长和知名教授。

2. 柔性引进校外高层次人才，强化师资队伍梯队建设。聘任来自中国社科院、北京大学、上海师范大学、广西师范大学等高校和科研院所的知名非洲问题专家为兼职教授，初步形成了一支结构合理、富有活力、专业扎实的师资队伍。目前，湘潭大学中国－非洲经贸法律研究院是我国高校唯一专门研究非洲法和开展非洲法务人才培养的学术机构，也是全国研究时间最长、研究人员最集中、研究资料最完整、研究成果最多的非洲法研究机构，在全国学界占有十分重要的地位，在非洲学界也有较高知名度。

今后，湘潭大学中国－非洲经贸法律研究院将注重理论研究与社会实践的结合、基础研究与对策研究的结合，加强人才培养、集中研究中非经贸需求的法学理论与法律实践问题，建设非洲法律数据库和非洲法查明中心，为国家相关部门、企业等提供非洲法律咨询，推进对非企业的法律服务，真正服务于中非关系发展和中非经贸投资实践。

附　　录

湘潭大学中非经贸法律研究院简介

湘潭大学一直是我国非洲问题研究的重镇。1978 年，根据中央的指示成立了湘潭大学“非洲问题研究室”，系我国改革开放后成立的第一个研究非洲问题的学术性机构。为凝练研究特色，1998 年，湘潭大学成立了“非洲法研究所”。2005 年，为适应中非关系的新发展，全面推进非洲法研究，由法学院牵头，联合马列学院等，组建了校级人文社会科学重点研究基地——“非洲法律与社会研究中心”。2019 年，为服务湖南省中非经贸深度合作先行区，湘潭大学再次升级机构，联合文科院系成立了“中国－非洲经贸法律研究院”。2020 年，中非经贸合作研究院在湘潭大学挂牌设立中非法律与人文交流基地。

研究人员结构稳定。研究院现有专职研究人员 28 人，其中教授 15 人，副教授 10 人，讲师 3 人，全部成员均取得博士学位且具有域外国家访学、调研经历，现任院长为中国非洲史学会副会长、中国亚非学会副会长洪永红教授。目前，研究院为我国高校唯一专门研究非洲法和开展非洲法务人才培养的学术机构，也是全国研究时间最长、研究人员最集中、研究资料最完整、研究成果最多的非洲法研究机构，在全国学界占有十分重要的地位，在非洲学界也有较高知名度，多位成员兼任中非国际性仲裁机构的仲裁员。

学术平台成熟多元。2010 年，湘潭大学入选教育部“中非高校 20＋20 合作计划”，与东非排名第一的乌干达麦克雷雷大学结为合作伙伴，为我院的人才培养了提供支持。2012 年，中国法学会“中国－非洲法律培训基地”在我院正式挂牌成立，作为中非法律人才培养、科学研究的高地，为中心开展中非法律合作提供了保障。2014 年，乌干达麦克雷雷大学与我校共建孔子学院，首任中方院长由研究院洪永红院长担任，为中心开展中非文化交流提供了帮助。2018 年，湘潭大学被中国法学会和全国法律专业学位研究生教育指导委员会指定为“中非法学院院长论坛”永久承办单位。2020 年，研究院被湖南省商务厅指定为“中非经贸合作研究院湘潭大学中非法律与人文交流基地”，还被教育部、浙江师范大学认定为教育部省部共建协同创新中心浙江师范大学非洲研究院协同单位。同时，我院还是中国亚非学会副会长单位、中非经贸合作研究会副会长单位、中国非洲人民友好协会理事单位和中国非洲史研究院理事单位。

科学研究成绩斐然。2005 年以来，我院成员共承担国家社科基金项目 20 余项，省部级项目 50 余项，以课题研究的方式为中非法律交流合作提供持续的智力支持。截至目前，主持有国家社科基金重大项目《非洲国家和地区法律文本的翻译、研究与数据库建设》等国家级项目 20 余项、各类省部级和横向委托项目 30 余项，共出版有非洲法方向的学术专著 50 余部，发表论文 500 余篇。在 2000 年推出了中国第一部非洲法学术专著——《非洲法导论》，于 2015 年创刊了中国第一本非洲法学术期刊——《非洲法评论》。此外，我院成员积极向有关部门提供咨政建议，在成果转化上取得良好效果，年均 10 篇以上的建议稿被中央和省级地方单位采纳。同时，研究院还以会议、论坛等方式，大力推动中非交流与合作，先后承办大型中非法律合作会议 30 余次，举办中非法律学术讲座 50 余场，成员多次受邀参加“中非合作论坛·法律论坛”等。

人才培养体系完备。在课程设置、教材体系和研究生教育方面初见成效。从 2005 年始，逐步设置完成了覆盖本科生、硕士研究生、博士研究生三个层次的非洲法课程教育。“非洲法”作为专章，在 2003 年首次被列入国家级规划教材。针对不同学历层次的学生需求，分别编撰了法学本科和研究生使用的非洲法教材。1999 年开始招收非洲法硕士研究生，2010 年开始招收非洲法博士研究生，2012 年开始招收非洲法非洲籍留学生，2021 年开始招收法律硕士（非法学）非洲法务方向硕士研究生（全国首创）。2021 年，获批“中非友谊”中国政府奖学金项目，专门支持招收非洲籍学生来我院攻读法学硕（博）士学位。目前，我院教师已指导完成非洲法方向的博士论文 10 余篇，硕士论文 140 余篇，对国内非洲法研究做出了巨大贡献。近年来，有 10 余名研究生受国家公派留学资助赴非洲留学，先后 20 余人赴非从事孔子学院志愿者服务工作，还有数名非洲籍学生在中心完成学业，获得法学硕士学位。

《非洲法评论》要求

《非洲法评论》创办于2015年春，由湘潭大学法学学部和中国－非洲经贸法律研究院共同举办，旨在推进和繁荣我国的非洲法学研究，并为我国企业进军非洲大陆市场提供学理支持。《非洲法评论》每年出版1卷，每卷约30万字左右，收录有关非洲各国国内法律以及非洲国际法等方面的论文、综述、评述、译文、书评以及资料等。

来稿稿件的字数要求一般限制在1－3万字，对于特定的（包括译文、对策建议）稿件，其字数要求可适度放宽。稿件必须是未在国内外刊物上公开发表过的论文、译文（需提供外文原文及其有关作者和刊物的授权）、综述、书评、（案例）评述以及资料等。本编辑部实施严格的审稿制，以稿件的学术水平为唯一采稿标准。稿件一经采用，将向作者支付微薄稿酬，并赠送样书2本。请勿一稿多投，文责自负，如所投文章因知识产权纠纷侵害到本编辑部的合法权益，本编辑部将保留依据我国著作权法行使有关请求的权利。对所投来搞，编辑部将尽快予以回复，如果在投稿三个月后未收到编辑部的采稿通知，请自行另投他刊。

本编辑部不接受纸质投稿，来稿请将文章用电子word文档的方式，发送到“湘潭大学《非洲法评论》编辑部”专用电子邮箱（xdfzfpl@126.com），邮件主题以“作者姓名＋文章题名”，请勿投个人邮箱。

凡向本编辑部投稿者，均视为接受本编辑部稿约的有关规定。

附：《非洲法评论》稿件格式要求及注释体例标准

一、稿件格式要求

（一）文章首页内容包括：文章标题（三号黑体）＋作者姓名（四号楷体）＋内容提要（200－350字）和关键词（3－5个，五号楷体）＋目录（五号黑体，将文章一级标题以“引言、一、二、三、……结论”等大点的形式列出）。

（二）文章正文内容格式要求：一级标题为“引言、一、二、三……结论”，二级标题为“（一）（二）（三）……”，三级标题为“1. 2. 3……”，四级标题为“（1）（2）（3）……”。一、二、三级标题各独占一行，其中一级标题居中，二、三级标题缩进两个汉字空间左对齐，四级及以下标题后加句号且与正文连排。除正文一级标题采用四号黑体外，正文二、三、四级标题及正文文字全部采用五号宋体，全文文字行距统一为 20 磅。

二、文献注释体例标准

本书稿件所有注释须统一采用脚注，全文采用带圈的阿拉伯数字每页重新编码（①②③…，①②③…，①②③…）的方式。文章题目如附基金项目，请以脚注的方式用“＊”标示，作者简介以脚注的方式用两个“＊＊”标示。作者简介需标示的内容包括：姓名，性别，出生年月，籍贯，单位，职称，职务，学历，研究方向。注：请在作者简介后面附上作者详细的通讯地址，邮编，email 地址以及联系手机号码。非直接引用原文时，注释前应加“参见”；引用资料非来自原始出处时，应注明“转引自”。转引文献时，应先注明原始作品之相关信息，再注明转引所据之文献。

（一）中文文献注释体例标准

1. 著作类（如是专著用“著”，文集或教材用“主编”或“编”）。如洪永红、夏新华等著：《非洲法导论》，湖南人民出版社 2000 年版，第 160 页。如引用文集里的文章，引用格式，如柯姗姗：《非洲国家劳工标准对中国在非企业的影响——以赞比亚为例》，载洪永红、夏新华主编：《非洲法律与社会发展变迁》，湘潭大学出版社 2010 年版，第 89 页。

2. 译著类。如［美］克莱尔·莫尔·迪克森等著，朱伟东译：《非洲统一商法：普通法视角中的 OHADA》，中国政法大学出版社 2014 年版，第 122 页。

3. 辞书类。如《韦氏法律词典》，中国法制出版社 2014 年版，第 74 页。

4. 论文类。李伯军：《非洲国家与国际海洋法的发展》，载《西亚非洲》2010 年第 5 期，第 xx 页。

5. 报纸类。如张小虎：《加强中非投资合作的环境法律风险防控》，载《中国社会科学报》2018 年 3 月 16 日，第 005 版。

6. 学位论文类。王乐丰：《塞拉利昂宪政发展初探》，湘潭大学硕士论文，2011 年，第 27 页。

7. 网络文章类。如洪永红：《非洲：世界法律的“万花筒”》，资料来源于：http：//www. legaldaily. com. cn/bm/content/2011 - 02/01/content _ 2464514. htm？node =20737，2013 年 6 月 22 日访问。

（二）外文文献注释体例标准

1. 外文著类。如 Davidson，B.，*Africa in the Modern History*，Guildford：Allen Lane，1978，p. 122.（著作题名用斜体）

2. 外文期刊论文类。如 Mwanawina Ilyayambwa，“*Homosexual Rights and the Law：A South African Constitutional Metamorphosis*”，International Journal of Humanities and Social Science，Vol. 2，No. 4，February 2012，pp. 55 - 56.（文章题名需用双引号，并用斜体）

3. 外文网络文章类。Muna Ndulo African，“*Customary Law，Customs，and Women' s Rights*”，available at http：//scholarship. law. cornell. edu/ cgi/ viewcontent. cgi？article =1186&context = facpub，last visit ：2/22/2010.

三、外文译文格式和注释体例标准

（一）外文中文译文排版格式同上述本书所列行文标准。

（二）除有的外文原文注释编码若是采用连续编码需转换为本书所要求的“当页重新编码”外，外文中文译文注释体例标准援用原外文刊物格式标准不变。外文原文中的注释和参考文献无需翻译，但注释中涉及有关观点的阐述和术语的解释则需要翻译成中文。

湘潭大学中国 - 非洲经贸法律研究院《非洲法评论》编辑部

《非洲法评论》编辑部通讯地址：
中国湖南省湘潭市雨湖区羊牯塘《非洲法评论》编辑部
邮政编码：411105
联系电话：0731 - 58293747
传真号码：0731 - 58292281
电子邮箱：xdfzfpl@ 126. com

版权所有 侵权必究

图书在版编目（CIP）数据

非洲法评论．2021 年卷 / 洪永红，郭炯主编．-- 湘潭：湘潭大学出版社，2022.8
ISBN 978-7-5687-0845-6

Ⅰ．①非… Ⅱ．①洪… ②郭… Ⅲ．①法律－研究－非洲 Ⅳ．①D94

中国版本图书馆 CIP 数据核字（2022）第 157444 号

非洲法评论．2021 年卷
FEIZHOUFA PINGLUN 2021 NIAN JUAN
洪永红 郭炯 主编

责任编辑：刘文情
封面设计：张 波
出版发行：湘潭大学出版社
社 址：湖南省湘潭大学工程训练大楼
电 话：0731-58298960 0731-58298966（传真）
邮 编：411105
网 址：http://press.xtu.edu.cn/
印 刷：广东虎彩云印刷有限公司
经 销：湖南省新华书店
开 本：710 mm×1000 mm 1/16
印 张：17.25
字 数：349 千字
版 次：2022 年 8 月第 1 版
印 次：2022 年 8 月第 1 次印刷
书 号：ISBN 978-7-5687-0845-6
定 价：60.00 元